审判权优化配置研究

基于审判权解构展开

朱昕昱◎著

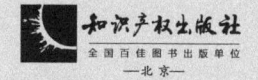

知识产权出版社
全国百佳图书出版单位
—北京—

图书在版编目（CIP）数据

审判权优化配置研究：基于审判权解构展开/朱昕昱著. —北京：知识产权出版社，2024.11. —ISBN 978－7－5130－9544－0

Ⅰ. D925.04

中国国家版本馆 CIP 数据核字第 2024Q2H219 号

责任编辑：刘　江　　　　　　　责任校对：潘凤越
封面设计：杨杨工作室·张冀　　责任印制：孙婷婷

审判权优化配置研究
——基于审判权解构展开

朱昕昱　著

出版发行：	知识产权出版社有限责任公司	网　址：	http://www.ipph.cn
社　址：	北京市海淀区气象路 50 号院	邮　编：	100081
责编电话：	010－82000860 转 8344	责编邮箱：	liujiang@cnipr.com
发行电话：	010－82000860 转 8101/8102	发行传真：	010－82000893/82005070/82000270
印　刷：	北京建宏印刷有限公司	经　销：	新华书店、各大网上书店及相关专业书店
开　本：	880mm×1230mm　1/32	印　张：	9.375
版　次：	2024 年 11 月第 1 版	印　次：	2024 年 11 月第 1 次印刷
字　数：	212 千字	定　价：	68.00 元

ISBN 978－7－5130－9544－0

出版权专有　侵权必究
如有印装质量问题，本社负责调换。

序　言

　　2019年，党的十九届四中全会作出国家治理体系和治理能力现代化的决定。2022年，党的二十大标志着国家治理体系和治理能力现代化建设迈向了新的征程。在司法治理现代化目标的指引下，优化审判权配置显然是司法体制综合配套改革着力推进的重点工作，其对于完善审判资源配置、提升审判质效、落实司法责任制的重要性不言而喻。较为遗憾的是，一直以来，我国并未对审判权配置问题给予充分观照，相关的理论研究亦不够深入。实践中，由于缺乏系统性的规划，因审判权配置引发的问题日益严峻，并可能阻滞司法进一步的改革。朱昕昱博士长期关注中国司法改革实践，对我国法院的审判权配置问题有着较为深入的研究并有一定独到的见解，本书是在其博士学位论文的基础上进行修改并完善的，其尝试通过对我国审判权改革实践进行较为全面考察的基础上，厘清我国审判权配置中存在的误区及张力,提出进一步改革必须关注的关键问题及可能的优化进路,以期构建一个符合审判权配置规律、契合我国国情的审判权配置机制。本书逻辑清晰,结构严谨,观点鲜明,对于审判权优化配置进行了较为全面深入的阐释,无论于相关的理论研究还是具体的实践运作均具有积极的启示价值。

张　榕

厦门大学法学院教授、博士生导师

目录

绪 论 / 001
一、研究的背景和价值 / 001
二、国内外研究现状梳理 / 004
三、研究方法 / 014

第一章 审判权配置的基础理论 / 016
第一节 审判权的概念阐释 / 016
一、审判权和司法权的界分 / 017
二、审判权的权力内涵 / 020

第二节 审判权配置的内涵 / 024
一、审判权配置释义 / 024
二、审判权配置的双重维度 / 029

第三节 审判权优化配置的目标 / 035
一、审判权优化配置的直接目标 / 035
二、审判权优化配置的最终目标 / 038

第四节　审判权配置的基本原则 / 039

一、审判质量保障原则 / 039

二、审判效率优化原则 / 040

三、权责统一原则 / 041

四、权能匹配原则 / 043

五、契合国情原则 / 044

本章小结 / 045

第二章　我国审判权配置的发展沿革 / 047

第一节　独任庭、合议庭审判权配置的发展沿革 / 047

一、独任庭、合议庭审判权配置的规范流变 / 048

二、独任庭、合议庭审判权配置的实然样态 / 059

第二节　审判委员会审判权配置的发展沿革 / 064

一、审判委员会审判权配置的规范嬗变 / 064

二、审判委员会审判权配置的现实图景 / 071

第三节　审判人员审判权配置的发展沿革 / 073

一、民国时期多元差异化的配置样态 / 074

二、法官员额制改革前二元完整化的配置样态 / 075

三、法官员额制改革后一元完整化的配置样态 / 083

本章小结 / 090

第三章　审判权配置模式引发的实践困境 / 092

第一节　独任庭、合议庭审判权配置规则可操作性不强 / 092

一、独任庭、合议庭审判权配置规则较为抽象 / 092

二、独任庭、合议庭转换规则尚不明晰 / 095
第二节　审判人员压力加剧 / 097
　　一、审判权配置主体缩减下的"案多人少" / 097
　　二、现有案件分流机制的局限性 / 102
　　三、审判人员分流机制的阙如 / 107
第三节　审判权行使异化 / 110
　　一、审判委员会审判权行使失范 / 111
　　二、法官助理越权行使审判权 / 118
第四节　法官培育路径不畅 / 126
　　一、法官员额制改革前"传帮带"式的法官培育路径 / 127
　　二、法官员额制改革后职业养成不足的法官培育路径 / 129
本章小结 / 136

第四章　审判权配置的域外考察 / 139

第一节　英美法系国家的审判权配置 / 140
　　一、美国法院的审判权配置 / 140
　　二、英国法院的审判权配置 / 148
第二节　大陆法系国家的审判权配置 / 156
　　一、德国法院的审判权配置 / 156
　　二、日本法院的审判权配置 / 167
　　三、法国法院的审判权配置 / 173
第三节　域外审判权配置评述 / 180
　　一、域外法院的审判组织审判权配置评述 / 180
　　二、域外法院的审判人员审判权配置评述 / 187

本章小结 / 193

第五章　我国审判权配置的优化 / 196
第一节　独任庭、合议庭审判权的重置 / 197
一、独任庭、合议庭审判权配置的影响因素 / 197
二、独任庭、合议庭的审判权配置 / 201

第二节　审判委员会审判权的变革 / 209
一、审判委员会审判权配置的论争 / 210
二、不宜保留的审判委员会审判权 / 217
三、审判委员会的职能重塑 / 226

第三节　审判人员审判权的多元差异化配置 / 232
一、审判人员审判权配置的改革路径 / 232
二、微观审判权的类型化 / 240
三、审判人员审判权多元差异化配置的具体构造 / 242

本章小结 / 250

结　语 / 253

附　件 / 257
附件一　法官助理调查问卷 / 257
附件二　法官助理访谈记录 / 260

参考文献 / 263

绪 论

一、研究的背景和价值

（一）研究背景

2014年6月，中央全面深化改革领导小组审议通过《关于司法体制改革试点若干问题的框架意见》（以下简称《司法改革框架意见》），明确了司法体制改革试点的重点任务，其中包括健全司法权力运行机制。同年10月，党的十八届四中全会《关于全面推进依法治国若干重大问题的决定》（以下简称《全面依法治国决定》）提出建设中国特色社会主义法治体系、建设社会主义法治国家的总目标，对完善司法权力运行机制等诸多事关法治中国建设的重大问题进行了全面部署。尽管这些改革文件未直接提及审判权配置，但很显然审判权配置与司法权力运行之间存在密切联系。某种程度上而言，审判权配置是事关司法权力运行的基础性问题，审判权配置的合理与否直接影响着全面依法治国建设的成效。2019年，党的十九届四中全会作出国家治理体系和治理能力现代化的决定，健全完备的审判权配置体系则成为衡量国家治理能力现代化的重要表征。2022年，党的二十大明确"深化司法体制综合配套改革，全面准确落实司法责任制，加快建设公正高效权威的社会主义司法制度"。

肇始于20世纪90年代的法院司法改革开启了我国审判权配置改革的序幕，审判委员会改革、法官员额制改革以及独任制适用扩张改革无不内含着审判权配置的内容。我国审判委员会由最初的讨论重大疑难复杂案件到讨论特定类型案件再到只讨论案件的法律适用问题，其审判权行使范围不断限缩；法官员额制改革间接将承担审判职能的审判人员范围由审判员、助理审判员调整为员额法官；独任制适用扩张改革将独任制的适用范围扩展至部分一审普通程序审理的案件以及二审上诉案件。诚然，就实际效果来看，我国审判权配置在部分领域得到一定程度的优化，但总体而言审判权配置的重要性长期未得到应有的认识，往往仅是诸多司法改革举措的附属品。与此同时，由于我国审判权配置缺乏科学合理以及严谨周密的布局，导致审判权在行使过程中出现诸多问题，而这亦在相当程度上折损了已有的改革成效。当前，我国司法体制改革已进入新的阶段，审判权配置也随之成为司法体制改革必须直面的问题。在法官员额制改革业已完成、审判委员会改革稳步推进以及独任制适用规则修订调整之际，全面审思审判权配置现状，并针对现有审判权配置模式存在的固有弊端及可能面临的新问题提出符合审判权配置规律、契合我国国情的体系化审判权配置方案正恰逢其时。

（二）研究价值

对审判权配置问题进行深入细致的研究探讨不仅有助于夯实和丰富审判权配置理论，还有助于提升审判质效，实现司法治理体系的现代化。

1. 理论价值

首先，研究审判权配置问题有利于深化审判权的理解和认知。研究审判权配置问题的前提在于准确界定审判权的实质与内涵。本书的研究从审判权的本质出发，从不同视角观察和解构审判权，并以此作为审判权配置方案建构的基础。其次，研究审判权配置问题有利于丰富审判权配置理论。应当说，目前世界各国的法院系统普遍面临"案多人少""诉讼迟延"等诸多共性问题，因此，学习和借鉴域外国家审判权配置改革的经验将充实我国的审判权配置理论。最后，研究审判权配置问题有利于提升审判权运行实效。审判权配置涉及审判组织审判权配置、审判人员审判权配置等内容，将其作为整体进行研究能够实现制度间的相互协调，进而实现审判权的高效运行。

2. 实践价值

问题意识是法学研究应当具备的专业素养，只有以问题为导向，发现问题、解决问题，学术研究才具有价值和意义。事实上，审判权配置研究不仅是一个理论性问题，更是一个实践性问题，其最终目的在于服务司法审判，提升审判效能，实现社会公平正义。因此，从实践中存在的问题出发探究审判权配置的症结，进而构建符合审判规律以及契合本土需要的审判权配置模式正是本书研究的实践价值所在。应当说，如何完善审判权配置是我国当前亟待破解的问题，科学合理地配置审判权对于优化审判资源分配、提升审判效率、落实司法责任制、完善法官培育路径有着积极意义。为了使研究更具现实指导意义，本书主要通过反思独任制适用扩张改革、审判委员会改革、法官员额制改革的局限性，深入论证审判权配置方案的合理性以及将域外审判权配置改革经验与本土国情充分融合等方式增强研究结论的可行性。

二、国内外研究现状梳理

（一）国内研究现状梳理

如果直接以"审判权配置"为关键词在中国知网进行检索，则得到的检索结果较少。其中，有学者提出了审判权配置的基本原则；❶ 有学者从人民陪审制切入提出如何使人民陪审员切实有效行使审判权；❷ 有学者关注民事审判权配置，将民事审判权分

---

❶ 罗安荣，贺清生. 试论审判权配置原则 [J]. 求索，1996 (6)：49-51.

❷ 何云. 中国陪审制度中审判权能的合理配置 [J]. 法治论丛，2012 (3)：104-110.

为立案决定权、证据调查权、诉讼指挥权、释明权、特定事项决定权、民事裁判权,并据此展开民事审判权配置;❶ 有学者立足于基层法院,提出审判权二元配置的思路,建议将基层法院法官分为法官和高级法官。❷

事实上,检索结果较少不意味着国内缺乏审判权配置方面的研究,恰恰相反,学界对于审判权配置的研究成果较为丰富,只不过相关研究呈现出明显的碎片化状态,即有关审判权配置的研究多集中于某一领域,例如独任庭、合议庭、审判委员会、法官员额制改革、法官助理等,而缺乏系统阐释审判权配置的研究成果。即便如此,这些研究成果亦为本书的撰写提供了丰富的研究素材,在这些素材中既有实证研究的一手资料,也有域外经验的介绍资料。由于文献成果较多,本书仅汇总与研究直接相关的文献。

1. 独任庭与合议庭

学界关于独任庭、合议庭审判权配置的研究主要集中在独任庭、合议庭审判权配置的发展沿革;独任庭、合议庭的优势与劣势;独任庭、合议庭审判权配置的现状检视;域外独任庭、合议庭审判权配置的改革动向;独任庭、合议庭审判权配置的优化建议等方面。

自清末现代意义上的法院诞生以来,独任庭、合议庭之间的审判权限划分便已存在。有学者考察了清末、民国时期不同级别

---

❶ 蔡传文. 论我国民事审判权配置的优化 [D]. 合肥:安徽大学,2011:1-39.
❷ 蒲海东. 论基层法院审判权二元配置 [D]. 长春:吉林大学,2011:1-28.

法院独任庭、合议庭各自的审判权限。❶ 新中国成立后，我国"合议制为主、独任制为辅"的审判权配置模式几无改变，然而，在目前的审判实践中，该模式已经名实存亡。简易程序适用独任制、普通程序适用合议制实为审判组织与审判程序的捆绑，学者们对于此种审判组织审判权配置模式提出了尖锐的批评。蔡彦敏教授认为我国审判组织的适用现状与立法规定存在断裂之势；❷ 潘剑锋教授认为二者之间不存在直接关联，如果强行在二者之间建立联系，将会造成制度间的不协调、不适应；❸ 傅郁林教授更是直言，我国将审判组织和审判程序直接对应的做法在世界范围内都是特立独行的。❹

事实上，独任制、合议制有着各自的优势。有学者从决策理论出发，指出合议制更适合解决复杂问题，独任制更适合解决简单问题。❺ 域外国家的审判组织审判权配置改革无一例外地将扩大独任制适用作为改革方向。段文波等以德国为例，总结了德国法院的审判组织审判权配置的改革历程。❻ 冷罗生教授在《日本现代审判制度》一书中介绍了日本法院的审判组织审判权

---

❶ 谢冬慧. 南京国民政府时期民事审判组织简论［J］. 贵州社会科学, 2009 (7)：118-122.

❷ 蔡彦敏. 断裂与修正：我国民事审判组织之嬗变［J］. 政法论坛, 2014 (2)：38-49.

❸ 潘剑锋. 衔接与协调：民事诉讼法中相关制度的整合［J］. 河南社会科学, 2011 (5)：10-16.

❹ 傅郁林. 繁简分流与程序保障［J］. 法学研究, 2003 (1)：50-63.

❺ 张雪纯. 合议制与独任制优势比较——基于决策理论的分析［J］. 法制与社会发展, 2009 (6)：107-116.

❻ 段文波, 高中浩. 德国独任法官制度改革与启示［J］. 西南政法大学学报, 2016 (1)：79-88.

配置现状。[1] 2021 年，在总结民事诉讼程序繁简分流改革试点经验的基础上，修订后的《民事诉讼法》第 40 条规定一审普通程序可以采用独任制审理，第 41 条明确二审程序同样可以采用独任制审理。对此，有学者认为此次《民事诉讼法》的修订矫正了以往民事诉讼制度上的"错配"与"虚耗"，从而使诉讼制度更加科学，[2] 有利于司法资源优化配置。[3] 不过，对于此次修订，有学者认为存在独任制扩张适用标准不合理、与合议制之间转换程序不顺畅等问题；[4] 也有学者认为二审独任制由原先的"依职权适用+异议"改为"法院征询意见+当事人同意"后适用将减弱其生命力。[5] 针对此，学者们提出了不同的完善建议。例如，有学者对二审独任制实体性要件进行规范解释；[6] 有学者认为应当科学规范审判组织转换程序，充分保障当事人程序参与权，审慎对待当事人程序异议权，明确建构审判组织双向转换机制，合理配置审判组织转换的审批决定权。[7]

---

[1] 冷罗生. 日本现代审判制度 [M]. 北京：中国政法大学出版社，2003：69.
[2] 胡学军. 独任制扩张的内在逻辑——兼评《民事诉讼法》修订中审判组织形式的变革 [J]. 社会科学辑刊，2022 (3)：90-100.
[3] 潘剑锋. "基本"与"其他"：对《民事诉讼法》相关制度和程序修订的体系化思考 [J]. 法学评论，2022 (2)：117-121.
[4] 占善刚，曹影. 民事诉讼独任制扩张的制度逻辑与中国路径 [J]. 内蒙古社会科学，2021 (5)：96-104.
[5] 张卫平. 审判资源程序配置的综合判断——以民事诉讼程序为中心的分析 [J]. 清华法学，2022 (1)：195-208.
[6] 吴英姿. 民事诉讼二审独任制适用条件研究——新《民事诉讼法》第 41 条评注 [J]. 社会科学辑刊，2022 (3)：101-111.
[7] 宋颖. 民事独任制扩张适用的法理阐释与解释路径 [J]. 甘肃政法大学学报，2023 (3)：140-156.

2. 审判委员会

学界关于审判委员会的研究主要围绕审判委员会的发展历史、审判委员会的运行缺陷以及审判委员会的改革路径展开。公丕潜博士的毕业论文《无需当事人的审判——基层法院审判委员会如何运作》归纳了我国审判委员会的发展历史，并就审判委员会审判权配置问题进行了探讨。❶ 左卫民教授通过实证研究的方式深刻揭示了我国审判委员会的运作机理。❷ 学者们认为，审判委员会的宏观指导功能未得到有效发挥。当前，审判委员会存在的问题主要集中在违反直接言词原则、审判责任虚化、缺乏审理公开、审判专业性不足、讨论不充分等方面。对于审判委员会制度，多数学者给出了不同的完善建议。徐向华教授提出短期内将审判委员会的案件讨论范围限制在刑事案件，后期逐渐取消个案讨论职能，最终取消审判委员会，还权于合议庭、独任庭。❸ 方乐教授主张采用分层技术，取消基层法院审判委员会的个案讨论职能。对于中级法院，则视案件是一审、二审还是再审后，再决定审判委员会的审理方式。❹ 魏胜强教授认为仅需在最高人民法院设置审判委员会，同时将其职能限定在制定司法解释。❺ 张卫

---

❶ 公丕潜. 无需当事人的审判——基层法院审判委员会如何运作 [D]. 长春：吉林大学，2018.

❷ 左卫民. 审判委员会运行状况的实证研究 [J]. 法学研究，2016 (3)：162.

❸ 徐向华课题组. 审判委员会制度改革路径实证研究 [J]. 中国法学，2018 (2)：54 - 55.

❹ 方乐. 审判委员会制度改革的类型化方案 [J]. 法学，2018 (4)：112 - 114.

❺ 魏胜强. 论审判委员会制度的改革——以我国台湾地区大法官会议制度为鉴 [J]. 河南大学学报（社会科学版），2013 (3)：71.

彬教授建议,赋予审判委员会讨论结果终审效力,当事人不得对经审判委员会讨论决定的案件提起上诉。[1] 此外,刘练军教授、姚莉教授主张将审判委员会的讨论案件方式由会议制变为审理制。[2]

3. 法官员额制改革

法官员额制是我国司法领域的重大改革,诸多学者围绕法官员额制改革的实施成效展开讨论。从实践来看,法官员额制改革实施后,地方法院"案多人少"的问题进一步加剧。有学者通过实证调研得出,一线法官人数的大幅缩减使得入额法官的工作量近乎翻倍。[3] 李浩教授表示,审判压力过大已成为法官离职的重要原因。[4] 对此,陈瑞华教授建议可设置不占用员额指标的候补法官,从而缓解员额法官的审理压力。[5] 法官员额制的改革目标之一在于实现法官精英化,部分学者对我国完全精英化的法官模式提出了质疑。苏力教授在《送法下乡——中国基层司法制度研究》一书中提到,对于基层法院法官而言,其并不一定需要完全的专业化。[6] 王晨光教授亦持同样观点,其认为完全的精英化

---

[1] 张卫彬. 人民法院审判委员会制度的实践与再造——基于A省B市中院审委会案件回流与分流的样态 [J]. 中国刑事法杂志, 2017 (2): 83.
[2] 刘练军. 法定法官原则:审判委员会改革的新路径 [J]. 北方法学, 2018 (6): 115; 姚莉. 法制现代化进程中的审判组织重构 [J]. 法学研究, 2004 (5): 79.
[3] 张青. 员额制改革后基层司法的案件压力及其应对——以Y省三个典型基层法院为例 [J]. 中国政法大学学报, 2019 (1): 100.
[4] 李浩. 法官离职问题研究 [J]. 法治现代化研究, 2018 (3): 1.
[5] 陈瑞华. 法院改革中的九大争议问题 [J]. 中国法律评论, 2016 (3): 218.
[6] 苏力. 送法下乡——中国基层司法制度研究 [M]. 北京:中国政法大学出版社, 2000: 45.

存在一定的局限性，即使在域外法治发达的国家和地区，司法职业同样是职业化和非职业化共存。❶ 傅郁林教授也表示，不能将法官员额制改革单纯定义为法官精英化。域外国家法官内涵极为丰富，不仅有职业法官，还有非职业法官，甚至一些不具有法官头衔的法院工作人员也可以承担审判职能。❷ 值得关注的是，法官员额制改革附带性地改变了以往的法官培育路径。刘斌教授指出，法官员额制改革改变了法官确定无疑的晋升之路，❸ 改革后的法官培育路径调整为"法官助理—员额法官"。然而，部分学者、法官认为此种由法官助理直接转为法官的模式缺乏合理性。❹

4. 法官助理

最高人民法院《关于在部分地方人民法院开展法官助理试点工作的意见》（以下简称《法官助理试点意见》）的发布标志着我国法官助理制度的产生。然而，囿于立法以及配套保障制度缺位，法官助理改革试点成效未及预期。❺ 党的十八大以后，我国

---

❶ 王晨光. 法官的职业精英化及其局限 [J]. 法学，2002 (6): 6.
❷ 傅郁林. 以职能权责界定为基础的审判人员分类改革 [J]. 现代法学，2015 (4): 27.
❸ 刘斌. 从法官离职现象看法官员额制改革的制度逻辑 [J]. 法学，2015 (10): 49.
❹ 尤文军，郑东梅，谭志华. 基层法院法官助理履职情况的调研 [J]. 中国应用法学，2018 (4): 109; 高翔. "程序养成型"基层法官养成机制的构建——以候补法官中国化的渐进改革为切入点 [C] //胡云腾. 法院改革与民商事审判问题研究（上）——全国法院第29届学术讨论会获奖论文集. 北京：人民法院出版社，2018: 148; 李弼. 基层法院编制内法官助理制度的困境与对策 [J]. 西南政法大学学报，2019 (3): 107.
❺ 刘练军. 法官助理制度的法理分析 [J]. 法律科学，2017 (4): 15; 吴思远. 法官助理制度：经验教训与难题突破 [J]. 法律适用，2016 (9): 111-112.

开始重构法院人员分类管理体系,正式设置法官助理。根据法官助理来源的不同,夏锦文等将法官助理分为招录转任型、招考聘用型、院校实习型。❶ 实践运行中,法官助理制度暴露出制度功能过载、法官助理前景不明以及法官助理越权行使审判权等诸多问题。

首先,不同于域外法官助理职能的单一化以及完全的职业化,我国法官助理制度承担着审判辅助和法官培养的双重功能。刘练军教授表示,我国允许法官助理向法官转换的做法在世界范围内都极为少见。❷ 张瑞认为法官助理制度在我国出现了排异反应。❸ 因而,有学者建议对法官助理进行分类,赋予部分法官助理有限的审判权。❹ 其次,法官员额制实施后,法官助理的职业前景开始受到关注。有学者的实证研究指出,较低的薪酬和不明确的职业前景是法官助理离职的主要原因。❺ 因而,设置法官助理激励机制便成为提高法官助理职业竞争力的必要改革举措。❻ 最后,作为审判团队核心的员额法官在审判压力增大的情况下,必然将审判压力转嫁至法官助理。李喜莲教授基于对某市法院法

---

❶ 夏锦文,徐英荣. 法官助理制度改革需求与法治人才培养创新[J]. 法学, 2017(12):31.

❷ 刘练军. 法官助理制度的法理分析[J]. 法律科学, 2017(4):15.

❸ 张瑞. 法官助理的身份困境及其克服[J]. 法治研究, 2019(5):115.

❹ 李志增,李冰. 内生型塑造:法官助理三阶式养成路径探析——基于审判辅助事务与初任法官培养模式的契合[J]. 中国应用法学, 2019(4):50-51;瓮怡洁. 论法官助理制度的功能定位与职权界分[J]. 政法论坛, 2020(2):118.

❺ 彭岩,马继迁. 员额制下基层法院法官助理的职业认同研究——基于在J省C市基层法院的调查[J]. 常州大学学报(社会科学版), 2020(1):45.

❻ 瓮怡洁. 论法官助理制度的功能定位与职权界分[J]. 政法论坛, 2020(2):120.

官的调研印证了"法官助理办案、法官署名"现象的存在。❶ 事实上，当下法官助理的处境极为尴尬，有学者将之描述为"改革前具有法官身份的人不审案、改革后不具有法官身份的人在审案""拿着法官助理的工资却干着法官的活儿"。❷

（二）国外研究现状梳理

国外有关审判权配置的资料主要包括两类：一类是域外各国的法律规范以及司法部门发布的年度报告。应当说，域外国家的法律可以为我们清晰地呈现审判权配置的现实样态。同时，透过域外国家司法部门发布的年度报告，我们能够了解域外国家的审判人员人数、法院受案数量等基本信息。

另一类是与审判权配置相关的研究成果，主要包括审判权范围界定、审判组织审判权配置、审判人员审判权配置。德国学者罗森贝克等分析了审判权的组成，将普通审判权分为民事审判权、刑事审判权以及非诉审判权。❸ 关于美国法院的审判权配置，米歇尔·塔鲁伊表示美国法院一审案件基本采用独任审理；❹ 琳

---

❶ 李喜莲. 法官助理角色异化与回归［J］. 湘潭大学学报（哲学社会科学版），2020（1）：58.

❷ 张瑞. 法官助理的身份困境及其克服［J］. 法治研究，2019（5）：121；卢德升，朱亚楠. 路在何方：我国法官助理制度改革的实证图景及优化进路［J］. 中山大学法律评论，2019（1）：75.

❸ 罗森贝克，施瓦布，戈特瓦尔德. 德国民事诉讼法（上）［M］. 李大雪，译. 北京：中国法制出版社，2007：53.

❹ 米歇尔·塔鲁伊. 美国民事诉讼法导论［M］. 张茂，译. 北京：中国政法大学出版社，1998：45.

达·格林豪斯介绍了联邦法官的任命及养成;❶ 还有学者统计了联邦治安法官人数和职能的变化情况。❷ 关于英国法院的审判权配置,约翰·斯普莱克介绍了英国刑事法院系统不同审判组织的审判职能;❸ R.C. 范·卡内冈指出,由于法官专业化程度较高,英美法系国家有着适用独任制的先天优势;❹ 简·C. 多诺格(Jane C. Donoghue)介绍了近年来英国积极开展旨在促进治安法官深度参与案件审理的治安法官改革。❺ 日本法官秋山贤三以个人的亲身经历为例,介绍了日本法官从法学毕业生到判事补再到判事的成长之路。❻ 皮埃尔·特鲁仕和让·文森、塞尔日·金沙尔均指出,法国实际上对独任制有着天然的敌意,不过迫于实践压力,法国不得不做出让步和妥协,以此满足日益增长的审判需求。❼ 理查德·A. 波斯纳一针见血地指出,案件压力是各国法院

---

❶ 琳达·格林豪斯. 大法官是这样炼成的 [M]. 何帆,译. 北京:中国法制出版社,2011:108.
❷ Douglas A. Lee, Thomas E. Davis. Nothing Less Than Indispensable: The Expansion of Federal Magistrate Judge Authority and Utilization in the Past Quarter Century [EB/OL]. (2021 – 03 – 05) [2024 – 02 – 15]. https://www.id.uscourts.gov/Content_Fetcher/index.cfml? Content_ID = 2596.
❸ 约翰·斯普莱克. 英国刑事诉讼程序 [M]. 徐美君,杨立涛,译. 北京:中国人民大学出版社,2006:305.
❹ R.C. 范·卡内冈. 英国普通法的诞生 [M]. 2版. 李红海,译. 北京·中国政法大学出版社,2003:21.
❺ Jane C. Donoghue. Reforming the Role of Magistrates: Implications for Summary Justice in England and Wales [J]. Modern Law Review, 2014, 77 (6): 928 – 963.
❻ 秋山贤三. 法官因何错判 [M]. 曾玉婷,魏磊杰,译. 北京:法律出版社,2019:60.
❼ 皮埃尔·特鲁仕. 法国司法制度 [M]. 丁伟,译. 北京:北京大学出版社,2012:54;让·文森,塞尔日·金沙尔. 法国民事诉讼法要义 [M]. 罗结珍,译. 北京:中国法制出版社,2001:291.

审判权配置改革的根本原因。❶

三、研究方法

本书主要采用实证研究法、比较研究法、历史研究法以及规范分析法。

（一）实证研究法

正所谓实践出真知，缺乏深入调研的学术研究极有可能脱离实践，沦为纸上谈兵。本书的研究主题"审判权优化配置"与司法实践联系紧密，为了使研究更加贴合实际，笔者选取部分地方法院进行调研，并从调研中获取了源自审判实务的大量一手资料，例如法院员额法官的年人均办案量、员额法官和法官助理的离职情况、法官助理的工作状态和工作内容、一审法院和二审法院独任制普通程序适用情况。具体而言，笔者主要通过发放调查问卷、访谈员额法官与法官助理、调取法院统计数据等方式获得相关信息。

（二）比较研究法

"他山之石，可以攻玉"，考察域外国家法院的审判权配置模式及其运行成效，对于优化我国审判权配置模式有着重要的学习和借鉴价值。基于此，本书分别选择英美法系和大陆法系具有

---

❶ 理查德·A. 波斯纳. 联邦法院挑战与改革 [M]. 邓海平，译. 北京：中国政法大学出版社，2002：189.

代表性的国家，例如英美法系的美国、英国，大陆法系的德国、日本、法国，详细介绍这些国家法院的审判权配置模式，并总结审判权配置的共性规律。

（三）历史研究法

我国审判权配置模式的形成并非一蹴而就，而是随着经济社会的不断发展而适时调整，以便因应不同时期司法审判的需要。正可谓"以史为镜，可以知兴替"，梳理我国审判权配置模式的发展脉络是审判权优化配置研究的必修功课。以审判权配置模式的纵向发展历史为视角，全面审视我国审判权配置模式的发展进路，能够发现我国审判权配置模式变迁背后的逻辑，以及长期以来我国审判权配置被忽视的问题，进而有助于审判权配置模式优化时汲取以往经验。

（四）规范分析法

我国有关审判权配置的规定较为分散，《法院组织法》《法官法》《民事诉讼法》《刑事诉讼法》《行政诉讼法》等都包含审判权配置的内容。除此之外，中共中央发布的司法体制改革文件、最高人民法院制定的法院发展纲要亦含有审判权配置的内容。在整理分析前述规范后，我们便可窥见审判权配置的全貌。事实上，这些规范也是我们检视审判权配置症结问题的重要资料。由此可见，汇总、统合与分析相关规范文件是本书研究的重要内容。

第一章

审判权配置的基础理论

第一节 审判权的概念阐释

审判的原初含义是指对事物的是非曲直作出评判,在人类社会早期,审判的直接作用在于判断是非和解决争议。不过,审判的内涵随着社会的发展已发生根本性改变。日本法学家棚濑孝雄将审判定义为:中立第三方应要求对纠纷进行权威判断。[1]尽管调解、仲裁等诉讼外纠纷解决机制同样存在中立第三方的介入,但当前语义下的审判专指审判机

---

[1] 棚濑孝雄. 纠纷的解决与审判制度[M]. 王亚新,译. 北京:中国政法大学出版社,1994:1.

关裁判纠纷的活动,从而将审判与调解、仲裁等诉讼外纠纷解决机制进行区别。事实上,审判权的本质在于对纠纷涉及的事实问题和法律问题进行判断,因而在不同视角下审判权可以有多种不同的解读。

一、审判权和司法权的界分

关于审判权和司法权的关系,理论界尚未达成共识。目前,主流的学说主要有同一说和包含说。同一说主张审判权与司法权具有相同的含义,其认为司法权是法院享有的对纠纷作出判断的权力。❶ 从本质上讲,司法是国家行使司法权的一种活动。在将司法视为国家职权活动的前提下,司法可以狭义地理解为审判。❷ 有学者更是直接指出,司法权即审判权。❸ 相反,包含说则主张审判权是司法权的下位概念,审判权包含于司法权。只不过,在司法权的外延和内涵方面,不同观点之间又存在差异。

大司法权说认为司法权包括审判机关、检察机关、侦查机关、司法行政机关在办理诉讼和非诉案件过程中享有的国

---

❶ 孙笑侠. 司法权的本质是判断权——司法权与行政权的十大区别 [J]. 法学, 1998 (8): 36. 陈瑞华教授同样认为, 司法权是由司法机关代表国家对各类纠纷进行居间裁判的权力。参见: 陈瑞华. 司法权的性质——以刑事司法为范例的分析 [J]. 法学研究, 2000 (5): 32. 通过上述学者的表述可以看出, 其所言的司法权与审判权并无二致。

❷ 陈光中. 中国司法制度的基础理论问题研究 [M]. 北京: 经济科学出版社, 2010: 5.

❸ 陈业宏, 唐鸣. 中外司法制度比较 [M]. 北京: 商务印书馆, 2015: 3.

家权力。❶ 二元司法权说认为司法是国家运用司法权进行裁判或者监督法律实施的活动。❷ 张文显教授以立法为出发点解读司法权,主张司法是国家司法机关依法定职权和法定程序,具体应用法律处理案件的专门活动。❸ 新中国成立后,我国关于司法机关的认识随着时代的发展而不断变化。在很长的一段时期内,我国都将侦查机关、人民法院、人民检察院、司法行政机关统称为司法机关。❹ 直到20世纪90年代,党的十五大才正式明确司法机关的范围。党的十五大报告指出,"从制度上保证司法机关依法独立公正地行使审判权和检察权"。从报告的表述可以看出,司法权是由审判权和检察权组成的二元权力,❺ 此后的诸多文件均再次重申了审判机关、检察机关的司法机关地位。多元司法权说认为司法的核心部分比较容易确定,即司法是法院、法官对案件进行审理的活动,但司法的外延较为模糊。大致来说,司法的外延包括基本功能、运行机制和构成要素与审判类似的准司法活动,以及围绕其展开的或者以此为最终目的的管理、执行、服务、教育和宣传等涉诉性活动。简言之,司法权是由审判、仲裁、调解、行政裁决、司法审查、国际审判等组成的权力谱系。❻

---

❶ 卢上需,樊玉成,等. 审判权运行机制改革研究 [M]. 北京:人民出版社,2017:3;范愉,黄娟,彭小龙. 司法制度概论 [M]. 北京:中国人民大学出版社,2013:3-4.
❷ 王利明. 司法改革研究 [M]. 北京:法律出版社,2001:4.
❸ 张文显. 法理学 [M]. 5版. 北京:高等教育出版社,2018:211.
❹ 吴磊. 中国司法制度 [M]. 北京:中国人民大学出版社,1988:43.
❺ 曾庆敏. 法学大辞典 [M]. 上海:上海辞书出版社,1998:72.
❻ 杨一平. 司法正义论 [M]. 北京:法律出版社,1999:24-26.

英国学者詹宁斯指出，准确界定司法权是什么从来都不是件容易的事。❶ 在不同语境下，审判权与司法权有着不同的对应关系。英文中，司法权被称为 Judicial Power，根据《布莱克法律词典》的解释，Judicial Power 是指法院依法享有的审理案件并作出有拘束力判决的权力。法国学者托克维尔亦将司法权定义为判断权。❷ 在采用三权分立政治架构的国家，立法权、行政权、司法权相互独立、相互制约。因而，司法的概念直接指向法院，司法权在语义上等同于审判权，即司法权是根据法律规定裁决争议的权力。❸《美国宪法》第 3 条规定，合众国的司法权属于一个最高法院及国会随时下令设立的下级法院。以《美国宪法》为蓝本制定的《日本宪法》第 76 条同样规定，一切司法权属于最高法院及依照法律规定设立的下级法院。此外，《德国基本法》第 92 条规定，司法权由联邦法院和各州法院行使。一言以蔽之，域外关于司法、司法权、司法机关的界定基本一致，即"司法 = 审判""司法权 = 审判权""司法机关 = 审判机关"。

政治架构的差异使得我国在审判权的理解上与域外国家有所不同，区别于西方国家三权分立的政治体制，我国实行的是人民代表大会制度下"一府两院一委"的政治体制。因而，我国的立法采用了审判权、检察权的表述，而未导入司法权的概念。事

---

❶ W. Ivor. 詹宁斯. 法与宪法 [M]. 龚祥瑞，侯健，译. 北京：生活·读书·新知三联书店，1997：165.
❷ 托克维尔. 论美国的民主：上卷 [M]. 董果良，译. 北京：商务印书馆，1993：110.
❸ Edward S. Corwin. The Constitution and What it Means Today [M]. Princeton：Princeton University Press, 1969：132.

实上，司法权根据辐射范围的大小可以分为广义司法权和狭义司法权。广义司法权是目前理论界和实务界的主流观点，其认为司法权主要包括审判权和检察权，而狭义司法权则仅指审判权。鉴于本书的研究主要聚焦审判权，为避免引起不必要的误解和歧义，本书未采用司法权术语，而是选择采用不存在争议的审判权术语。

二、审判权的权力内涵

最高人民法院《人民法院第四个五年改革纲要（2014—2018）》（以下简称《四五改革纲要》，为了行文方便，下文类似文件将采用同样的简称表述）指出，审判权的本质是判断权和裁量权。从文义解释来看，"判断权"一词中的"断"即"裁断"，其已涵盖裁量权的内涵，因而某种程度上而言审判权的本质就是判断权。[1] 根据此种观点，凡是涉及案件实体性和程序性的判断事项均属于审判权的作用场域。根据观察视角的不同，审判权可划分为宏观意义上的审判权、中观意义上的审判权以及微观意义上的审判权。

（一）宏观意义上的审判权

宏观意义上的审判权主要从国家权力的视角审视审判权，不同于立法权负责制定行为规范，行政权负责处理行政事务，审判

---

[1] 陈兴良. 独立而中立：刑事法治视野中的审判权［J］. 华东政法大学学报，2007（6）：3.

权主要负责裁决纠纷，维护社会秩序。❶ 由此不难看出，宏观意义上的审判权实际上是与立法权、行政权相并列的国家权力，其较为抽象且不易被感知。《法院组织法》第 4 条"人民法院依照法律规定独立行使审判权"中的"审判权"即为此种意义上的审判权。事实上，宏观审判权的价值在于确立审判权在国家权力格局体系中的地位以及强化审判权在现代国家治理中的重要作用。

（二）中观意义上的审判权

如果说宏观意义上的审判权是以国家权力的宏大视角审视审判权，那么中观意义上的审判权则是以更易被当事人感知的视角审视审判权。不同于宏观意义上的审判权，中观意义上的审判权是从案件审理的角度理解审判权，认为审判权是审判主体对案件进行审理并作出裁判的权力，因此社会各界能够通过参与庭审、观摩庭审、观看庭审录像、阅读法治新闻等方式切身感受到审判权的存在。目前，理论上较无争议的是审判权是由实质意义上的审判权和形式意义上的审判权组成，❷ 实质意义上的审判权即通常意义上审理诉讼案件的权力，属于狭义审判权；形式意义上的审判权即处理非诉案件的权力，属于广义范畴的审判权。

域外国家大多将非诉讼案件的处理视为非诉审判，以德国为

---

❶ 吴仕春. 审判权运行机制改革研究——以刑事审判权运行为视角 [D]. 重庆：西南政法大学，2016：10.

❷ 张自合. 论法官助理的职责定位——域外司法事务官制度的借鉴 [J]. 民事程序法研究，2017（2）：72.

例，根据宪法法院判例，诉讼案件专属于法院，但这并未否认法院不能承担诉讼案件之外的任务。[1] 实践中，德国的普通审判分为民事审判、刑事审判以及非诉审判。[2] 据此，在德国，审判权可以分为民事案件审判权、刑事案件审判权和非诉案件审判权。诉讼案件审判权和非诉案件审判权的区别在于诉讼案件审判权只能由法官行使，而非诉案件审判权既可以由法官行使，也可以由法院行政人员行使。我国《民事诉讼法》特别程序、督促程序和公示催告程序章规定了非诉案件的处理程序，要求非诉案件应当由法官审理。不仅如此，理论界和实务界普遍采用非诉案件审理的表述方式，由此推之，我国对于审判权的理解更倾向于广义说。实际上，采用广义审判权学说有助于充盈审判权优化配置方案，因此笔者选择将非诉案件审判权纳入中观审判权的范畴。

（三）微观意义上的审判权

在案件审理过程中存在诸多有待处理的审判事务，这些审判事务根据是否影响当事人权利可以分为审判核心事务和审判辅助事务。所谓审判核心事务是指能够从根本上影响当事人实体权利和诉讼权利的审判事务，从审判权的判断权本质属性来看，其无疑属于审判权的作用范围。以民事诉讼为例，根据民事案件审理的一般流程，案件审理可能涉及的审判核心事务主要包括立案审

---

[1] 卡尔·海因茨·施瓦布，埃朗根彼得·戈特瓦尔特，雷根斯堡. 宪法与民事诉讼 [C]. 赵秀举，译//米夏埃尔·施蒂尔纳. 德国民事诉讼法学文萃. 北京：中国政法大学出版社，2005：133－134.

[2] 罗森贝克，施瓦布，戈特瓦尔德. 德国民事诉讼法（上）[M]. 李大雪，译. 北京：中国法制出版社，2007：53.

查、管辖权异议审查、调解、证据审查认定、非法证据排除、回避申请审查、保全审查、先予执行审查、妨害诉讼强制措施审查、延长审理期限审查、案件事实认定、案件法律适用认定、中止/终结诉讼程序审查、裁判文书补正审查等。此外，在执行程序中同样存在审判核心事务。例如，执行立案审查、执行行为实施、执行异议、复议审查、中止/终止执行审查、终结本次执行审查。

审判辅助事务则是与审判核心事务联系密切，但又不影响当事人实体权利和程序权利的审判事务，具有重复性、可替代性的特征。具体而言，审判辅助事务包括专业性审判权辅助事务和事务性审判辅助事务。专业性审判辅助事务主要包括组织证据交换、争点整理、办理鉴定/评估、草拟裁判文书等；事务性审判辅助事务是指那些为保障审判活动顺利进行的事务，其不涉及专业法律知识，例如庭审记录、宣读法庭纪律、送达司法文书、装订案卷等。司法人员分类管理改革实施后，司法人员根据承担职能的不同分为审判人员、司法辅助人员和司法行政人员三种不同职务序列，其中司法辅助人员又分为法官助理和书记员。根据职能分工，审判人员负责审判核心事务，法官助理负责专业性审判辅助事务，书记员负责事务性审判辅助事务。

事实上，对于案件审理过程中涉及的诸多审判核心事务进行判断乃微观意义上的审判权。概略地看，案件审理过程中涉及的微观审判权包括立案审查权、管辖权异议审查权、诉讼调解权、回避决定权、保全裁定权、先予执行裁定权、妨害诉讼强制措施决定权、延长审限决定权、事实认定权、法律适用决定权、中止/

终结诉讼裁定权、裁定补正权、执行立案审查权、执行行为实施决定权、执行异议/复议裁定权、中止/终结执行裁定权、终结本次执行裁定权。如果从裁判文书的形式来看，判决、裁定、决定都属于审判权行使的产物。

第二节　审判权配置的内涵

由于审判权配置的涵盖范围较广，因而明晰审判权配置的内涵就显得尤为重要。本书无法实现面面俱到，为此本书必须突出研究重点。事实上，本节对于审判权配置内涵的阐释一定程度上起到了框定研究范围的作用，从而使研究主题更为鲜明。简而言之，审判权配置主要围绕审判权如何在不同的审判组织和审判人员中进行分配展开。

一、审判权配置释义

根据《现代汉语词典》的解释，"配置"一词为配备、布置之义。❶ 相应的，权力配置则是分配权力的活动。一直以来，权力配置都是国家治理的重要命题，权力配置的科学与否直接关系到国家治理的成效。对于审判权配置而言，其不仅是审判资源优

---

❶ 中国社会科学院语言研究所词典编辑室. 现代汉语词典：修订本［M］. 北京：商务印书馆，2016：958.

化配置的客观要求，同时也是社会分工精细化的必然结果。

(一) 审判权配置的过程

权力配置可以从动态和静态的不同视角进行理解，动态视角下的权力配置更加关注权力配置的过程，即如何将权力在权力运行体系内进行配置，而静态视角下的权力配置则更加关注权力配置的结果，即权力配置呈现的最终结果。权力之所以能够进行配置，是因为权力具有无形性、可分性以及载体依附性的特征。实际上，权力配置的过程就是对权力进行界定、切割、分配、整合的过程。首先，界定权力是权力配置的前提，权力的属性能够反映出不同权力的差异，而这也决定了权力配置的整体方向和权力配置的标准；其次，权力分配越精细，那么权力行使的专业化程度以及权力的运行效率就越高，因此对权力进行内部切割是优化权力配置的一项关键工序；再次，在权力切割后，根据权力的行使要求将权力配置于不同主体，从而将抽象权力具象化，以便使权力能够真正运行；最后，将前述权力配置方案进行整合，从而最终形成系统性的权力配置体系。

司法职权配置是我国司法改革领域的热点问题，《全面依法治国决定》指出，"优化司法职权配置。健全公安机关、检察机关、审判机关、司法行政机关各司其职，侦查权、检察权、审判权、执行权相互配合、相互制约的体制机制"。事实上，司法职权配置主要包括司法职权的外部配置和司法职权的内部配置两个方面。司法职权的外部配置主要是司法权与立法权、行政权之间的配置；司法职权的内部配置主要是侦查权、检察权、审判权之间的配置，以及侦查权在公安系统的内部配置、检察权在检察系统的内部配置、审判权在法院系统的内部配置。❶ 其中，审判权配置无疑是我国司法职权配置改革的重点。如果从文义解释的角度来看，审判权配置是指将审判权分配至特定主体的制度性安排，其是审判权行使规范化、机制化的综合表达。对于审判权配置和审判权运行，两者之间存在密切关系：一方面，审判权配置的结果关系到审判权运行机制的成效；❷ 另一方面，审判权运行机制改革必然涉及审判权配置。

（二）审判权配置的法定性

因涉及国家权力分配，审判权配置具有法定性、稳定性和权威性的特征，我国审判权配置的依据主要来源于宪法和法律。《宪法》作为我国的根本大法，是国家权力配置的总方案和总规则。根据《宪法》第128条的规定，中华人民共和国人民法院是国家的审判机关。当然，《宪法》只是从国家权力分配层面对审判权配置作出概括性规定。至于审判权应当如何进行具体配置，则需由法律进行进一步明确。在我国，《法院组织法》《法官法》《民事诉讼法》《刑事诉讼法》《行政诉讼法》等法律对审判权配置作出了较为详尽的安排。此外，最高人民法院制定的司法解释中亦包含审判权配置的内容。受上述规定的限制，审判主体不得越权行使审判权，同时未经授权的主体也不得行使审判权。

虽然我国审判权配置规范较为丰富，但其仍存在诸多问题。

---

❶ 王玉梅. 司法职权配置问题研究 [M]. 武汉：武汉理工大学出版社，2016：21.
❷ 崔永东. 司法·司法学·司法职权配置 [J]. 法治研究，2015（3）：129.

针对此，最高人民法院进行了多项改革，试图优化审判权配置。例如，重新定义审判人员的法官员额制改革、限定审判委员会个案讨论范围的审判委员会改革以及提升审判质效的独任制适用扩张改革。遵循"先行试点—经验总结—立法调整"的改革路径，相当多的审判权配置改革举措已纳入法律规范。

然而，上述改革举措同样引发了诸多争议，并且在实践运行中暴露出诸多不足。必须承认，审判权配置是一个较为复杂的问题，同时也是我国司法体制深化改革必须直面的重要课题。

（三）审判权配置的基本内容

关于审判权配置，学者们基于各自的研究视角和研究思路提出了不同的审判权配置完善建议。有学者从法院设置的角度论证了审判权应当如何配置；❶ 有学者从审级角度提出了审判权配置的优化建议；❷ 有学者从保障下级法院独立审判的角度探讨了审判权配置；❸ 有学者从如何实现审判组织独立行使审判权的角度阐释了审判权配置的完善进路；❹ 还有学者从审判人员的角度给出了审判权配置的优化方案。❺ 事实上，审判权配置可分为横

---

❶ 韩娜. 论司法权的配置 [D]. 重庆：西南政法大学，2017：72-116.
❷ 蔡传文. 论我国民事审判权配置的优化 [D]. 合肥：安徽大学，2011：28-39.
❸ 刘家琛，钱锋. 司法职权配置的探索与实践 [M]. 北京：法律出版社，2011：84.
❹ 徐秉晖，袁坚. 对审判权优化配置的实证分析与改革建议 [J]. 时代法学，2015（6）：68-75.
❺ 江必新. 审判人员职能配置与分类管理研究 [M]. 北京：中国法制出版社，2016：337-345.

向、纵向以及动态、静态两个不同维度，横向审判权配置重在解决法院内部不同审判组织的审判权配置以及不同审判人员的审判权配置问题，纵向审判权配置重在解决上下级法院之间的审判权分配问题；动态审判权配置重点围绕审判权运行存在的问题展开，而静态审判权配置则主要围绕应然的审判权配置展开，本书选取横向与静态相结合的视角研究审判权的优化配置。简单来说，本书关于审判权优化配置的研究旨在解决如何科学合理地将案件分配至不同的审判组织以及不同审判人员的审判职能界定问题。从司法实践来看，民事案件占法院总受案量的比重远大于刑事案件和行政案件，因而考虑到研究的实践意义，本书选择重点关注民事领域的审判权配置问题。至于如何实现审判组织独立行使审判权，笔者认为其更适合归入审判权配置保障范畴而非审判权配置范畴。

　　客观而言，审判权配置的科学与否将直接影响审判活动的效率和质量。如果审判权配置缺乏科学性、合理性，则无疑会降低审判效率、浪费审判资源、制约审判功能发挥。实际上，审判权配置不仅是审判专业程度的体现，更是一国司法理念的映射。[1] 因而，科学合理的审判权配置模式对于社会主义法治国家建设的重要意义不言而喻。当然，审判权配置模式并非一成不变，审判权配置改革也非一蹴而就，各国大多根据本国的司法诉求对其审判权配置模式进行调整。改革开放以来，我国法院的受案量、法官职业素养以及当事人的司法诉求均发生较大程度的改变，但实

---

[1] 吴仕春. 审判权运行机制改革研究——以刑事审判权运行为视角 [D]. 重庆：西南政法大学，2016：13.

事求是地说，我国的审判权配置模式未能随之同步更新与优化。尽管我国的司法改革取得了一定成效，但目前我国尚缺乏审判权配置的整体性优化方案，同时部分司法改革举措未能从根本上纠正我国审判权配置长期存在的问题。因此，审判权优化配置研究期冀通过合理配置审判权，达致良好的审判权运行效果。

二、审判权配置的双重维度

为防止权力过度集中造成的权力机关恣意行使权力，违背人民意愿，国家在权力分配时应当尽可能地将权力分散配置，从而实现不同机构相互监督、相互牵制。从各国的实践来看，绝大多数国家通过本国宪法将宏观意义上的审判权排他性授予法院，由法院作为中立审判机关代表国家行使审判权。例如，美国、日本以及我国宪法都规定，审判权属于法院。由此可见，在审判机构审判权配置这一问题上，各国不存在任何分歧，换言之，审判机构审判权配置已无继续探讨的空间和必要。本书的审判权配置重点关注审判权在不同审判组织以及不同审判人员中的分配问题，客观而论，优化审判权配置是我国司法体制改革的难点和痛点之一，作为一个破旧立新的过程，它需要打破原有的审判权配置格局，重新调整和配置审判权。❶

---

❶ 袁定波，张亦嵘. 中国司法职权配置新动向［N］. 法制日报，2008-05-26（8）.

（一）审判组织审判权配置

诚然，审判活动离不开审判人员，但审判人员的审判活动并不是无序的、个体化的，而是有秩序的、有组织的。❶ 可以说，没有审判组织，审判权就无法正常运行。顾培东教授指出，作为审判活动的最终产物，裁判是通过法院内部的拟制人格主体，即审判组织生成的。❷ 就案件审理而言，法院应当根据具体情形决定案件适用的审判组织，否则，审判活动将被视为程序违法，审判组织作出的裁判可能面临被撤销的风险。

审判组织的审判活动不仅攸关法院与当事人之间的关系，更关涉司法与人民的关系，是司法赢得社会公信的直接渠道。❸ 审判组织根据不同标准可划分为不同类型，如果以案件性质为标准，审判组织可以分为民事案件审判组织、刑事案件审判组织和行政案件审判组织；如果以审判组织人数为标准，审判组织可以分为独任庭、合议庭；如果以审判组织成员是否具备专业性为标准，审判组织可以分为专业审判组织、非专业审判组织和混合审判组织。相较案件性质和成员专业化分类标准，审判组织人数分类标准无疑更具有现实意义。我国《法院组织法》《民事诉讼法》《刑事诉讼法》《行政诉讼法》均以审判组织人数作为审判组织的划分标准。事实上，从案件审理适用的审判组织能够反映

---

❶ 卢上需，樊玉成，等. 审判权运行机制改革研究［M］. 北京：人民出版社，2017：91.
❷ 顾培东. 人民法院内部审判运行机制的构建［J］. 法学研究，2011（4）：3.
❸ 蔡彦敏. 断裂与修正：我国民事审判组织之嬗变［J］. 政法论坛，2014（2）：38.

出案件审理所需的审判人力资源，而这在一定程度上可以体现出法院审判人力资源的利用效率。

值得注意的是，合议庭并非固定化的审判组织形式，而是一个较为宽泛的概念，其人员组成形式多样，既可以是 2 人、3 人，也可以是 5 人，还可以是 7 人甚至更多。总之，由 2 人以上组成的审判组织都可称为合议庭，只不过各国一般要求合议庭人数为 3 人以上的单数，以便在表决时形成多数意见。不同于域外国家的审判组织仅包括独任庭和合议庭，我国的审判组织还包括具有本土特色的审判委员会。在我国，审判委员会承担着保障重大、疑难、复杂案件审判质量的职能，尽管审判委员会同样由数人共同讨论决定案件，但因审判权行使方式和人员构成与合议庭差异较大，我国《法院组织法》将审判委员会单列为独立的审判组织，从而区别于独任庭、合议庭。本书关于审判组织审判权配置的讨论主要围绕独任庭、合议庭和审判委员会展开，为避免重复讨论，有关独任庭、合议庭、审判委员会审判权配置的具体内容，下文将作出详细阐述，在此不作赘述。

由于审判组织审判权配置直接关乎审判权的运行效果，并最终影响法治国家理念的践行，[1] 因此审判组织审判权配置便成为历次司法体制改革关注的焦点。《一五改革纲要》将"建立符合审判工作规律的审判组织形式"作为改革目标；《二五改革纲要》提出，改革审判委员会审判方式，同时将审判委员会的审理范围限定在重大、疑难、复杂、具有普适性法律价值的案件；

---

[1] 姚莉. 反思与重构——中国法制现代化进程中的审判组织改革研究 [M]. 北京：中国政法大学出版社，2005：29.

《三五改革纲要》要求完善审判委员会的案件讨论范围;《四五改革纲要》提出,构建中国特色社会主义审判权力运行体系,规范审判委员会案件讨论范围;《五五改革纲要》再次提出完善审判委员会制度。虽然审判组织审判权配置改革的相关内容被最高人民法院改革纲要多次提及,但令人略感遗憾的是,部分改革构想尚未能付诸实施。例如,《二五改革纲要》提出的审判委员会审判方式改革亦停留在改革文件层面。实践表明,现有的审判组织审判权配置模式在一定程度上阻滞了我国法治的现代化进程。❶

(二) 审判人员审判权配置

审判权的行使归根结底仍需落脚到审判人员上,只有审判人员才能推动审判程序的不断前进。❷ 正如拉德布鲁赫所言,法官是法律由精神王国进入现实王国控制社会生活关系的大门。❸ 尽管法官在审判活动中承担着极为重要的职能,但案件审理涉及的审判核心事务并非全部由职业法官行使。在域外国家和地区,职业法官原本承担的部分审判核心事务已逐步让渡给职业法官以外的非职业法官和审判辅助人员,只有那些较为重要的审判核心事务才专门由职业法官处理,由此不难看出,域外国家和地区审判

---

❶ 黄冠华. 民事审判组织研究——以基层人民法院为视角 [D]. 开封: 河南大学, 2008: 30.

❷ 汪习根. 司法权论——当代中国司法权运行的目标模式、方法与技巧 [M]. 武汉: 武汉大学出版社, 2006: 90.

❸ 拉德布鲁赫. 法学导论 [M]. 米健, 朱林, 译. 北京: 中国大百科全书出版社, 1997: 100.

人员的涵摄范围较广。审判人员审判权配置的目的在于廓清审判人员的外延以及明确不同审判人员承担的审判职能，从而有助于优化审判人员职能分工，提升审判效率。应当说，审判人员审判权配置是审判效率提升的必然要求，亦是社会分工不断精细的必然选择。然而，在我国，审判人员审判权配置依然是一个较为陌生的话题，甚至一直以来都不被视为一个真正的问题，无论是既有的法律规范还是司法解释、司法改革文件，都仅提及审判组织的审判权配置，而未涉及审判人员的审判权配置。由于我国长期未能对审判权进行精细化解构，从而导致我国审判人员审判权配置未得到必要的观照。

审判人员审判权配置主要涉及审判人员审判权主体配置和审判人员审判权客体配置两方面内容。审判人员审判权主体配置旨在厘清审判人员的范围，为了使案件得到公正审判，社会成员要求审判者具备较高的专业技能，在此背景下，法官便应运而生，成为专司审判权的审判人员。[1] 除法官外，为了彰显司法的民主性，我国还赋予人民陪审员审判职能，准许其参与案件审理。2018年，我国颁布的《人民陪审员法》对人民陪审员拥有的审判权限进行了区分：在3人制混合合议庭中，人民陪审员既拥有事实认定权，同时也拥有法律适用决定权；在7人制混合合议庭中，人民陪审员不再拥有法律适用决定权，而仅拥有事实认定权。根据《法官法》第2条的规定，法院的审判人员包括院长、副院长、审判委员会委员、庭长、副庭长、审判员，其中，院

---

[1] 尤根·埃利希. 法律社会学基本原理 [M]. 叶名怡, 袁震, 译. 北京：九州出版社, 2007：225.

长、副院长、审判委员会委员、庭长、副庭长属于审判人员的行政身份。如果从法官职业身份而论，这些法院行政领导均属于审判员。因而，按照《法官法》对于审判人员的界定，狭义的审判人员仅包括法院内部行使审判权的法官，而不包括人民陪审员。鉴于人民陪审员的职业特殊性，本文所指的审判人员仅指法院内部行使审判权的法官。

新中国成立后，我国全面废除了民国时期的司法体系和司法制度，着手构建社会主义司法体系和司法制度。新中国成立初期，我国的审判人员数量较少，为满足审判需要，我国将审判人员的范围扩展至助理审判员。自1954年《法院组织法》颁布至法官员额制改革实施前，我国审判人员审判权配置模式始终未发生改变。为解决审判人员人浮于事、效率低下、权责不明的问题，2014年我国启动了法官员额制改革。尽管法官员额制改革的直接目的在于提升审判人员的专业化、职业化水平，落实审判责任制，但其间接调整了审判人员审判权配置模式。严格意义上来说，审判人员审判权配置模式的调整只涉及配置主体调整而未涉及配置客体调整。从实践效果看，调整后的审判人员审判权配置模式仍然存在诸多问题，而这也在一定程度上影响了法官员额制改革目标的实现。为优化我国审判人员审判权配置模式，有必要从主体配置和客体配置两方面进行更为深入的研究，从而构建符合司法规律、契合审判实践的审判人员审判权配置模式，消弭已有审判人员审判权配置模式引发的实践困境。

第三节　审判权优化配置的目标

审判权优化配置的目标乃审判权优化配置改革所追求的理想效果，我国审判权优化配置的目标可分为直接目标和最终目标。所谓直接目标，是指通过审判权优化配置所能达致的直接效果；而最终目标，则是指通过审判权优化配置所能实现的社会效果。审判权配置规律对于审判权优化配置具有导向功能，因此，审判权优化配置的直接目标是建立符合审判权配置规律的审判权优化配置体系。对于审判权优化配置而言，其最终目的在于促进司法功能的有效发挥，进而服务于社会公平正义总目标的实现。

一、审判权优化配置的直接目标

规律能够反映出同一类现象的本质关系或者本质之间相对稳定的联系，审判权配置规律是审判过程中客观存在的、不以人的客观意志为转移的本质规定性，[1] 构建契合审判权配置规律的审判权优化配置方案成为审判权优化配置的首要目标。在进行审判权优化配置研究前，应当对现有审判权配置模式进行全面检视，从而发现同审判权配置规律相抵触的内容，并以此为突破口重构

---

[1] 张笑英，杨雄. 司法规律之诠释 [J]. 法学杂志，2010 (2)：76.

契合审判权配置规律的审判权优化配置体系。客观而言,审判权配置规律包括审判规律和权力配置规律两部分内容,相应的,审判权优化配置的直接目标可分为建立符合审判规律的审判权优化配置体系和建立符合权力配置规律的审判权优化配置体系。

(一) 建立符合审判规律的审判权优化配置体系

审判权配置应当符合审判规律,而审判规律无疑应当体现审判权的本质。[1] 我国司法体制改革的主要目的在于让审判回归本质,同时司法体制改革的基本目标就是按照审判的属性和规律来优化审判权配置。[2] 只有遵循审判规律,才能实现审判权保障人权、维护公平、实现正义、促进和谐、增进人民福祉的价值。[3] 事实上,审判规律同审判权的属性高度契合,即审判权的权力属性集中体现了审判规律。我国不同学者基于不同视角对审判权的权力属性作出了阐释。徐显明教授认为,审判权是被动性权力、中立性权力、程序性权力、判断性权力、终极性权力;[4] 孙笑侠教授根据审判权和行政权的差异,总结出审判权的十大特征:被动性、中立性、形式性、稳定性、专属性、法律性、终局性、交涉性、审级分工性、公平优先性;[5] 陈瑞华教授以刑事司法为观

---

[1] 罗梅,寻锴. 司法规律的理论和现实问题——十八大以来的司法规律研究文献综述 [J]. 法制与社会发展,2015 (3):131.

[2] 王祺国. 关于司法体制改革若干问题的思考 [J]. 法治研究,2014 (2):11.

[3] 王玉梅. 司法职权配置问题研究 [M]. 武汉:武汉理工大学出版社,2016:118.

[4] 徐显明. 司法权的性质——由《法院工作规律研究》谈起 [N]. 人民法院报,2003-06-23 (2).

[5] 孙笑侠. 司法权的本质是判断权——司法权与行政权的十大区别 [J]. 法学,1999 (9):34-36.

察视角,将审判权的特征归纳为程序特征、组织特征和独立特征。在此基础上,其又将程序特征分为被动性、公开性、透明性、多方参与性、亲历性、集中性、终结性;组织特征分为职业法官、民众参与、合议制以及上下级司法机构的独立;独立特征分为法院整体独立、法院内部独立、法官独立、法官职业特权、法官职业伦理。[1] 应当说,不同学者关于审判权属性的归纳都具有一定的合理性,不过从学界已形成的共识来看,审判权的属性包括中立性、消极性、亲历性、专业性和终局性。

在审判组织审判权配置方面,审判委员会是否应当配置审判权应属争议较大的问题。从审判权的行权方式以及审判组织的运行方式来看,审判委员会一定程度上与中立性、亲历性的审判规律相冲突。事实上,审判权的配置必须契合审判规律,对于不符合审判规律的审判权配置内容应当予以调整。值得注意的是,虽然专业性是审判权配置应当遵循的一般规律,但显然不同审判核心事务对审判人员的专业能力要求存在差异,因而我们应当根据审判核心事务的能力要求配置审判权。

(二) 建立符合权力配置规律的审判权优化配置体系

对于审判权配置而言,其同样有相应的规律可循。通常,审判权配置应当遵循权力高效行使、权责统一的规律。首先,纠纷的爆炸式增长对于审判资源有了更多的需求,在此情境下审判权的高效行使就显得尤为重要。事实上,审判权配置是审判资源分

---

[1] 陈瑞华. 司法权的性质——以刑事司法为范例的分析 [J]. 法学研究, 2000 (5): 39.

配的直接体现，如果审判权配置过于低效，则不仅阻碍当事人接近正义，还增加了审判资源的无谓消耗。在法院人案矛盾日益加剧的背景下，如何科学合理地配置审判权就成为当下我国必须认真面对的问题。其次，任何公权力都存在滥用的可能，只有实现权责统一，才能最大限度地阻遏权力滥用。然而，审判权配置的不当导致审判责任制存在一定程度的虚化风险。例如，实践中存在的未入额助理审判员越权行使审判权的现象造成审判权的权责分离。为此，我国审判权配置应当以建立权责统一的审判权配置体系为目标，消除影响审判责任制落实的体制机制障碍，真正实现"由审理者裁判，让裁判者负责"。

二、审判权优化配置的最终目标

建设社会主义法治国家是落实依法治国方略的基本要求，社会主义法治国家的核心要义在于让每一个公民都能实现公平正义。当下，我国正处于社会主义法治体系建设的关键时期，社会主义法治体系不仅包括完善的法律体系，还包括全面科学的司法制度。作为社会主义法治体系的重要内容，审判权配置必须服务于实现社会公平正义这个终极目标。可以说，实现社会公平正义是全面深化司法体制改革、优化审判权配置的出发点和落脚点，同时也是审判权配置科学合理的最终检验标准。审判权优化配置一方面要让当事人以看得见的方式实现正义，即审判权配置应当符合程序正义的基本要求；另一方面要让当事人以更加高效快捷的方式实现正义。

第四节　审判权配置的基本原则

审判权配置涉及审判组织审判权配置、审判人员审判权配置等诸多内容，唯有科学、合理地将审判权配置给不同的审判组织和审判人员，才能实现审判权公正、高效、有序、权威地行使。根据审判权的属性、审判权的配置规律以及审判权的价值目标，审判权配置应当遵循审判质量保障原则、审判效率优化原则、权责统一原则、权能匹配原则以及契合国情原则。

一、审判质量保障原则

公正是司法永恒的和最高的价值，[1] 审判主体负有维护社会公平正义的责任和使命。审判质量是衡量案件公正审判的重要指标，其是对审判过程以及审判结果优劣的评价。高质量的审判活动表明法院处理纠纷的全过程符合相关法律、法规规定，满足当事人对诉权的需求，并为社会公众所接受。[2] 换言之，没有质量的审判不能为公众所认同，其不但影响司法公正，还影响社会公正。[3] 一

---

[1] 徐显明. 何为司法公正 [J]. 文史哲，1999（6）：87.
[2] 张军. 人民法院案件质量评估体系理解与适用 [M]. 北京：人民法院出版社，2011：5.
[3] 李毅. 论审判质量——以质量管理为视角 [J]. 景德镇高专学报，2013（5）：12.

般而言，高质量的审判应当符合如下要求：第一，准确认定案件事实，正确适用法律；第二，严格恪守法律程序，保障当事人程序利益；第三，裁判结果符合当事人、社会公众的合理预期。

在当下的社会转型时期，法院受案量激增，如何避免"萝卜快了不洗泥"就成为一个值得思考的问题。实践中，法院为了化解大量纠纷，不得不向案件审理要效率。例如，法院不断扩张独任制的适用以及非审判人员越权承担审判职能。诚然，这些做法固然是"案多人少"背景下不得已而为之的选择，但应当认识到，公正是审判权的核心与灵魂，审判公正同样是审判活动不可逾越的底线。如果审判效率的提升不是建立在审判质量保障的基础上，那么民众的司法信任将会被不断消解，并最终引发司法信任危机。总而言之，审判权配置应当以保障审判质量为根本，不能因追求审判效率而本末倒置。

二、审判效率优化原则

"效率"一词最早出现在经济学领域，经济学意义上的效率指的是投入与产出之间的最佳函数关系，即以最少的资源消耗获得同等的效果，或者用同等的资源消耗取得最大的效果。[1] 社会资源的有限性使得效率的适用范围不再局限于经济学领域，而是扩展至包括法学在内的其他学科领域。在法学领域，审判效率基

---

[1] 刘敏. 当代中国的民事司法改革 [M]. 北京：中国法制出版社，2001：55-56.

本内涵是指以最少的人、财、物及时间的消耗，审结最多的案件，❶其能够反映出审判活动进行的快慢，纠纷解决数量的多寡，以及在审判过程中当事人对于各种司法资源的利用程度和节省程度。❷

21世纪以来，全球经济高速发展，经济活动空前活跃，与之相伴的问题便是纠纷数量的不断增加。受此影响，世界各国的法院普遍承受着较重的案件负担，各国对于审判效率的追求也更加迫切。事实上，我国同样面临"案多人少"的困扰，特别是立案登记制和法官员额制改革实施后，"案多人少"的问题愈发凸显。因此，审判效率便成为审判权配置应当考虑的重要因素。如果审判权配置模式无法因应审判效率的需要，则可能招致诉讼迟延、案件积压等不良后果。应当说，以审判效率优化作为审判权配置的基本原则，能够最大限度地发挥审判潜能，提升法院审判人力资源利用效率，缓解法院人案之间的紧张关系。

三、权责统一原则

"有权必有责、有责要担当、失责受追究"是公权力行使的基本原则，由于审判权能够决定当事人的权利义务分配以及公民人身自由的限制和剥夺，因而审判权配置更应当强化权责统一的理念。法律在赋予审判人员审判权的同时，审判人员也应当严格按照法定的诉讼程序和诉讼规则审理案件，审慎行使审判权。如

---

❶ 罗安荣，贺清生. 试论审判权配置原则 [J]. 求索，1996（6）：50.
❷ 谭世贵. 中国司法制度 [M]. 北京：法律出版社，2005：50.

果审判人员因违规行使审判权造成实质性的损害后果,其应当承担审判责任,毕竟审判人员在行使审判权的过程中也可能出现以权谋私、消极怠工等情形。实践中,审判人员渎职审判、失职审判等违规现象时有发生,这在一定程度上破坏了审判人员主持公平、守护正义的良好形象。同时,即便审判人员拥有较高的道德操守,但如果权力不受制约,那么任何权力都有滥用的可能。诚如法谚所言,权力导致腐败,绝对的权力导致绝对的腐败。❶ 因而,除自我约束外,审判人员还需要审判责任进行约束。

在域外法治国家,审判责任制是审判权正当行使的重要制度保障。目前,我国已经初步建立起审判责任制,通过设置审判责任追责机制确保审判人员正确行使审判权。2015 年 9 月,最高人民法院下发《关于完善人民法院司法责任制的若干意见》(以下简称《司法责任制意见》),提出建立"以严格的审判责任制为核心,以科学的审判权力运行机制为前提,以明晰的审判组织权限和审判人员职责为基础,以有效的审判管理和监督制度为保障"的司法体制。❷ 审判责任制的核心价值在于确保审判主体独立行使审判权,只有审判人员不受其他因素干扰独立地作出判断,才能明确审判责任的最终承担主体。❸ 换言之,审判人员承担审判责任的前提在于审判人员拥有审与判的全权,否则审判活动将陷入"审者不判、判者不审"的困境,最终导致无人承担

---

❶ 阿克顿. 自由与权力——阿克顿勋爵论说文集 [M]. 侯健,范亚峰,译. 北京:商务印书馆,2001:342.
❷ 最高人民法院《关于完善人民法院司法责任制的若干意见》第 1 条。
❸ 陈卫东. 司法责任制改革研究 [J]. 法学杂志,2017 (8):38.

审判责任。为此,审判权配置应当契合审判责任制的要求,[1] 赋予审判人员独立的审判权,从而将审判责任制落到实处。

四、权能匹配原则

权能匹配原则是指权力与权力行使主体的能力相匹配,权力行使主体的能力是衡量权力行使效果的重要因素,如果权力行使主体的能力未能达到权力行使的要求,那么其将难以胜任权力行使工作;相反,如果权力行使主体的能力超过权力行使的要求,则可能造成审判人力资源的浪费。由此可见,权能匹配实现了权力与权力行使主体能力的协调。审判权的判断性使其带有强烈的主观色彩,因而审判人员拥有较大的自由裁量权。这意味着不同的审判人员对于同一案件作出的裁判结果可能存在差异,而案件裁判结果能否获得当事人认可很大程度上取决于审判人员的审判能力。事实上,审判能力较为抽象,其主要体现在审判人员的理论水平、审判经验、生活阅历等方面。必须承认的是,审判人员的审判能力存在个体性差异。

由于法院审判人员的数量相对固定,因而审判权配置应当坚持人尽其才的配置目标,借此实现审判人力资源利用效率和裁判结果接受度之间的平衡。如果审判人员的审判能力无法达到审判权行使的要求,则可能导致案件事实认定不准确、裁判说理不充分、裁判结果把握不到位。例如,备受社会争议的南京彭宇案就

---

[1] 罗安荣,贺清生. 试论审判权配置原则[J]. 求索,1996(6):51.

是因审判人员审判能力不足所致。相反，如果审判人员的审判能力远超审判权行使的要求，则可能导致审判人员的审判能力优势未得到有效发挥。因而，审判权的优化配置应当实现审判权与审判人员审判能力的精准匹配，即让审判能力较强的审判人员处理难度较大的审判事务，而让审判能力相对欠缺的审判人员处理难度较低的审判事务。

五、契合国情原则

知识、法律和制度等人为的产物都带有明显的地方性烙印，[1] 任何国家的政治、军事、经济、文化、司法等制度的设置都应立足于本国国情。事实上，司法制度作为一种地方性知识，从来都不能不受政治、经济、文化等社会因素的影响，没有两个国家的司法制度是完全相同的。[2] 尽管司法制度带有一定的地方性色彩，但不可否认的是不同地区的社会存在一定的同质性，因而将一国的司法制度移植到另一国在所难免，但政治、历史、民族、宗教、社会等因素都可能影响司法制度的移植效果。[3] 事实上，外生性的司法制度在移植后极有可能产生排异反应，导致"橘生淮南则为橘，生于淮北则为枳"的不良效果。如果不融合本土资源，司法制度很难从一国完美移植到另一国，[4] 一旦被移

---

[1] 刘星. 法律是什么 [M]. 北京：中国政法大学出版社，1998：256.
[2] 苏力. 法治及其本土资源 [M]. 北京：中国政法大学出版社，1996：34.
[3] 冯卓慧. 法律移植问题探讨 [J]. 法律科学，2001（2）：19.
[4] 格伦顿，戈登，奥萨魁. 比较法律传统 [M]. 米健，贺卫方，高鸿钧，译. 北京：中国政法大学出版社，1993：6-7.

植的司法制度无法因应本国国情，那么司法制度移植的结果无疑是失败的，不仅无法利用他国有益经验解决本国实际问题，还可能阻碍本国司法制度运行，引发司法制度紊乱。因而，在司法制度移植过程中，应当秉持弘扬中华法律文化精华、注重现实国情、坚持中国法治特色的原则，[1] 降低制度移植的水土不服风险。唯有如此，才能使被移植的司法制度拥有持久的生命力，发挥司法制度移植期冀的效果。就审判权配置而言，虽然不同国家的配置模式有所差异，但仍有必要对域外国家的审判权配置模式进行全面、深入和细致的考察，进而抽丝剥茧地总结出域外审判权配置的共性。我国的审判权配置体系应当以域外审判权配置经验为蓝本，同时对本土资源给予充分观照，由此既能博采众长，汲取域外先进司法文明成果，又能紧贴中国实际，契合审判实际需求。

本章小结

本章主要阐述了审判权配置相关的基本概念和理论。审判权的本质是对案件涉及的事实问题和法律问题作出判断，根据观察视角的不同，审判权可分为宏观审判权、中观审判权以及微观审

---

[1] 汤唯. 法律西方化与本土化的理性思考——也论中国法律文化现代化 [J]. 烟台大学学报（哲学社会科学版），1999（4）：28.

判权。根据配置主体的不同，审判权配置分为审判机构审判权配置、审判组织审判权配置以及审判人员审判权配置，本书研究主题审判权优化配置主要围绕审判组织审判权配置和审判人员审判权配置展开。应当说，审判权配置的直接目标在于构建符合审判权配置规律的审判权配置体系，最终目标在于实现社会公平正义。在审判权配置体系的构建上，应当以审判质量保障、审判效率优化、权责统一、权能匹配以及契合国情等原则为指导。

第二章

我国审判权配置的发展沿革

我国审判权配置体系经历了漫长的历史变迁,自清末引入大陆法系司法制度和司法体系以来,我国审判权配置体系经历了清末的初步构建、民国的优化调整以及新中国的推倒重构的过程。不同历史时期的审判权配置有着各自鲜明的时代特征,为此有必要理顺我国审判权配置的发展脉络。

第一节 独任庭、合议庭审判权配置的发展沿革

独任庭、合议庭共同承担着法院的案件审判工作,在审判权限方面,独任庭、合议庭有着明确的划分。随着时代变迁,独任庭、合议庭的审判权配

置经历了数次较大规模的调整。清末立法、民国立法以及新中国立法为我们探寻独任庭、合议庭审判权配置提供了翔实的研究素材，通过法律规范的解读能够发现独任庭、合议庭审判权配置的发展和变化。当然，法律规范与审判实践的差异使得只有从法律规范和审判实践的不同角度才能窥探独任庭、合议庭审判权配置的全貌。

一、独任庭、合议庭审判权配置的规范流变

（一）清末时期

封建社会的审判权与行政权行使主体高度重合，因而我国古代不存在具有独立身份、能够独立审判案件的审判组织，现代意义上的审判组织最早可追溯至清朝末年。《大清民事诉讼律草案》首次对审判组织作出规定，认为裁判组织必须具有独立性，或为独任制或为合议制。❶ 1906 年，清政府在日本法学教授冈田朝太郎的指导下颁布《大理院审判编制法》，确立了独任庭审理和合议庭审理的二元审理模式。然而，即使案件由合议庭审理，因审判法院级别的不同，合议庭的组成方式也存在差异。详言之，城谳局作为初级审判厅采用审判官 1 人独任审理，城内外地方审判厅采用 3 人制合议庭审理，大理院、京师高等审判庭采用

---

❶ 陈刚. 中国民事诉讼法制百年进程 清末时期·第一卷［M］. 北京：中国法制出版社，2004：248.

5人制合议庭审理,❶其后的《各级审判庭试办章程》将合议庭的组成人数统一固定为3人。

1911年,清政府制定《法院编制法》。作为清政府编撰且正式生效的法律规范,《法院编制法》颠覆了以往传统的审判制度,较为全面系统地规定了各级法院的审判组织。依据该法,清末的诉讼制度采用四级三审制,审判机构级别由低到高依次为:初级审判厅、地方审判厅、高等审判厅和大理院。初级审判厅作为基层第一审法院,由推事1~2人组成,负责审理简单民事案件、轻罪刑事案件。地方审判厅设置在省城、商埠、府,由厅长1人,刑科、民科推事6人组成,负责初级审判厅无权管辖的一审案件以及不服初级审判厅判决的上诉案件。高等审判厅全国共设22处,分布在京师及各省省会,负责审理不服地方审判厅判决的上诉案件。大理院是清政府的最高审判机构,负责审理不服高等审判厅判决的上诉案件以及皇室宗亲官员的犯罪案件。

职能和定位的差异决定了不同级别法院审理案件适用不同的审判组织。初级审判厅采用推事1人独任审理。地方审判厅一审案件原则上采用独任制审理,如果案情繁杂,且当事人要求的,则采用合议制审理;地方审判厅二审案件由推事3人组成合议庭审理。高等审判厅负责审理的轻罪终审、重罪二审案件,由3人合议庭审理。大理院负责的三审案件,由5名推事组成合议庭进行审理。应当说,《法院编制法》体现了"法院级别与案件审理

---

❶ 谢冬慧.南京国民政府时期民事审判组织简论[J].贵州社会科学,2009(7):118.

人数对应，同时兼顾当事人意愿"的理念，一审案件原则上采用独任制审理，二审以上案件全部采用合议制审理。对于地方审判厅审理的一审复杂案件，《法院编制法》还赋予当事人申请适用合议制的权利。虽然《法院编制法》颁布后不久清政府即被推翻，但其对民国的审判组织审判权配置产生了深远影响。

（二）民国时期（1912—1949 年）

受近代西方审判制度的影响，南京国民政府承袭了"以合议制为主、独任制为补充"的审判组织审判权配置模式。[1] 1933年，国民政府颁布《法院组织法》，将四级三审制改为三级三审制，取消初级审判厅，同时改审判厅为法院。根据《法院组织法》的规定，地方法院审理案件由推事 1 人负责，若案件重大复杂，可由推事 3 人组成合议庭审理；高等法院审理案件采用 3 人合议庭，但案件准备及调查程序由推事 1 人为之；最高法院审理案件采用 3 人或 5 人合议庭。除普通法院外，国民政府还设有行政法院，管辖行政案件，其受理的案件由 5 名评事[2]组成合议庭审理。就受案范围而言，地方法院受理的案件以简单案件为主，高等法院及其分院负责二审案件，最高法院负责三审案件。因而，地方法院"诚宜采用独任制，以期便捷"。[3] 考虑到二审程序和三审程序的主要功能在于审判监督，故为彰显案件审理之慎

---

[1] 夏锦文. 冲击与嬗变——近现代中西方审判制度的关联考察 [J]. 江苏社会科学，1994（1）：54.
[2] 在行政法院，推事被称为评事。
[3] 谢振民. 中华民国立法史 [M]. 北京：中国政法大学出版社，2000：1046.

重，二审程序和三审程序仅适用合议制审理。对于未设置地方法院的县，则采用行政、司法合一的模式，在县政府内部设置县司法处作为审判机构，由县长担任县司法处处长。除县长外，县司法处组成人员还包括若干代行推事职责的承审员。❶ 根据《县司法处组织暂行条例》，县司法处审理民事、刑事案件皆采用独任制审理。

抗日战争和解放战争时期，中国共产党在抗日根据地和解放区施行了颇具特色的司法制度。除涉及机密的案件外，审判机关审理案件应采用合议制。这一时期的合议制具有如下鲜明特征：第一，合议庭成员为 3 人，由审判员和人民陪审员组成；第二，审判员、人民陪审员名义上承担同样的审判职能，但当审判员和人民陪审员意见不一致时，则应当以审判员的意见为准；第三，合议制更多的具有政治上的象征意义。❷

（三）中华人民共和国时期（1949 年以来）

新中国成立初期，我国有关独任庭、合议庭审判权配置的规范主要集中于《法院组织法》。20 世纪 80 年代后，随着程序法的重要性日益凸显，《民事诉讼法》《刑事诉讼法》《行政诉讼法》以及相关司法解释相继颁布实施，这些法律和司法解释对于案件适用的审判组织进行了较为全面的规制。

---

❶ 谢冬慧. 南京国民政府时期民事审判组织简论 [J]. 贵州社会科学，2009（7）：120.
❷ 杨朝永. 民事审判合议制度研究 [D]. 重庆：西南政法大学，2016：24.

1. 《法院组织法》与独任庭、合议庭审判权配置

1951年，《人民法院暂行组织条例》确立了三级两审的审判体系，我国的法院系统由县级人民法院、省级人民法院以及最高人民法院组成。县级人民法院审理一审民事、刑事案件采用独任制，若案件重大、复杂，则由审判员3人合议审理，其中1人应为主任审判员。省级人民法院由审判员3人组成合议庭审理民事、刑事案件，若案件无须合议，则由审判员1人审理即可。但《人民法院组织暂行条例》并未明确无须合议的具体情形。此外，对于最高人民法院审理案件应适用何种审判组织，《人民法院组织暂行条例》同样未作规定。尽管《人民法院组织暂行条例》的内容较为粗糙，但值得肯定的是，其为审判组织行使审判权提供了正当依据。根据《人民法院组织暂行条例》，我国县级人民法院审判组织审判权配置以"独任庭为主、合议庭为辅"为原则，省级人民法院则以"合议庭为主、独任庭为辅"为原则。

1954年《法院组织法》的颁布标志着我国首次以法律的形式全面规定审判组织的类型、人员组成、审判权限和审理方式，同时，《法院组织法》将我国的法院体系由三级两审制调整为四级两审制。根据规定，一审案件由审判员和人民陪审员组成合议庭审理，如遇简单民事案件、轻微刑事案件和法律另有规定的案件，则采用独任制审理；二审案件和抗诉案件，由审判员组成合议庭审理。通过以上条文的表述可以看出，多数情况下，一审案件应适用合议制审理。在当时，独任制的适用被严格限制，以至

于案件适用独任制审理还需报请院长或庭长批准。❶ 不难发现，《法院组织法》调整了此前的审判组织审判权配置模式，并且重拾了革命时期民主司法的优良传统，将人民陪审员引入合议庭，以此彰显审判活动的民主性。

1983年，《法院组织法》进行了第一次修订，将"审判员+人民陪审员"的固定化合议庭组成形式调整为全部由审判员组成或由"审判员+人民陪审员"组成。此后，《法院组织法》未对独任庭、合议庭的审判权配置进行大范围调整。为贯彻中央全面深化依法治国精神，2018年修订的《法院组织法》在中级以上人民法院增设由3名以上审判员组成的赔偿委员会，负责审理国家赔偿案件。虽然赔偿委员会属于新的审判组织，但鉴于其在人员组成、审判权行使方式等方面同合议庭类似，因而可将其归入合议庭范畴。此外，为避免重复规定，修订后的《法院组织法》不再规定有关独任庭、合议庭审判权配置的内容。因而，目前有关独任庭、合议庭审判权配置的规定主要见于《民事诉讼法》《刑事诉讼法》《行政诉讼法》以及相关司法解释。

2. 三大诉讼法与独任庭、合议庭审判权配置

(1)《民事诉讼法》与独任庭、合议庭审判权配置。

1982年《民事诉讼法（试行）》专门设置"审判组织"章，从审级、案件类型和审理程序等多个方面廓清了独任庭、合议庭各自承担的审判职责。第一，一审案件原则上由审判员、人民陪

---

❶ 张艳艳. 论我国民事法官独任制的改革与完善［D］. 重庆：西南政法大学，2017：7.

审员组成的合议庭或者审判员组成的合议庭审理，二审案件由审判员组成的合议庭审理，再审案件依原生效裁判的审级确定合议庭组成。第二，基层法院及其派出法庭审理的一审简单案件，由审判员独任审理；适用特别程序审理的案件，除选民资格案件、重大疑难案件外，均适用独任制审理。第三，适用简易程序审理的案件采用独任制审理，适用普通程序审理的案件采用合议制审理。

1991年，《民事诉讼法》正式施行。相较《民事诉讼法（试行）》，《民事诉讼法》增设了督促程序和公示催告程序。其中，支付令的审查和公示催告程序的公示催告阶段由审判员1人负责，而公示催告程序的除权判决阶段则由审判员组成的合议庭负责。2012年，修正后的《民事诉讼法》扩展了特别程序的适用范围，将确认调解协议案件和实现担保物权案件纳入其中，从而扩大了独任庭的适用范围。此外，2012年《民事诉讼法》还增设小额诉讼程序，规定适用小额诉讼程序的案件由审判员独任审理。

针对我国司法实践中日益严重的"人案矛盾"与"合议制"在司法实践中面临的种种困境，2020年1月，最高人民法院出台《民事诉讼程序繁简分流改革试点实施办法》（以下简称《实施办法》），其中设专章对民事诉讼独任制的扩张进行了规定，开创式地将独任制的适用范围扩大到了基层法院的一审普通程序和中级人民法院的二审程序，并为之设定了具体的适用标准。2021年，中共中央在《法治中国建设规划（2020—2025年)》中提出要完善民事诉讼制度体系，探索扩大独任制适用的范围。[1] 在总结繁简分流改革试点经验的基础上，2021年12月，全国人大常委会审议通过修正后的《民事诉讼法》，修正后的《民事诉讼法》第40条明确基层法院审理的基本事实清楚、权利义务关系明确的一审案件可由审判员独任审理；第41条明确中级法院二审适用独任制应当满足如下条件：第一，适用案件限于第一审适用简易程序审结或者不服裁定提起上诉的第二审案件；第二，适用标准是案件事实清楚、权利义务关系明确；第三，必须经双方当事人同意。

（2）《刑事诉讼法》与独任庭、合议庭审判权配置。

相较民事案件，刑事案件独任庭、合议庭的审判权配置更加复杂。《刑事诉讼法》将独任庭的审判权行使范围限定在基层法院适用简易程序、速裁程序审理的一审刑事案件。中级以上法院审理一审刑事案件采用合议制，但合议庭组成因审级高低而有所不同。中级法院一审刑事案件由审判员3名或审判员、人民陪审员3名或审判员、人民陪审员7名组成合议庭审理。高级法院一审刑事案件由3~7名审判员或审判员、人民陪审员3名或审判员、人民陪审员7名组成合议庭审理。最高人民法院一审刑事案件由3~7名审判员组成合议庭审理。对于上诉、抗诉的刑事案件，则由3名或5名审判员组成合议庭审理。根据《刑事诉讼法》第215条的规定，被告人为残疾人或精神病人的案件、社会影响重大的案件、共同犯罪中部分被告人不认罪的案件以及对简易程序适用有异议的案件不适用独任制审理，但对于可能判处3

---

[1] 占善刚，曹影. 民事诉讼独任制扩张的制度逻辑与中国路径 [J]. 内蒙古社会科学，2021 (5): 97.

年以下有期徒刑并且适用简易程序的案件,《刑事诉讼法》第216条赋予法院审判组织适用的裁量权。

(3)《行政诉讼法》与合议庭、独任庭审判权配置。

1989年《行政诉讼法》要求行政案件全部采用合议制审理,但很显然行政案件同样存在简单案件和复杂案件之分,一律采用合议制审理难免同繁简分流的理念相悖。对此,修正后的《行政诉讼法》增设行政诉讼简易程序,允许下列三种情形适用独任制审理:其一,被诉行政行为是当场作出的;其二,争议金额2000元以下的;其三,属于政府公开信息的。

3. 合议庭、独任庭审判权配置的立法特征

《民事诉讼法》《行政诉讼法》将合议制作为基本诉讼制度,❶反映出我国立法对于合议制的倚重。在2021年《民事诉讼法》修正前,独任庭、合议庭审判权配置呈现出明显的双对应特征,其主要表现为审判组织与审级对应、审判组织与审判程序对应。概言之,一方面,独任庭仅负责审理部分一审案件,而上诉案件、再审案件由合议庭审理。另一方面,适用简易程序的案件由独任庭审理,适用普通程序的案件由合议庭审理。

事实上,我国立法长期存在的"合议制为主、独任制为辅"的审判组织审判权配置模式与其产生的时代背景密切相关。一方面,在新中国成立后的较长时间,我国法官整体的审判水平较为低下,大量法官未接受专业的法学教育,为保障审判质量,我国

---

❶ 《民事诉讼法》第10条规定,人民法院审理民事案件依照法律规定实行合议制度。《行政诉讼法》第7条规定,人民法院审理行政案件依法实行合议制度。

对独任制的适用持审慎态度,[1] 仅将事实认定和法律适用难度较低的简单案件交由法官独任审理。除此以外的案件,则全部由合议庭审理,从而寄希望于通过合议庭成员的共同决策保障审判质量。另一方面,法律对于合议制的强调同我国倚重集体决策、轻视个人决策不无关联。作为社会主义国家,我国有着强烈的集体意识,而这表现在经济、政治、司法等方方面面。例如,我国在经济领域奉行集体经济、在政治领域奉行民主集中制、在司法领域奉行集体决策。更何况,在当时我国法院整体的受案量处于较低水平,审判压力尚未显现,"合议制为主、独任制为辅"的审判组织审判权配置模式能够满足法院的审判需求。总的来说,"合议制为主、独任制为辅"的审判组织审判权配置模式乃多重时代因素共同作用的结果。

根据参与《民事诉讼法》起草的杨荣新教授回忆,《民事诉讼法》制定时,认为简易程序的适用比例不会超过民事案件受案量的30%。[2] 审判实践表明,至21世纪初,全国基层法院普通程序和简易程序的适用比例基本符合立法的预设。[3] 根据最高人民法院调研组的统计数据,1996年广东省基层法院普通程序的适用比例为80%,简易程序适用率仅为20%。[4] 然而,自2003

---

[1] 陈俊豪,肖波. 破除合议制瓶颈——基层法院审判组织亟待合理化 [J]. 湖南省社会主义学院学报,2010 (3): 75.

[2] 贺小荣,谢阿桑. 完善我国民事简易程序的法理基础及改革路径——2002年中国诉讼法学年会民事简易程序论题综述 [N]. 人民法院报,2002 - 11 - 28 (1).

[3] 蔡彦敏. 断裂与修正:我国民事审判组织之嬗变 [J]. 政法论坛,2014 (2): 40.

[4] 最高人民法院民事诉讼法调研小组. 民事诉讼程序改革报告 [M]. 北京:法律出版社,2003: 5.

年最高人民法院颁布《关于适用简易程序审理民事案件的若干规定》后,基层法院开始在审判实践中秉持"司法解释未禁止的,皆可适用简易程序,由法官独任审理"的理念,从而使独任制的适用范围得到较大扩展。事实上,在2021年《民事诉讼法》修正前,"合议制为主、独任制为辅"的审判组织审判权配置模式在审判实践中已然名存实亡。

4. 合议庭、独任庭审判权配置改革

随着法院受案量日益增多,最高人民法院也认识到"合议制为主、独任制为辅"的审判权配置模式存在脱离实践、配置僵化的问题。2020年1月,最高人民法院发布《民事诉讼程序繁简分流改革试点方案》(以下简称《试点方案》),决定从法院受案量最多的民事案件切入,深化繁简分流改革。其中,扩大独任制适用成为此次繁简分流改革的重点内容。与以往不同的是,此次改革未停留在纸面,而是给出了切实可行的实施方案,同时最高人民法院还选择部分地区开展为期两年的改革试点。根据《试点方案》的规定,基层法院可采用独任制普通程序审理案件,中级法院、专门法院可采用独任制审理上诉案件。根据学者的统计,2020年1月15日至2021年12月31日,北京、广州、上海、武汉、杭州、西安等地一审普通程序独任审理的案件占一审普通程序审理案数总数的比例分别为40.7%、61.5%、48.0%、32.8%、41.8%、63.5%,二审程序独任审理的案件占二审审理案件总数的比例分别为25.5%、32.3%、18.3%、28.8%、37.3%、17.4%,由此可见繁简分流改革试点工作的成效显著。在案件类型方面，基层法院适用普通程序独任审理的案件类型主要是合同纠纷，且以民间借贷、合同违约和建设工程施工合同等居多。❶ 繁简分流改革试点结束后，《民事诉讼法》作出了相应的修订，从而在立法层面解除了审判组织和诉讼程序之间的捆绑关系。

二、独任庭、合议庭审判权配置的实然样态

事实上，不同于立法呈现的独任庭、合议庭审判权配置模式，实践中独任庭、合议庭的审判权配置却表现出另一副迥异的面孔，立法规范与审判实践的脱节就此产生。

（一）独任庭审判权配置的现实境况

21世纪以来，全国法院的受案总量明显增加。然而，在法院数量和审判人员数量基本维持不变的情况下，地方法院特别是置身审判一线的基层法院承受着前所未有的审判压力。为了能够在法定审限内审结案件，实践中出现两种倾向：一种是独任庭审判权的显性扩张，另一种是合议庭审判权的隐性收缩。前者主要表现为独任庭的适用超过法律的规定范围；后者主要表现为尽管案件采用合议制审理，但合议制的功能未得到真正发挥，"名合实独"现象的存在导致合议制最终沦为独任制。应当说，独任庭、合议庭的审判权配置模式在实践中已然发生倒置，"独任制为主、合议制为辅"的倾向愈发明显。

---

❶ 靳建丽，张可. 独任制扩大适用的运行困境与优化探索［J］. 河南工业大学学报（社会科学版），2023（4）：103.

统计数据显示，我国的简易程序适用率不断提高。2018年上半年，全国各省法院审结的一审案件中，简易程序的平均适用率为70.60%，而到了2019年上半年，这一数据增长至75.52%。❶如果以案件受理时确定适用的审理程序为标准，简易程序的适用比例实际上更高。例如，章武生教授的研究表明，全国基层法院的简易程序适用率约为80%，部分基层法院的简易程序适用率达到90%，个别基层法院的简易程序适用率甚至接近100%。❷由于2021年《民事诉讼法》修正前采用独任制审理的案件只能适用简易程序，因而简易程序的适用状况反映了独任制的适用状况。实践中，采用独任制审理的案件类型多样，涵盖合同案件、权属案件、侵权案件、不当得利案件、无因管理案件、家事案件、劳动案件以及特别程序案件等。此外，采用独任制审理的案件标的额也从几百元至上千万元不等。❸以上这些数据反映出基层法院对于独任制有着较强的现实需求。

事实上，由于独任制仅需法官一人便可完成案件审理，其客观上已成为基层法院消解审判压力的重要工具。即便《民事诉讼法》《民诉法解释》规定了独任制的适用条件，但一方面，这些主观性较强的识别标准较为模糊、缺乏明确指向，实践中不同基层法院未能形成明确、统一的判断审查标准，❹导致法院对于独

---

❶ 孙航. 最高法发布2019年上半年审判执行工作数据 [N]. 人民法院报，2019-08-01 (1).

❷ 章武生. 论民事简易程序之重构 [J]. 中外法学，2003 (1): 56.

❸ 杨卫国. 论民事简易程序系统之优化 [J]. 法律科学，2014 (3): 168.

❹ 易夕寒. 民事简易程序与普通程序的实践及路径优化——以C市Y法院为例 [J]. 重庆科技学院学报，2016 (11): 28.

任制的适用具有很大的盲目性和随机性；❶ 另一方面，法院考评体系对于审判效率的追求，造成法院对于独任制的适用持放任态度。实践中，基层法院大多从宽把握简易程序的适用标准，除法律明确规定应当适用普通程序审理的案件外，多数案件适用简易程序审理。如果在案件审理过程中案件不宜适用简易程序的，则转为合议制普通程序审理。可见，2021年《民事诉讼法》修正前基层法院已突破简易程序"事实清楚、权利义务关系明确、争议不大"的适用标准，从而造成独任制适用的泛化。❷

值得注意的是，基层法院适用简易程序审理的案件中不乏案情复杂、当事人争议较大的案件。然而，相比普通程序，简易程序对于当事人程序权利的保障有所弱化。例如，简易程序的举证期限较短，因而适用简易程序审理非简单案件不免有侵蚀当事人程序保障权之虞。此外，在适用简易程序审理的案件中，有相当一部分是因无法向当事人送达司法文书而不得不转为普通程序审理，这些案件主要以民间借贷、金融借贷案件为主。例如，民间借贷案件中，债权人出示了借条、转账凭证等足以证明借贷关系存在的证据，但因债务人逃避债务下落不明，导致事实认定本无障碍的简单案件不得不转为合议制普通程序审理，而这不但增加了组成合议庭、告知当事人合议庭组成、合议庭评议等诸多环节，还增加了司法文书归档、装订的工作量。实际上，虽然案件的审理程序、审判组织发生了改变，但案件本身的审理难度未发生改变。

---

❶ 于仲兴. 审判组织研究 [D]. 北京：中国政法大学，2008：18.
❷ 孙海龙. 审判权运行机制改革 [M]. 北京：法律出版社，2015：77.

（二）合议庭审判权配置的现实境况

当前，基层法院合议制的适用呈现出不断萎缩的态势。如果案件事实或者法律关系复杂、涉及当事人人数众多、可能引发申诉或信访、当事人为本地知名企业或者被告下落不明的，❶ 法院才会适用合议制审理。当然，即使案件采用合议制审理，合议庭的功能也并未得到有效发挥。承办人制度的存在使得承办人包揽了大部分的审判工作，例如追踪案件进度、整理证据、起草判决书、签发判决书。❷ 在法院"案多人少"的背景下，每位承办人都被分配了大量案件，同时由于承办人承办案件的质量直接关系到承办人的绩效、升迁、奖惩等利益，❸ 这导致承办人既无暇也无动力实质性地参与他人主办的案件，其仅在形式上参与案件的开庭与评议，而未能在庭前详细审阅案卷材料、在庭中认真听取当事人辩论以及在庭后深入分析案件，从而使合议制在客观上沦为独任制。实践中，有的非承办人在开庭时忙于处理自己承办的案件，有的非承办人开庭后不久便离开，直至法庭辩论终结后才回来。❹ 有学者的实证研究表明，近 1/3 的非承办法官从不阅卷。❺ 对于合议庭的非承办法官，有学者将其概括为"既不听

---

❶ 张军. 民事诉讼独任制适用范围研究 [D]. 呼和浩特：内蒙古大学，2018：6.

❷ 李春刚. 合议制改革——审判组织模式"扁平化"设计探析 [J]. 中国应用法学，2017（6）：70.

❸ 左卫民，汤火箭，吴卫军. 合议制度研究——兼论合议庭独立审判 [M]. 北京：法律出版社，2001：146.

❹ 李浩. 合议制实在化的又一重要举措 [N]. 人民法院报，2010-02-03（5）.

❺ 史立梅，范琳. 司法体制改革背景下刑事审判合议庭运行机制问题研究 [J]. 贵州民族大学学报（哲学社会科学版），2015（2）：115.

审，也不决策，形似木偶"，❶ 可以说承办人制度造成合议庭成员名义上平等而实质上不平等。❷

诚然，合议制要求合议庭成员共同审理、共同决策，但合议庭职能的虚化造成多数情况下合议庭的意见就是承办人的意见，只是合议笔录需将其表述为合议庭的意见。有学者的调研结果显示，90%案件的承办人意见为合议庭的最终意见。❸ 实践中，此种"承办人一人办案，三人共同署名"的现象时有发生。❹ 事实上，"名合实独"的现象不仅发生在基层法院，中级法院同样存在。❺ 在合议庭组成方面，除了承办人事先确定外，其他合议庭成员开庭前大多处于不确定的状态，直至开庭前几日，承办人才临时寻找有时间的审判员担任合议庭成员。有时由于找不到审判员，开庭日期还会一拖再拖。有法官的调研证实，其所在基层法院85%的法官表示自己有被借用的经历。❻ 对于此种临时拼凑合议庭的行为，左卫民教授等将其称为"拉郎配"。❼

---

❶ 兰荣杰. 诉讼规则"地方化"实证研究——以裁判权配置为视角[J]. 法制与社会发展, 2008 (2): 15.

❷ 肖扬. 建设公正高效权威的民事审判制度 为构建社会主义和谐社会提供有力司法保障[J]. 中国审判, 2007 (2): 4.

❸ 徐秉晖, 袁坚. 对审判权优化配置的实证分析与改革建议[J]. 时代法学, 2015 (6): 70.

❹ 卢上需, 樊玉成, 等. 审判权运行机制改革研究[M]. 北京: 人民出版社, 2017: 97.

❺ 荣明潇. 二审民事案件适用独任制审理的理性逻辑与进路探索[J]. 法律适用, 2017 (9): 105.

❻ 田源, 高宇涵. 我国基层法院合议制运行中存在的问题及对策[J]. 中共郑州市委党校学报, 2016 (2): 70.

❼ 左卫民, 汤火箭, 吴卫军. 合议制度研究——兼论合议庭独立审判[M]. 北京: 法律出版社, 2001: 96.

第二节　审判委员会审判权配置的发展沿革

审判委员会作为我国特有的审判组织，其在不同时期拥有不同的审判权限。随着司法改革的深入推进，审判委员会的审判权限也在不断限缩。根据审判委员会改革的要求，目前审判委员会仅可决定特定案件的法律适用问题。

一、审判委员会审判权配置的规范嬗变

（一）新中国成立前

审判委员会制度具有鲜明的社会主义特色，是我国司法制度的重要组成部分。作为根植本土的司法制度，审判委员会的历史最早可追溯至新民主主义革命时期。1927年，为惩戒破坏农民运动的地主恶霸，中国共产党在部分地区设立特别法庭，采用民主集中的方式审理案件。此后，湖北省在省级和县级设立以公民协会和农民为主体组成的审判委员会。❶ 1931年，中华苏维埃共和国临时中央政府成立后，中央苏区和地方采用不同的司法体制。在中央苏区，采用审判权、司法行政权分立的模式；在地

---

❶ 张晋藩. 中国司法制度史［M］. 北京：人民法院出版社，2004：565.

方,采用审判权、司法行政权合一的模式,由裁判部兼理司法行政工作。❶ 各省、县、区的裁判部内设裁判委员会。根据《中华苏维埃共和国地方组织法(草案)》的规定,裁判委员会主要负责讨论和建议有关司法行政、检察和审判方面的问题。1942年,陕甘宁边区实行三审终审制,审判委员会作为第三审裁判机构,适用审理制审判案件。❷

抗日战争结束后,华北人民政府颁布的《为各级司法委员会改为裁判研究委员会通令》要求司法委员会一律改称裁判研究委员会,其委员主要由审判机关负责人、案件审判人、县长、公安局局长以及部分人民团体的负责人组成,主要研究可能判处五年以上有期徒刑、死刑的刑事案件,以及因政策原因需要慎重处理或者请示的民事案件。经裁判研究委员会研究确定的案件,由司法机关制作判决书后正式公开宣判。❸ 可以看出,裁判研究委员会虽然名义上是研究咨询机构,但其研究结果直接影响案件裁判。1948年,《东北解放区人民法庭条例》首次出现审判委员会的名称。根据规定,审判委员会由农民代表数人、上级政府委派代表1人组成,有权审判当众坦白、赔偿、罚款、劳役、剥夺公民权、有期徒刑、无期徒刑以及死刑案件,当时的审判委员会承担着司法行政管理和审判的双重职能。由于审判委员会直接参与案件审理,因而审判委员会可以视作真正意义上的审判组织。

---

❶ 张希坡. 马锡五与马锡五审判方式 [M]. 北京:法律出版社,2013:46.
❷ 李喜莲. 论审判委员会审判职能的"回归" [J]. 宁夏大学学报(人文社会科学版),2007(3):72.
❸ 张希坡. 马锡五与马锡五审判方式 [M]. 北京:法律出版社,2013:90.

（二）新中国成立后

根据1950年颁布的《人民法庭组织通则》第4条，县人民法庭及其分庭设审判委员会，由审判长1人、副审判长1人、审判员若干人组成。1951年，《人民法院暂行组织条例》明确在县级人民法院、省级人民法院设立审判委员会，负责处理重要疑难民事、刑事案件，总结审判经验，同时为法院在贯彻实施党的方针政策、审判原则提供必要的审判指导，❶但《人民法院组织暂行条例》并未要求在最高人民法院设立审判委员会。1954年《法院组织法》要求最高人民法院和地方法院设立审判委员会，标志着审判委员会制度在我国正式确立。事实上，由于新中国成立初期的审判人员审判水平较低，立法者希望通过审判委员会对案件质量进行把控，以此避免案件审理的偏差。❷

一般而言，审判委员会委员主要包括两部分：一类是院长、副院长、审判委员会专职委员、政治部主任、纪检组长、执行局局长等法院党组成员，这些院领导占据了审判委员会的多数名额。2009年，最高人民法院发布的《关于地方人民法院纪检组长、政治部主任担任审判委员会委员和列席审判委员会有关问题的意见》指出，不从事审判业务的纪检组长、政治部主任也应当担任审判委员会委员。然而，法官员额制改革后，不具有审

---

❶ 洪小东. 审判委员会制度审思：职能定位与运行机制变革 [J]. 中国石油大学学报（社会科学版），2017（5）：42.

❷ 魏文伯. 对于《中华人民共和国人民法院组织法》基本问题的认识 [M]. 上海：上海人民出版社，1956：12.

判员身份的政治部主任、纪检组长不再担任审判委员会委员。另一类是法院的资深庭长。事实上,审判委员会委员不仅是身份的象征,更关系到法官的政治地位和福利待遇。例如,审判委员会的专职委员就是为解决本院优秀法官的政治和经济待遇而设。❶

1. 审判委员会的审判组织身份界定

根据1954年《法院组织法》第10条的规定,审判委员会的职能可概括为审判经验总结、个案讨论以及审判管理。❷ 众所周知,法律的编撰是一项极为专业的技术性工作,法律规范的措辞和布局都十分严谨与考究。从审判委员会职能的排序可以发现,总结审判经验被立法者视为审判委员会的首要职能,❸ 但纵观审判委员会的发展历史,讨论重大、疑难案件始终是审判委员会的主要职能,而总结审判经验更像是审判委员会的附带职能。2018年,修订后的《法院组织法》调整了编排体例,将审判委员会由总则移至"审判组织"章,从而明确了审判委员会的审判组织定位。不过令人疑惑的是,一方面,《法院组织法》通过限制审判委员会的案件讨论范围弱化其案件讨论职能,但另一方面,《法院组织法》将审判委员会纳入审判组织的做法在某种程度上

---

❶ 左卫民. 面纱下的权力运作:关于审判委员会的实证研究[C]//左卫民. 中国法律实证研究(第1卷). 北京:法律出版社,2017:46.

❷ 鲁为,张璇,廖钰. 论"审判权统一行使"在基层法院的实现路径——以基层法院审判委员会的微观运行为视角[J]. 法律适用,2014(1):4.

❸ 夏孟宣,胡苗玲. 司改背景下审判委员会职能合理定位的路径选择——以温州市中级人民法院审判委员会改革为视角[J]. 法律适用,2015(11):78.

强化了审判委员会的案件讨论职能。❶

除《法院组织法》外,程序法同样对审判委员会的审判组织身份进行了界定。1979年《刑事诉讼法》在"审判"编的"审判组织"章规定了审判委员会的案件来源以及讨论效力。❷虽然《刑事诉讼法》之后进行了数次修订,但有关审判委员会的规定未作调整。从《刑事诉讼法》的编排体例可以看出,其认为审判委员会应当归入审判组织的范畴。与1979年《刑事诉讼法》相同,1982年《民事诉讼法(试行)》亦将审判委员会置于"审判组织"章。然而,1991年《民事诉讼法》的"审判组织"章仅提及独任庭以及合议庭,而未见审判委员会的踪迹。蔡彦敏教授认为《民事诉讼法》此举旨在强化"合议制为主、独任制为辅"的立法定位。❸通过对比《民事诉讼法(试行)》和《民事诉讼法》的"审判组织"章可以发现,至少在民事诉讼层面,立法者似乎有意弱化审判委员会的审判组织属性。不同于《刑事诉讼法》《民事诉讼法》,《行政诉讼法》采用了不同的编排体例,未设置"审判组织"章,从而回避了审判委员会的组织身份界定问题。应当说,《法院组织法》《刑事诉讼法》明确认可审判委员会的审判组织身份,而《民事诉讼法》《行政诉讼法》至少未明确认可审判委员会的审判组织身份。

---

❶ 侯猛.《人民法院组织法》大修应当缓行——基于法官制度的观察[J]. 中国法律评论,2017(6):48.

❷ 《刑事诉讼法》第185条规定,对于疑难、复杂、重大的案件,合议庭认为难以作出决定的,由合议庭提请院长决定提交审判委员会讨论决定。审判委员会的决定,合议庭应当执行。

❸ 蔡彦敏. 断裂与修正:我国民事审判组织之嬗变[J]. 政法论坛,2014(2):38.

事实上，审判委员会一直以来都被最高人民法院视为法院内部的最高审判组织，而这亦可从最高人民法院发布的诸多内部性文件中得以窥见。例如，1993年《最高人民法院审判委员会工作规则》第1条便直截了当地指出，"为使审判委员会活动制度化、规范化，提高工作效率，以充分发挥其国家最高审判组织的重要作用……特制订本规则"；《一五改革纲要》第22条明确，"审判委员会作为法院内部最高审判组织"；2010年《关于改革和完善人民法院审判委员会制度的实施意见》（以下简称《审判委员会改革实施意见》）第3条再次重申，"审判委员会是人民法院的最高审判组织"。上述文件对于审判委员最高审判组织身份的强调足见审判委员会在法院内部的重要地位，正如有学者所言，我国的审判组织实际上是一种"品"字形架构，❶ 独任庭、合议庭是并列的审判组织，二者根据职责分工负责不同案件的审理，而在独任庭、合议庭之上，还存在审判委员会，其有权对独任庭、合议庭提请的案件作出较为权威的讨论决定。事实上，作为审判权行使主体的审判组织应当具有平等地位，但在我国法院科层化管理模式下，审判组织存在明显的等级差异。

如果单就讨论效力而论，审判委员会同样应当归入审判组织的范畴。虽然1954年《法院组织法》仅含糊地表示审判委员会的职能包括"讨论"案件，未对审判委员会的讨论效力作出规定，但《刑事诉讼法》明确规定，审判委员会的讨论决定，合议庭应当采纳。即便《民事诉讼法》《行政诉讼法》未将审判委

---

❶ 张卫彬. 审判委员会改革的模式设计、基本路径及对策［J］. 现代法学，2015（5）：29.

员会视为审判组织，但审判委员会对于民事案件、行政案件的讨论结果亦对提请的合议庭具有拘束力。2018 年，修订后的《法院组织法》第 39 条明确规定，审判委员会的决定，合议庭应当执行。不仅如此，《司法责任制意见》同样要求合议庭执行审判委员会的决定。审判委员会的运作方式表明，其通过承办人汇报案情、阅卷的方式"审"案，审判委员会成员讨论决定的方式"判"案，❶ 这使得审判委员会在某种程度上已实质性地行使审判权。因此，从审判权行使的角度而言，审判委员会无疑属于实质意义上的审判组织。

2. 审判委员会审判权配置改革

2010 年，最高人民法院发布的《审判委员会改革实施意见》规定审判委员会的案件讨论范围限于被告人可能判处无期徒刑或死刑、宣告被告人无罪、被告人在法定刑以下处罚或免于处罚、检察机关抗诉的案件。这些案件要么对被告人的人身自由产生重大影响、突破了法律的一般规定，要么在程序或实体上存在瑕疵，出于审慎处理的考虑，上述案件应当交由审判委员会讨论决定。2012 年，《最高人民法院关于适用〈中华人民共和国刑事诉讼法〉的解释》（以下简称《刑诉法解释》）限缩了审判委员会讨论的刑事案件范围，仅要求被告人可能被判处死刑、检察机关抗诉的案件提交审判委员会讨论。当然，对于合议庭内部存在分歧的案件也可报请审判委员会讨论决定。随着审判委员会改革的

---

❶ 顾培东. 再论人民法院审判权运行机制的构建 [J]. 中国法学, 2014 (5): 291.

推进，优化审判委员会职能成为审判委员会改革的重点。

2015 年，《司法责任制意见》根据案件类型的差异赋予审判委员会不同的讨论权限，一方面，对于涉及国家外交、安全和社会稳定的重大、复杂案件，审判委员会有权对事实问题和法律问题进行讨论；另一方面，对于其他重大、复杂案件，审判委员会只能就法律问题进行讨论。相较《司法责任制意见》，《法院组织法》取消了审判委员会差异化的讨论权限，规定审判委员会讨论的案件只能围绕法律问题展开。然而，通过对比可以发现，不同法律对于审判委员会的讨论权限规定不一，《刑事诉讼法》并不排斥审判委员会讨论案件事实问题，而《法院组织法》则禁止审判委员会讨论案件事实问题。

二、审判委员会审判权配置的现实图景

在审判委员会承担的多种职能中，讨论重大、复杂案件已成为审判委员会的首要工作。相反，审判委员会的审判经验总结职能和审判管理职能未得到有效发挥，甚至有的基层法院审判委员会几乎没有发挥宏观审判指导功能。❶ 根据左卫民教授的调研结果，案件讨论占据审判委员会工作总量的 90% 以上，但即便如此，审判委员会讨论的案件数量也仅占法院全部受案量的极小一部分，甚至个别基层法院的审判委员会全年仅讨论 1 件案件。❷

---

❶ 四川省高级人民法院课题组. 司法改革中地方法院审判委员会宏观指导职能的重置——基于 C 省审委会制度运行的实证分析 [J]. 理论与改革, 2015 (6)：140.

❷ 左卫民. 审判委员会运行状况的实证研究 [J]. 法学研究, 2016 (3)：164.

曾有一线法官以 5 家基层法院为样本进行统计，统计结果表明基层法院审判委员会讨论的案件数平均只占本院全部受案量的 1.4%。❶ 事实上，随着审判委员会审判经验总结职能的不断强化，审判委员会的案件讨论数量呈现出不断下降的趋势。

实践中，审判委员会的案件讨论范围较为宽泛，特别是因法律未对合议庭提请审判委员会讨论的案件类型进行限制，客观上造成审判委员会有权讨论任何类型的案件。❷ 从讨论的案件类型来看，中级法院、高级法院的审判委员会主要讨论刑事案件，其次为民事案件，行政案件、执行案件、国家赔偿案件、信访案件较少；基层法院的审判委员会以讨论刑事案件、民事案件为主。具体而言，基层法院审判委员会讨论的刑事案件大多是因盗窃、故意伤害、信用卡诈骗、危险驾驶等被判处缓刑、拘役或者免于刑事处罚的案件，❸ 民事案件多为二审法院发回重审、上级法院指令再审的案件。

如果将审判委员会讨论的案件类型分为敏感案件、❹ 重大复杂案件、新型案件、再审案件、拟宣告无罪案件以及减轻、免予处罚案件，可以发现，审判委员会讨论的案件以敏感案件为主。事实上，敏感案件的审理除了考虑案件本身因素外，还需考虑案

---

❶ 李志增. 司法公正的障碍还是保障？——中国基层法院审判委员会制度研究 [J]. 河南财经政法大学学报，2013（6）：83.

❷ 李雪平. 审判中心视角下审判委员会的职能重构——以审判委员会实体裁判权改革为核心 [J]. 湖北警官学院学报，2019（3）：34.

❸ 公丕潜. 无需当事人的审判——基层法院审判委员会如何运作 [D]. 长春：吉林大学，2018：58.

❹ 所谓敏感案件，是指审理受到政治上和社会上影响的案件。譬如，案件受到地方党委、政府以及相关部门领导的特别关注，或者案件可能引发当事人申诉、信访，或者案件受到社会舆论的高度关注。

件处理带来的社会效果,如征地拆迁、环境污染、农民工欠薪等敏感案件一旦处理稍有不慎,极易影响社会稳定。因而,对于此类案件,合议庭即使能够形成多数意见,但为了慎重处理考虑,依然选择将案件提请审判委员会讨论,借此将审判压力转嫁于审判委员会。左卫民教授的调研数据表明,经审判委员会讨论的案件,支持合议庭多数意见的比例为82%,支持合议庭少数意见的比例为6%,改变合议庭意见的比例为7%,要求合议庭查证、补正的比例为5%。❶ 可见,对于审判委员会讨论的大多数案件而言,合议庭的处理结果是妥适的,之所以合议庭选择将案件提交审判委员会更多的是为了增强合议庭的裁判底气,❷ 毕竟案件的裁判结果已事先经过审判委员会的严格把关。

第三节 审判人员审判权配置的发展沿革

事实上,审判人员是审判权的直接行使主体,❸ 其主要职责

---

❶ 左卫民. 审判委员会运行状况的实证研究 [J]. 法学研究, 2016 (3): 169.

❷ 马荣, 王小曼. 合议庭与审判委员会衔接问题探析——在审判权运行机制改革背景之下 [J]. 人民司法 (应用), 2015 (21): 63.

❸ 需要说明的是, 审判人员有广义与狭义之分。广义的"审判人员"是指, 受过专门法律教育或训练、拥有专业化法律知识和技能、长期从事审判工作或辅助审判工作的角色群体, 即法官、书记官、执行员、司法警察、法官助理等。参见: 江必新. 审判人员职能配置与分类管理研究 [M]. 北京: 中国法制出版社, 2016: 17. 而根据《法院组织法》的规定, 狭义的审判人员是指审判员、助理审判员。本书所指的审判人员特指狭义审判员。

在于对案件审理过程中涉及的各种审判事务进行处理。作为一项概括性称谓，不同历史时期的审判人员指向不同。概略地看，民国时期的审判人员审判权配置呈现出多元差异化的样态，不同审判人员拥有不同的审判权限。新中国成立后，我国审判人员审判权配置模式经历了两次较大范围的调整，1954年《法院组织法》将我国审判人员的范围由一元主体扩展至二元主体，而2014年的法官员额制改革则将我国审判人员的范围限缩至一元主体。

一、民国时期多元差异化的配置样态

在司法领域，审判人员专门负责解决社会争议，维护社会秩序。域外国家和地区的审判人员一般都具有特定称谓，以体现其职业性、专业性。目前，大部分国家和地区将行使审判权的审判人员称为法官。当然，也有国家的审判人员采用其他称谓，例如日本将审判人员称为判事。事实上，无论审判人员的称谓如何，其本质上并无不同。[1]

民国时期的法官被称为推事或司法官，通常情况下地方法院配备主法官1人，推事3人。[2] 在法院内部，推事前可冠以各种称谓，以此区分不同类型的推事。根据《司法官任用暂行标准》，通过司法官考试者，必须到推事训练所接受专门培训。经

---

[1] 辞海编辑委员会. 辞海 [M]. 上海：上海辞书出版社，1999：2887.
[2] 黄宗智. 法典、习俗与司法实践：清代与民国的比较 [M]. 上海：上海书店出版社，2007：40.

过 1 年以上培训且培训合格者,可被派往地方法院担任派署推事(又称学习法官)。由于缺乏审判经验,派署推事不得独立审理案件。担任派署推事满 1 年,同时符合荐署推事任职条件的,可被任命为荐署推事。如果任职 1 年后遇有推事缺额,则荐署推事可依轮补办法叙补,成为实授推事。❶

在审判权限方面,不同类型推事拥有差异化的审判权限。派署推事不得担任审判长,仅能在实授推事的指导下担任陪席法官,只有成为实授推事后,才能拥有完整的审判权限。民国时期的推事遵循"派署—荐署—实授"的培养路径,随着审判经验的积累,推事的身份由低等级推事向高等级推事转换,同时其审判权限亦随之不断增加。据统计,民国二十三年(1934 年),全国法院共有审判人员 1347 人,其中院长 160 人,庭长 156 人,推事 561 人,荐署推事 424 人,派署推事 46 人。❷

二、法官员额制改革前二元完整化的配置样态

新中国成立初期,各行各业劳动群体根据从事职业的不同被冠以"某某员"的称谓,因此当时的社会广泛流传着"八大员"的说法。❸ 受此种职业命名方式的影响,从事司法审判工作的人员被称为审判员。应当说,审判员的称谓是我国特定历史时期的

---

❶ 沈凌. 南京国民政府时期的审判管理研究 [J]. 学术探索,2014 (7):114.
❷ 田奇,汤红霞. 民国时期司法资料统计汇编(第 16 册)[M]. 北京:国家图书馆出版社,2013:150 – 163.
❸ 一般认为,所谓的社会"八大员",是指售票员、驾驶员、邮递员、保育员、理发员、服务员、售货员、炊事员。

产物,不过这一称谓在我国一直沿用至今。为了同国际接轨,2001年修正的《法官法》首次引入法官的称谓,此后修订的《法院组织法》《法官法》出现了审判员、法官混用的现象。因而,我国的审判人员既可称为审判员,又可称为法官,二者具有同义性。

(一) 审判权配置主体扩张化

从1951年《人民法院暂行组织条例》第14条、第23条、第31条的规定可以看出,县级人民法院、省级人民法院和最高人民法院由若干审判员组成,因此我国早期的审判人员仅包括审判员。在新中国成立初期,我国审判人员主要由三部分人员构成:一是收编的旧法统司法人员;二是各大学法律专业毕业生;三是曾在解放区担任审判人员的老同志,这些审判人员共有约2.8万人。❶ 初创时期的全国各级法院普遍面临干部匮乏的问题,能够抽调参与案件审理的干部少之又少。❷ 为弥补审判力量的不足,保障法院审判工作的正常开展,1954年《法院组织法》设置了助理审判员,并有条件地赋予助理审判员审判职能。助理审判员的设置使得我国审判人员的范围由审判员扩展至"审判员+助理审判员",即审判权配置主体由一元主体变为二元主体。不过,虽然审判员、助理审判员同属审判人员序列,但法律

---

❶ 《当代中国》丛书编辑部. 当代中国的审判工作(上) [M]. 北京:当代中国出版社,1993:126.

❷ 王怀安. 1954年《人民法院组织法》的起草经过 [C] //孙琬钟,应勇. 董必武法学思想研究文集(第七卷). 北京:人民法院出版社,2008:11.

定位的差异决定了二者在任免方式、法定职能以及人员配置等方面有所不同。

首先,审判员、助理审判员的任免方式不同。根据1954年《法院组织法》第32条、第34条的规定,地方法院审判员由地方人民委员会任免,最高人民法院审判员由全国人大常委会任免;地方法院助理审判员由上一级司法行政机关任免,最高人民法院助理审判员由司法部任免。因此,最初的审判员和助理审判员分别由国家权力机关和司法行政机关任免。1983年《法院组织法》将助理审判员的任免权由司法行政机关调整为助理审判员所在法院,至于具体应由法院内部的何种部门或者个人决定,《法院组织法》未作说明。尽管1995年《法官法》第11条规定,助理审判员由本院院长任免,但因《法院组织法》《法官法》处于相同法律位阶,导致实践中助理审判员的任命较为混乱。例如,有的法院由审判委员会任命,❶ 有的法院由院长任命,❷ 有的法院由院党组任命。❸

---

❶ 内蒙古自治区武川县人民法院发布的一则助理审判员任命通知显示,该院助理审判员由审判委员会任命。任命通知内容大致为,根据工作需要,经本院审判委员会第三十九次会议讨论决定,任命××为助理审判员。参见:武川县人民法院. 关于任命倪丽丽、钟美丽为助理审判员的通知 [EB/OL]. [2023-09-18]. http://nmwcfy.chinacourt.gov.cn/article/detail/2015/08/id/1694148.shtml.

❷ 沈阳市辽中区人民法院发布的一则助理审判员任命通知显示,该院助理审判员由院长任命。任命通知内容大致为,××院长任命以下同志为助理审判员。参见:辽中区人民法院. 关于任命助理审判员的通知 [EB/OL]. [2023-09-18]. http://sylzfy.chinacourt.gov.cn/article/detail/2016/10/id/2332317.shtml.

❸ 齐齐哈尔市建华区人民法院发布的一则法院新闻显示,该院助理审判员由院党组任命。该新闻提到,新年伊始,我院青年干警××经院党组会议讨论通过被任命为助理审判员。参见:建华区人民法院. 我院干警耿鸿雁任命为助理审判员 [EB/OL]. [2023-09-18]. http://qqherjh.hljcourt.gov.cn/public/detail.php?id=910.

其次，审判员、助理审判员的职能不同。1954年《法院组织法》第34条第3款规定，助理审判员协助审判员进行工作，因此辅助审判员办案是助理审判员的法定职能。同时，暂行审判权也是助理审判员承担的非常规职能，修订前的《法院组织法》准许助理审判员临时代行审判员职务。"临时代行"表明，助理审判员仅能在特定情形下暂时代替审判员参与案件审理，即助理审判员临时承担的审判职能是因事而设，因此理论上助理审判员审判权的行使需一事一议。换言之，助理审判员的审判权始于代行特定审判事务，止于特定审判事务完成。[1] 1956年，最高人民法院发布的《关于各级人民法院刑、民事案件审判程序总结的通知》指出，助理审判员可在裁判文书中署名代理审判员，以体现其案件审理者身份。不同于审判员审判权的长期行使，助理审判员的审判权行使具有非固定性。如果助理审判员临时代行审判权，则应由本院院长提出并报审判委员会通过。可以发现，相较审判员，助理审判员的审判权赋予无须获得国家权力机关的授权，而这也引发了学界对于助理审判员行使审判权的正当性质疑。

最后，审判员、助理审判员的设置不同。审判员人数由编制管理部门严格按照地区人口、地域面积、法院受案量等因素综合确定，而助理审判员的设置具有较强的自主性。根据修订前的《法院组织法》第36条第1款，各级人民法院按照需要设置助理

---

[1] 王庆廷. 法官分类的行政化与司法化——从助理审判员的"审判权"说起[J]. 华东政法大学学报, 2015 (4)：73.

审判员。因此,助理审判员并非法院的标配,各个法院有权根据本院的实际需求自行决定是否设置助理审判员以及设置多少助理审判员。尽管《法院组织法》赋予各个法院助理审判员设置的自主权,但实践中法院出于解决本院工作人员待遇的考虑基本忽视法律规定❶,未进行助理审判员设置的必要性论证。❷ 这导致各级法院均设置了数量不等的助理审判员,从而使得助理审判员的设置固定化,甚至有的法院审判庭助理审判员人数超过审判员人数。根据统计数据,1981—1991 年全国法院助理审判员人数经历了由逐年递增至趋于稳定的过程(见表1)。由于1991 年以后的《中国法律年鉴》不再统计审判员、助理审判员的人数信息,故而笔者无法继续从官方途径获得全国法院审判员、助理审判员的人数信息。根据周道鸾教授提供的数据,截至 2002 年,全国法院共有审判员约 20.4 万人,助理审判员约 4.4 万人。❸ 事实上,进入 21 世纪后,全国审判人员总数增长较为缓慢,❹ 审判人员队伍基本保持稳定。如果根据助理审判员、审判员的比例推算,员额制改革前,全国助理审判员人数至少为 4 万人。

---

❶ 褚贵炎. 助理审判员不能老是"临时"下去 [J]. 法学, 1991(1): 46.
❷ 王庆廷. 法官分类的行政化与司法化——从助理审判员的"审判权"说起 [J]. 华东政法大学学报, 2015(4): 74.
❸ 周道鸾. 关于确立法官员额制度的思考 [J]. 法律适用, 2004(8): 15.
❹ 江必新. 审判人员职能配置与分类管理研究 [M]. 北京: 中国法制出版社, 2016: 88.

表1 1981—1991年全国法院助理审判员的变化情况

年度	助理审判员人数（人）	审判员人数（人）	年度	助理审判员人数（人）	审判员人数（人）
1981	16203	43771	1987	34070	83125
1982	21881	54205	1988	33307	82936
1983	26847	55948	1989	—	—
1984	25182	61986	1990	35613	89114
1985	26272	67957	1991	36345	92752
1986	27636	70882			

资料来源：《人民法院年鉴》编辑部. 人民法院年鉴（1988）[M]. 北京：人民法院出版社，1988；《中国法院年鉴》编辑部. 中国法律年鉴（1991）[M]. 北京：中国法律年鉴社，1991；《中国法院年鉴》编辑部. 中国法律年鉴（1992）[M]. 北京：中国法律年鉴社，1992.

注：因法院正副院长、正副庭长都拥有审判员身份，故这里的审判员人数=正副院长人数+正副庭长人数+其他审判员人数。

（二）审判权配置客体同质化

实践中，助理审判员的审判权呈现出常态化、完整化的行使样态。《法院组织法》有关审判权临时代行的语焉不详，滋长了助理审判员审判权的无序扩张，其既可以担任独任法官审理案件，也可作为合议庭成员参与案件审理。这使得助理审判员一经任命便可无条件代行审判员职能，而无须逐案获得审判权行使授权。显而易见，助理审判员的审判权已由法律规定的"临时代行"变为审判实践中的"长期代行"，[1]《法院组织法》设定的

---

[1] 许前飞. 关于建立中国法官定额制度若干问题的思考[J]. 法学评论，2003（3）：136.

"协助审判员为主、代行审判权为辅"的助理审判员职能未得到贯彻,助理审判员协助审判员办案的辅助职能被严重虚化。宋朝武等指出,我国立法仅完成了为审判员配置辅助人员的第一步,而未明确助理审判员的辅助职能,从而使助理审判员的职能发挥未达预期。❶

根据《法官等级暂行规定》第6条的规定,助理审判员的起点是5级法官,审判员的起点是4级法官,因此同属法官序列的助理审判员和审判员更多地表现为4等12级的法官等级高低关系。❷ 通常情况下,法学毕业生进入法院系统工作后,首先应从书记员做起,担任书记员满1~2年可转任成为助理审判员,参与案件审理,之后再经过2~3年便可转正,从而正式成为审判员。❸ 应当说,除了称呼、级别以及工作年限不同外,法院基本上将助理审判员和审判员等而视之。

在法院内部,"书记员—助理审判员—审判员"是每一位法官成长的必经之路,助理审判员只不过是审判员的前置过渡阶段,在经过一定时间的实践历练后,便可被任命为审判员。根据最高人民法院《关于助理审判员可否作为合议庭成员并担任审判长问题的批复》,助理审判员代行审判员职务时与审判员拥有同等的权力,除有权独立审理案件外,还可在合议庭无审判员时经

---

❶ 宋建朝,连丹波. 实行法官助理制度 推进法官队伍职业化建设(上)[N]. 人民法院报,2003-06-15(2).
❷ 叶圣彬. 司法改革背景下法官助理定位及相关问题研究[J]. 法治社会,2016(3):103.
❸ 中国人大网. 法官法检察官法新闻发布会[EB/OL].[2023-10-28]. http://www.dffyw.com/fazhixinwen/lifa/201904/45908.html.

院长、庭长指定担任审判长。与此类似，1998年《刑诉法解释》准许助理审判员在特定情况下担任审判长，2000年《人民法院审判长选任办法（试行）》准许优秀的助理审判员担任审判长。从上述规定可以看出，审判员、助理审判员的职能几无差异，都可视为全权法官，故而二者呈现出明显的同质化特征，因此仅从审判权行使范围层面很难对二者进行区分。

事实上，由于助理审判员年富力强、精力旺盛，其承担的审判工作量远高于审判员，在基层法院，部分助理审判员已成为法院的办案骨干，承担起法院多数的审判工作。有审判员在接受采访时坦言，"助理审判员早已是各个庭的办案能手、调研主力"；有助理审判员更是表示，"自己收案、结案数均位居全庭首位"。❶ 由于高级法院、最高法院审判员的名额有限，部分40岁以下的法官仍是助理审判员。例如，最高人民法院第一、第二巡回法庭助理审判员的平均年龄为36岁。❷ 坦率地说，法院受案量的快速增长以及法律为助理审判员行使审判权预留的空间，导致法院为化解案件而默许助理审判员常态化地行使审判权。总的来看，助理审判员常态化、完整化行使审判权乃法院"案多人少"背景下的必然选择。

---

❶ 罗念初. 我是一名助理审判员 [EB/OL]. [2023-12-20]. https：//www.chinacourt.org/article/detail/2011/07/id/457487.shtml.

❷ 罗书臻. 司法改革的"中国速度"——最高人民法院巡回法庭诞生记 [N]. 人民法院报，2015-01-29（2）.

三、法官员额制改革后一元完整化的配置样态

法官员额制改革在司法体制改革中居于基础性地位，是司法体制改革必须牵住的牛鼻子。❶ 2014年6月，中央全面深化改革领导小组通过《司法改革框架意见》，标志着第四轮司法改革的开启。法官员额制改革首先选择上海、海南、吉林、广东、青海、湖北等6省市作为首批试点地区，其后试点范围扩展至12个省（自治区）。2016年底，法官员额制改革由点及面，在全国法院大范围铺开。所谓法官员额制，是指按照一定标准固定法官总人数，以便让审判权行使更为集中的制度。❷ 根据法官员额制改革方案的总体部署，各级法院在不超过中央划定的39%员额上限范围内确定法官职数。❸

（一）审判权配置主体缩减

如果单就法官人数而论，法官员额制改革前我国拥有世界上最为庞大的法官队伍，法官的配置比例也位居世界前列。❹ 然

---

❶ 杨维汉. 坚持顶层设计与实践探索相结合，积极稳妥推进司法体制改革试点工作——中央司改办负责人就司法体制改革试点工作答记者问 [EB/OL]. [2023-06-18]. http://www.gov.cn/xinwen/2014-06-15/content_2701248.htm.

❷ 胡康生. 中华人民共和国法官法释义 [M]. 北京：法律出版社，2011：104.

❸ 最高人民法院. 司法改革热点问答 [N]. 人民法院报，2017-04-14 (2).

❹ 法官员额制改革前，我国审判人员与人口的比例为1：6908，而美国为1：19900，日本为1：57900。参见：江必新. 审判人员职能配置与分类管理研究 [M]. 北京：中国法制出版社，2016：95.

而，同法官数量极不相称的是，我国的审判效率却不尽如人意，实践中从事行政、党务、后勤等行政工作的人员只是具有审判员头衔但未真正参与办案的挂名法官，由此导致一线法官的人数低于法官总数。据了解，部分基层法院一线法官仅占法官总数的60%～80%，如果从一线法官占法院总人数的比例来看，大约只有三到四成而已。❶ 法官冗余已成为法官员额制改革前地方法院的通病，客观上造成一种无关能力、职位、忙闲程度、职业风险而待遇相同的大锅饭现象。❷ 法官员额制改革旨在让优秀的审判人员向审判一线聚集，剥离占用法官名额但不办案的法官，从而构建高素质、高水平的专业化审判队伍。根据法官员额制改革的要求，各地法院遴选出了政治素质高、业务能力强的员额法官。最高人民法院工作报告公布的数据显示，法官员额制改革前，全国法官共有 211990 名；法官员额制改革后，全国法官共有120138 名，减少约43%。❸

（二）未入额审判人员失权

法官员额制改革重新定义了审判人员，是法官身份重新配置、法官队伍素质提升的一次重大改革。相较改革前"审判人员＝审判员＋助理审判员"的构成模式，改革后的审判权配置主体进一

---

❶ 崔永峰. "案多人少"矛盾的困境和出路——以基层法院的职权配置为视角［M］//《审判研究》编辑委员会. 审判研究（2010 年第 2 辑）. 北京：法律出版社，2010：159.

❷ 刘斌. 从法官离职现象看法官员额制改革的制度逻辑［J］. 法学，2015（10）：48.

❸ 最高人民法院工作报告［N］. 人民法院报，2018－03－26（2）.

步限缩。按照法官员额制改革的部署,各地先后成立由专门委员和专家委员组成的法官遴选委员会,负责遴选员额法官。只有通过法官遴选委员会遴选的审判员、助理审判员才能成为改革后拥有审判权的员额法官,即"审判人员=审判员"。❶ 为了与法官员额制改革的精神相协调,《法院组织法》《法官法》相继调整了审判人员的范围,修订后的《法院组织法》《法官法》删除了原有助理审判员的规定,这意味着助理审判员制度在我国不复存在。根据修订后的《法官法》第 2 条的规定,法官包括法院院长、副院长、审判委员会委员、庭长、副庭长以及审判员,❷ 即法官员额制改革后,只有进入员额的法官才能称为审判员,而未能进入员额的原审判员、助理审判员则被分流至行政岗位或者审判辅助岗位,担任司法行政人员或审判辅助人员。

尽管各地制定了员额法官的遴选标准,但由于助理审判员在法院内部拥有的话语权相对较弱,因而很多法院在落实法官员额制的过程中,对于助理审判员特别是资历较浅的助理审判员全部采用转为法官助理的"一刀切"处理政策。❸ 例如,上海市对审判员和助理审判员制定了不同的入额标准,审判员采用业绩考核标准,资深助理审判员采用"业绩考核+能力考试"标准,而资历较浅的助理审判员则全部降为法官助理。对于院领导而言,

---

❶ 需要说明的是,这里的审判员是指通过遴选进入法官员额的审判人员,即新《法官法》所定义的审判员,而非员额改革前所指的审判员。
❷ 修订后的《人民法院组织法》有着类似规定,如第 40 条规定,审判人员由院长、副院长、审判委员会委员、审判员等人员组成。
❸ 侯猛.《人民法院组织法》大修应当缓行——基于法官制度的观察[J].中国法律评论,2017(6):51.

其基本属于固定入额,《法官法》第 2 条将院长、副院长、审判委员会委员等专门列出似乎暗示着院领导可自动入额。根据测算,院领导占法院编制总数的 20% 左右。❶

　　法官员额制改革后,大部分助理审判员从拥有审判权的法官变为协助法官办理审判辅助事务的司法辅助人员,不得继续处理审判核心事务,不得独立办案,不得在裁判文书中以助理审判员名义署名。归纳而言,法官员额制改革前后的最大不同在于:审判人员审判权配置模式由助理审判员、审判员二元主体完整共享调整为员额法官一元主体完整独享。虽然法官员额制改革后的一元完整化配置模式与新中国成立初期的审判人员审判权模式较为相似,但二者却有着不同的适用背景。新中国成立初期,我国司法体制尚处于探索阶段,审判人员审判权的配置较为保守。然而,实践证明,此种一元化的配置模式无法因应实际的审判需要。为增强审判力量,此后审判人员的范围不得不进行扩张,从而造成审判队伍过于臃肿。法官员额制改革旨在通过削减审判人员,实现审判人员的精英化。应当说,审判人员范围的调整客观上将员额法官置于全职、全能、全权、全责的状态,❷ 这意味着员额法官在独享审判权的同时,还承担着全部的审判责任。事实上,为实现法官员额制改革的平稳有序过渡,各地设置了期限不等的过渡期,助理审判员在过渡期内仍保留审判权,参与案件审理。根据学者的实践调研,过渡期内助理审判员的办案

---

❶ 张榕. 法官员额制下诉讼分流机制之建构 [J]. 社会科学辑刊, 2019 (3): 157.
❷ 傅郁林. 法官助理抑或限权法官?——法官员额制改革后审判辅助人员的定位 [J]. 中国审判, 2015 (17): 45.

量不降反升,❶ 由此反映出法院对于助理审判员有着较强的依赖性,即助理审判员的审判职能在过渡期内不断被强化。根据法官员额制的要求,未入额的助理审判员不得办案,失去了助理审判员的协助后,法院尤其是基层法院的一线办案力量减少了一半左右。❷

(三) 双重身份的法官助理

法官助理制度最早源于美国,1882 年美国联邦最高法院格雷大法官首次以个人名义自费聘用哈佛大学法学院学生担任助理。此后,法官助理制度在联邦法院以及州法院得到普遍推广。在美国,法官助理的职责主要包括讨论案件、核对引文、撰写法庭备忘录、草拟裁判文书等工作。实践证明,法官助理制度的引入极大提升了法院的审判效率,减轻了法官的审判负担。例如,尽管美国联邦最高法院仅有 9 名大法官,但得益于法官助理的协助,大法官们有充足的时间去整理案件的裁判思路。

20 世纪末,我国曾尝试引进法官助理制度,按照《一五改革纲要》的设想,设立法官助理和取消助理审判员是互为支撑的,设立法官助理的前提在于取消助理审判员。❸ 2004 年,最高人民法院印发的《法官助理试点意见》详细列举了法官助理应

---

❶ 邱波. 论助理审判员序列消失与职能继承——以上海市 E 中院试点改革实践为样本 [J]. 法治论丛, 2017 (1): 31.

❷ 吴洪琪. 司法改革转型期的失序困境及其克服——以司法员额制和司法责任制为考察对象 [J]. 四川大学学报 (哲学社会科学版), 2017 (3): 155.

❸ 陈新华. 能否简单取消助理审判员制度之辨析 [J]. 攀登, 2005 (6): 147.

当承担的 12 项职责，❶ 并选取部分法院进行法官助理改革试点。然而，法官助理身份未得到法律认可在一定程度上折损了试点改革的实施成效，"名不正、言不顺"成为法官助理制度发展的最大瓶颈。实践中，部分试点法院未能厘清法官助理和助理审判员之间的关系。例如，有的法院将助理审判员全部转为法官助理，由法官助理继承助理审判员的全部职能；有的法院将助理审判员全部降为从事审判辅助事务的法官助理；还有法院将部分未能成功竞选审判长的审判员、助理审判员降为法官助理。❷ 事实上，由于《法官助理试点意见》未明确取消助理审判员，因此部分法院出现了助理审判员和法官助理共存的局面。最终，因缺乏顶层设计和健全的配套保障机制，法官助理制度被暂时搁置。

2014 年，中央提出推进法院人员分类管理改革，以此为契机，法官助理制度被再次激活，修订后的《法官法》明确了法官助理的身份。为保障员额法官专注于审判核心事务，中央政法委要求各级法院应当按照法官∶法官助理＝1∶1 的比例进行配置。根据法院人员的职能分类，法官助理主要在员额法官的指导下从事审查案件材料、草拟裁判文书等辅助性工作，因而员额法

---

❶ 法官助理承担的 12 项事务为：审查诉讼材料，提出诉讼争执要点，归纳、摘录证据；确定举证期限，组织庭前证据交换；代表法官主持庭前调解，达成调解协议的，须经法官审核确认；办理指定辩护人或者指定法定代理人的有关事宜；接待、安排案件当事人、诉讼代理人、辩护人的来访和阅卷等事宜；依法调查、收集、核对有关证据；办理委托鉴定、评估、审计等事宜；协助法官采取诉讼保全措施；准备与案件审理相关的参考资料；按照法官要求，草拟法律文书；办理排定开庭日期等案件管理的有关事务；完成法官交办的其他与审判业务相关的辅助性工作。

❷ 张传军. 我国法官助理制度之探析［J］. 法律适用，2005（1）：71.

官和法官助理的核心区别在于有无审判权。❶ 通过助理审判员的取消和法官助理的设置可以看出,法院人员分类管理改革期望法官助理发挥助理审判员应当发挥但未能发挥的协助办案职能。

  当下的法官助理根据来源不同可分为以下 4 种类型:(1)转任型法官助理,其主要由未入额的审判员、助理审判员转任而来;(2)招录型法官助理,其属于法院新招录的具有政法编制的法官助理;(3)聘用型法官助理,其属于编外人员,由法院或劳务派遣公司聘用;(4)实习型法官助理,其通常由高等院校法律专业硕士生或者博士生担任。地方财政状况和审判人力资源需求的差异使得不同地区法院法官助理的构成有所不同,在经济发展水平较低的地区,法官助理以转任型和招录型为主;而在经济发展水平较高的地区,法官助理既有转任型和招录型,也有聘任型和实习型。在法官助理取代助理审判员后,原有"书记员—助理审判员—审判员"的法官转任路径被完全切断。根据新修改的《法官法》第 67 条第 2 款的规定,法官助理承担着为法官遴选储备优秀人才的功能,因此法官员额制改革后,法官的培育路径转为"法官助理—员额法官",即法官助理可通过遴选直接转为员额法官。综上,我国的法官助理具有审判辅助人员和法官预备人选的双重身份。

---

 ❶ 吴思远. 法官助理制度:经验教训与难题突破 [J]. 法律适用,2016 (9):113.

本章小结

在 2021 年《民事诉讼法》修订前，我国长期保持着审判组织和审判程序的对应关系。

随着法院审判压力的与日俱增，《民事诉讼法》及时因应审判实践诉求，解除了审判组织和审判程序的深度捆绑，扩展了独任制的适用范围。目前，部分适用普通程序的一审案件以及二审案件都可由法官独任审理。

在审判委员会的身份界定问题上，《法院组织法》《刑事诉讼法》明确赋予审判委员会审判组织身份，而《民事诉讼法》《行政诉讼法》则未明确审判委员会的组织身份。即便如此，由于审判委员会的讨论结果能够实质性地影响案件裁判，故审判委员会本质上仍属审判组织。尽管审判委员会改革后，其讨论范围被限定在法律适用问题，但实践中部分法院的审判委员会仍然继续讨论案件的事实问题。

我国的审判人员审判权配置主体由最初的审判员扩展至审判员、助理审判员。实践中，助理审判员的审判职能与审判员基本相同，并且相当部分的助理审判员已成为法院的办案骨干。然而，为顺应职业化、专业化的改革方向，法官员额制改革后未入额审判员、助理审判员的审判权被完全剥夺。事实上，法官员额制改革虽然调整了审判人员的范围，但完整化的审判权配置模式自始至终未发生变化。换句话说，我国的审判人员审判权配置模式调整主要体现在配置主体，而未涉及配置客体。客观而言，完整化的审判权配置模式同审判权的惯性认知不无关联。就大众的一般认知来看，普遍认为审判权是一个整体，如同铁板一块，不可分割。❶ 相应的，审判权只能完整化地配置于审判人员。当然，法院自身感受到的压力不足自然阻滞了审判人员审判权配置改革的进程。❷ 一方面，在审判员、助理审判员长期共存的状态下，法院尚且能够承受与日俱增的案件压力；另一方面，"书记员—助理审判员—审判员"的法官培育路径基本满足了法官的培育需要。正所谓压力是改革之源，法官员额制改革后，法院开始逐渐感受到既有配置模式引发的问题，而这亦在某种程度上倒逼法院反思此种配置模式的合理性。

---

❶ 王庆廷. 法官分类的行政化与司法化——从助理审判员的"审判权"说起[J]. 华东政法大学学报，2015（4）：78.
❷ 傅郁林. 修订后法官法的罅漏与弥补[J]. 人民司法（应用），2019（22）：16.

第三章

审判权配置模式引发的实践困境

事实上,由于我国审判权配置模式不够科学合理,导致实践中独任庭、合议庭审判权配置规则可操作性不强、审判人员压力加剧、审判权行使异化以及法官培育路径不畅等问题。随着我国司法体制改革的不断推进,这些问题或将更加明显,并可能成为司法治理体系现代化的掣肘。

第一节 独任庭、合议庭审判权配置规则可操作性不强

一、独任庭、合议庭审判权配置规则较为抽象

2021 年修订的《民事诉讼法》纠正了审判组

织和诉讼程序的不当对应关系，扩展了独任制的适用范围。不过，较为抽象的独任庭、合议庭审判权配置规则一定程度上影响了独任制扩张适用改革的成效。

（一）独任制适用规则模糊

《实施办法》第 16 条规定，基层法院适用独任制普通程序的条件为"审理的事实不易查明，但法律适用明确"。最高人民法院在《民事诉讼程序繁简分流改革试点口径（一）》中对适用条件的具体内涵作出了阐释，所谓"事实不易查明"指的是案件事实需要经过评估、鉴定、审计、调查取证等耗时较长的程序，而一旦事实被查明，则法官一人即可认定事实或法律关系，并作出裁判；所谓"法律适用明确"指的是在事实查明之后，无论结果如何都能形成清晰、明了的法律关系，有明确的法律规范与之相对应，在解释和适用上基本不存在空白或争议。然而，令人心生疑窦的是，"事实不易查明"包括事实最终能够查明和事实最终无法查明两种结果可能性。根据三段论的法律逻辑推理，如果作为小前提的案件事实无法查明，那么法律适用明确就变得难以判断。据此，该种独任制适用条件设置的合理性不免存疑。

2021 年，修订后的《民事诉讼法》对《实施办法》规定的基层法院独任制普通程序适用条件作出了调整，《民事诉讼法》第 40 条规定基层法院适用独任制普通程序应当满足"基本事实清楚、权利义务关系明确"的条件。然而，此种适用条件与民事诉讼简易程序"事实清楚、权利义务关系明确"的适用条件极为相似。因此，需要追问的是，"基本事实清楚"和"事实清楚"究竟有何区别？如果从文义解释和体系解释的视角来看，第40条的"基本事实清楚"和第41条的"事实清楚"未能在表述上形成一致，容易令人产生误解。❶ 事实上，这种抽象化的规定将减损独任制扩张的正当性基础，并且可能出现因法官自由裁量权的把握尺度不一导致独任制适用的不当扩张。

（二）二审独任制当事人同意要件的合理性存疑

根据《实施方案》，对于适用简易程序审结的上诉案件和不服裁定的上诉案件，如果案件事实清楚，法律关系明确的，可由法官独任审理。至于案件是否符合上述条件，则由法院决定，当事人对此不享有异议权。然而，在《民事诉讼法（修正草案）》中，对于适用独任制普通程序的一审、二审案件均采用"法院依职权决定＋当事人异议"的模式。不过，在审议过程中，考虑到一审程序和二审程序的职能定位差异，立法机关决定采用差异化的模式，对于适用独任制普通程序的一审案件，采用"法院依职权决定＋当事人异议"模式，而对于适用独任制的二审案件，则采用"法院决定适用＋当事人同意"模式。❷ 很明显，在二审适用独任制的问题上，当事人具有极高的话语权。

然而，二审独任制当事人同意要件设置的合理性值得推敲。一方面，当事人特别是提起上诉的当事人同意适用独任制的意愿不强。事实上，对于法院而言，二审独任制能够提升审判效率，

---

❶ 宋颖. 民事独任制扩张适用的法理阐释与解释路径 [J]. 甘肃政法大学学报，2023（3）：149.

❷ 李浩. 民事诉讼当事人程序同意权研究 [J]. 法学评论，2023（6）：66.

节约审判资源，但对于当事人而言，适用二审独任制对其并不会带来额外收益，尤其对于上诉人，其反而可能更希望采用合议制审理。二审独任制由法院依职权决定适用变为当事人同意适用无疑将减弱二审独任制的生命力，❶ 而这也与独任制扩张适用的改革目标相悖。实际上，二审法院大多是在当事人未明确反对而非明确同意的情况下适用独任制。❷ 另一方面，审判组织的适用属于法院审判资源配置问题，其不应属于当事人程序选择权范畴。❸

二、独任庭、合议庭转换规则尚不明晰

通常，审判组织的适用主要考虑案件的难易程度。在德国，审判组织适用的考虑因素包括案件的事实认定或者法律适用是否存在特殊困难，以及案件审理是否具有原则意义。事实上，案件审理适用的审判组织只能根据案件的实际情况来决定，案件的争议事实以及法律关系等实体内容只有经过审理后才能作出判断。❹ 在立案以及开庭审理前阶段，法院仅通过形式判断便确定案件的审判组织，而由于往往未能准确地对案件难易程度进行把握，因此可能涉及审判组织转换问题。

---

❶ 张卫平. 审判资源程序配置的综合判断——以民事诉讼程序为中心的分析［J］. 清华法学，2022（1）：204.

❷ 吴英姿. 民事诉讼二审独任制适用条件研究——新《民事诉讼法》第41条评注［J］. 社会科学辑刊，2022（3）：110.

❸ 何帆. 完善民事诉讼独任制适用范围应当把握的六个问题［N］. 人民法院报，2020-03-12（5）.

❹ 杨秀清，谢凡. 普通程序适用独任制的理论阐释［J］. 法治研究，2022（4）：107.

《实施办法》第19条规定了独任制向合议制的转换,根据规定,若案件在审理过程中发现不宜适用独任制审理,则应由法院裁定组成合议庭审理。2021年修订后的《民事诉讼法》第43条沿用了《实施办法》第19条的规定,并赋予当事人异议权。因此,目前独任制向合议制转换的方式主要有两种,一种是法院依职权决定转换,另一种是当事人提出异议,经法院审查后裁定是否转换。不过,我国《民事诉讼法》只规定了独任制向合议制的单向转换,而未涉及合议制向独任制的转换。一般而言,如果案件已适用合议制审理,出于避免已投入审判资源浪费的考量,不宜将案件由合议制转为独任制。不过,如果案件还未进入开庭审理,则将案件由合议制转为独任制则正好契合繁简分流改革意欲达至的审判资源优化配置目标。

对于独任制转为合议制的决定主体,《民事诉讼法》并未作出明确规定,而这也导致实践中不同法院的处理模式有所不同,有的法院由案件承办法官作出独任制转合议制裁定,并报庭长备案;❶ 有的法院由庭长批准后才能由独任制转为合议制;❷ 还有的法院区分不同情况,针对当事人反对适用独任制的,由独任法官交由合议庭决定处理,而针对独任法官认为不宜适用独任制的,则应报院庭长进行审批。❸ 应当说,因院庭长未参与案件审

---

❶ 四川省成都市武侯区人民法院. 科学适用独任制普通程序 促进办案质量效率双提升 [N]. 人民法院报, 2022-09-30 (3).
❷ 河南省濮阳市中级人民法院. 构建"三精"管理模式 确保二审独任制落实见效 [N]. 人民法院报, 2022-09-28 (3).
❸ 福建省厦门市海沧区人民法院. 完善独任制适用机制 充分释放程序效能 [N]. 人民法院报, 2022-09-27 (3).

理，其并不全面了解案件情况，故由其审批审判组织转换有违直接言词原则。同时，交由院庭长审批还将耗费大量时间，不符合民事诉讼效益原则。

第二节 审判人员压力加剧

审判人员审判压力加剧的原因主要可归结为以下两个方面：第一，法院受案量的显著增加导致审判人员平均办案量的"分子增加"；第二，法官员额制改革后审判人员数量的缩减导致审判人员平均办案量的"分母减少"。诚然，我国法院试图通过非诉纠纷解决机制、案件程序分流等减轻审判人员的审判压力，但成效较为有限。客观地说，在法院受案量短期内无法减少的情况下，完整化的审判人员审判权配置模式使得审判人员的审判压力进一步加剧。

一、审判权配置主体缩减下的"案多人少"

随着我国经济发展水平的提高，大量纠纷诉诸法院，以诉讼爆炸为典型特征的诉讼社会已经到来，❶ "案多人少"成为全国法院普遍面临的问题。根据陈永生等的观察，我国每 10 万人约

---

❶ 张文显. 联动司法：诉讼社会境况下的司法模式 [J]. 法律适用，2011（1）：2.

有法官14.3名,在其统计的81个国家中位居第32位,低于德国、法国等发达国家。[1] 如果从法官数量和法官人均办案量来看,我国法院"案多人少"似乎是个伪命题。然而,由于不同国家法院的受案范围、案件分流能力、法官与审判辅助人员的配比存在差异,因此简单地进行数据对比得出的结论自然无法令人信服。如果就一线法官的直观感受而言,"案多人少"的确存在。事实上,"案多人少"已从过去的局部矛盾、次要矛盾上升为我国司法的主要矛盾。[2] 法官员额制改革前,依靠人数较多的助理审判员,法院尚且能够承受审判负荷,因而这一时期的人案关系基本处于可控状态,但党的十八大后接踵而至的法官员额制改革和立案登记制改革使得法院的审理压力骤然增加。根据法官员额制改革的要求,审判人员被大幅度削减,其中一线审判人员的降幅尤其明显,这使得"案多人少"的问题逐渐显现。

(一)一线审判人员数量削减

法官员额制改革前,曾经有学者较为乐观地表示,只要把审判资源集中到审判一线,法院"案多人少"的问题便迎刃而解。[3] 相反,有学者则对法官员额制改革可能引发的"案多人

---

[1] 陈永生,白冰. 法官、检察官员额改革的限度 [J]. 比较法研究,2016 (2):27.

[2] 孙笑侠. "案多人少"矛盾与司法有限主义 [N]. 北京日报,2016-11-07 (14).

[3] 杨玉红,门蕾. "法官员额制"改革解放司法生产力 [N]. 新民晚报,2015-12-05 (A01).

少"加剧问题表示担忧。❶ 事实上，随着法官员额制改革的推进，"案多人少"加剧的情况已初露端倪。在失去助理审判员的协助后，单纯依靠少而精的员额法官已无法阻止"案多人少"矛盾的加剧。对此，顾培东教授指出，无论审判人员如何削减，法院不断增加的受案量对法官数量的刚需是无法改变的。❷

因入额的院领导具有审判者和管理者的双重身份，其承担的办案量远低于一线员额法官的平均办案量。为了防止入额的院领导占用员额而不办案，中央政法委发布的《关于严格执行法官、检察官遴选标准和程序的通知》（以下简称《遴选通知》）设定了院领导办案的红线。例如，基层法院院长办案量应达到本院一线法官平均办案量的 5%~10%，中级法院院长办案量应达到本院一线法官平均办案量的 5%。即便如此，对于公务繁忙的院领导而言，完成规定的办案量仍有较大的难度。实践中，院领导为完成考核任务往往挑选那些案情简单、审判技术含量低、易于审理的案件，❸ 而非《遴选通知》要求的重大、疑难、复杂等具有审判指导价值的案件。如此一来，不具有领导职务的一线员额法官自然成为法官员额制改革后法院的办案主力，其不仅要承担未入额审判员、助理审判员原本承担的审判工作，还要承担入额院

---

❶ 刘斌. 从法官离职现象看法官员额制改革的制度逻辑 [J]. 法学，2015 (10)：51.

❷ 顾培东. 再论人民法院审判权运行机制的构建 [J]. 中国法学，2014 (5)：291.

❸ 龙宗智，孙海龙，张琼. 落实院庭长办案制度 [J]. 四川大学学报（哲学社会科学版），2018 (4)：150.

领导转移给普通法官的工作量,这等同于将原本由数个法官承担的工作量压到一个法官身上,导致一线员额法官承担的工作量几乎是入额前的数倍。❶

尽管案件进入法院后首先由立案庭进行筛选,进而交由不同程序处理,但此种程序分流机制运行良好的前提在于员额法官有充沛的精力审理案件。显然,受员额法官数量捉襟见肘的影响,假设前提无法成立。事实上,在员额法官不足的背景下,无论如何调配,都无法满足法院的审理需要。如果将员额法官更多地分配至非复杂案件,则复杂案件的审理缺乏足够的员额法官;而如果将员额法官更多地分配至复杂案件,则非复杂案件的审理缺乏足够的员额法官。此外,虽然审判辅助人员可协助法官从事审判辅助事务,但审判核心事务必须由员额法官行使。根据学者的统计,法官审理一般案件平均用时 7 小时,审理复杂案件平均用时 21 小时,其中阅卷、开庭、撰写和审定文书占据了大部分时间。❷

(二) 一线审判人员流失

从全国法院受案量的变化趋势来看,在今后的较长时间,全国法院受案量将继续增长。相应的,一线员额法官的审判压力也将不断增加,即便当前部分法院员额法官全年无休,加班

---

❶ 石晓波. 司法成本控制下法官精英化的改革出路 [J]. 法学评论, 2017 (5): 137.

❷ 张枫. 法院"案多人少"现象的成因与应对——以人民法院内部优化为视角 [J]. 吉首大学学报 (社会科学版), 2015 (S2): 28.

加点办案，也只能有限增加法院办案容量，无法从根本上缓解审判人员的审判压力。据最高人民法院工作报告，2023年全国法院法官人均结案356.51件，江苏、重庆等法院人均结案数超过500件。❶ 可想而知，我国的员额法官背负着沉重的审判压力。

虽然员额法官离职的原因众多，但审判压力加剧已成为员额法官离职的主要原因甚至首要原因。❷ 当然，法官离职并非法院的新问题，只不过由于以往法官离职人数较少，社会各界缺乏关注。但法官员额制改革后，员额法官的流失急剧加快，以至于有的法院采取严厉措施限制法官离职。❸ 对此，傅郁林指出，单独推进法官员额制改革不仅不能取得预期成效，甚至还有可能成为压垮法官的最后一根稻草。❹ 如果不能探寻破解法官审判压力加剧的可行性路径，那么员额法官离职的现象或许仍将延续，受此影响，我国法院也将陷入"审判压力加剧—法官离职—审判压力再加剧—法官再离职"的恶性循环。应当认识到，如果不改变完整化的审判人员审判权配置模式，那么审判人员审判压力加剧的局面就无法得到根本性的解决。

---

❶ 最高人民法院. 最高人民法院工作报告 [EB/OL]. (2024-03-15) [2024-07-18]. https://www.court.gov.cn/zixun/xiangqing/428352.html.

❷ 李浩. 法官离职问题研究 [J]. 法治现代化研究, 2018 (3): 8.

❸ 陈永生, 白冰. 法官、检察官员额制改革的限度 [J]. 比较法研究, 2016 (2): 40.

❹ 傅郁林. 以职能权责界定为基础的审判人员分类改革 [J]. 现代法学, 2015 (4): 24.

二、现有案件分流机制的局限性

法院"案多人少"的纾解方式无外乎"向外"寻求外援和"向内"挖掘潜力两种:"向外"主要是通过调解、仲裁等非诉纠纷解决机制减少进入法院的案件数量;"向内"则主要通过繁简分流实现案件的大量化解。以此为基础,我国构建了多元化的纠纷解决机制以及案件程序分流机制,期冀解决法院"案多人少"的问题。然而,无论是非诉纠纷解决机制还是案件程序分流机制都未能有效消解法院的审判压力。

(一)非诉纠纷解决机制的分流成效不足

党的十八届四中全会强调了多元化纠纷解决机制在社会矛盾纠纷解决中的重要作用。2015年,中共中央办公厅、国务院办公厅《关于完善矛盾纠纷多元化解机制的意见》要求着力推进纠纷解决机制的有效衔接与配合。虽然在诸多媒体的报道中,非诉纠纷解决机制被广泛宣传并被认为富有成效,❶但媒体的赞誉不应阻止我们的客观思考和理性分析。根据官方公布的统计数据,尽管非诉纠纷解决机制化解纠纷的数量在逐年提高,但其整体的分流效果并未达到预期。表2统计了2009—2018年人民调解委员会调处纠纷的变化情况。

---

❶ 张榕. 法官员额制下诉讼分流机制之建构[J]. 社会科学辑刊,2019(3):158.

第三章 审判权配置模式引发的实践困境

表 2 2009—2018 年人民调解情况统计

年份	人民调解调处纠纷数量（件）	人民调解调处纠纷增幅/降幅（％）	人民调解员数量（人）	全国法院一审民商事受案数（件）	全国法院一审民商事受案增幅/降幅（％）
2009	7676064	—	4938868	5800144	—
2010	8418393	9.7	4668961	6090622	5.0
2011	8935346	6.1	4335563	6614049	8.6
2012	9265855	3.7	4281400	7316463	10.6
2013	9439429	1.9	4229061	7781972	6.4
2014	9404544	-0.3	3940659	8307450	6.8
2015	9331047	-0.8	3911220	10097804	21.6
2016	9019000	-3.3	3852000	10762124	6.6
2017	8760000	-2.9	3670000	11373753	5.7
2018	9532000	8.8	3500000	12449685	9.5

资料来源：中国法律年鉴编辑部. 中国法律年鉴（2010）[M]. 北京：中国法律年鉴社，2010；中国法律年鉴编辑部. 中国法律年鉴（2011）[M]. 北京：中国法律年鉴社，2011；中国法律年鉴编辑部. 中国法律年鉴（2012）[M]. 北京：中国法律年鉴社，2012；中国法律年鉴编辑部. 中国法律年鉴（2013）[M]. 北京：中国法律年鉴社，2013；中国法律年鉴编辑部. 中国法律年鉴（2014）[M]. 北京：中国法律年鉴社，2014；中国法律年鉴编辑部. 中国法律年鉴（2015）[M]. 北京：中国法律年鉴社，2015；中国法律年鉴编辑部. 中国法律年鉴（2016）[M]. 北京：中国法律年鉴社，2016；靳昊. 去年全国人民调解组织调解纠纷超 900 万件[EB/OL]. [2023-06-18]. http://news.youth.cn/jsxw/201706/t20170628_10179367.htm；司法部. 2017 年全国共调解矛盾纠纷 876 万件[EB/OL]. [2023-06-18]. http://legal.people.com.cn/n1/2018/0124/c42510-29785029.html.

注：新闻中只粗略提及 2017 年全国共有人民调解员 367 万名，调解矛盾纠纷 876 万件，因而笔者的统计数据均精确到万。

从表2可以看出，虽然部分年份（2014—2017年）人民调解委员会调处的纠纷数量有所下降，但总体来看人民调解委员会调处的纠纷数量呈上升趋势。不过，表2反映出的两个问题不容忽视：第一，人民调解的效率较低，人民调解员人均纠纷调解量仅为2~3件/年，部分年份甚至低于2件/年；第二，在人民调解的纠纷调处量增长的同时，法院一审民商事受案量亦同步增长，但前者的增长幅度低于后者，由此反映出人民调解未能有效发挥分流纠纷的效果。

仲裁一裁终局以及仲裁裁决强制执行的特点使其在纠纷解决机制中具有独特优势，不过整体而言，仲裁机构受案量基数较小，与全国法院一审民商事案件受案量相比，仲裁机构化解的纠纷数量微乎其微。据统计，2015年以前，仲裁机构受案量仅占全国法院一审民商事案件受案量的1.1%~1.2%，尽管2015年以后这一比例有所增加，但仍未超过5%。表3统计了2009—2019年全国仲裁机构受案量的变化情况。

表3　2009—2019年全国仲裁机构受案情况统计

年份	全国仲裁机构受案数（件）	全国仲裁机构受案数占全国法院一审民商事案件受案数比例（%）
2009	74811	1.1
2010	78923	1.1
2011	88473	1.2
2012	98378	1.2
2013	104257	1.2
2014	113660	1.2
2015	136924	1.2

续表

年份	全国仲裁机构受案数（件）	全国仲裁机构受案数占全国法院一审民商事案件受案数比例（%）
2016	208545	1.9
2017	239360	2.1
2018	540000	4.3
2019	486955	3.5

资料来源：中国法律年鉴编辑部. 中国法律年鉴（2010）[M]. 北京：中国法律年鉴社，2010；中国法律年鉴编辑部. 中国法律年鉴（2011）[M]. 北京：中国法律年鉴社，2011；中国法律年鉴编辑部. 中国法律年鉴（2012）[M]. 北京：中国法律年鉴社，2012；中国法律年鉴编辑部. 中国法律年鉴（2013）[M]. 北京：中国法律年鉴社，2013；中国法律年鉴编辑部. 中国法律年鉴（2014）[M]. 北京：中国法律年鉴社，2014；中国法律年鉴编辑部. 中国法律年鉴（2015）[M]. 北京：中国法律年鉴社，2015；中国法律年鉴编辑部. 中国法律年鉴（2016）[M]. 北京：中国法律年鉴社，2016；中国法律年鉴编辑部. 中国法律年鉴（2017）[M]. 北京：中国法律年鉴社，2017；2017 年中国仲裁机构受案量继续高速增长[EB/OL]. [2023-06-18]. http://finance.people.com.cn/n1/2018/0917/c1004-30296798.html；魏其濛. 2018 年全国仲裁机构处理案件 54 万余件标的总额近 7000 亿元[EB/OL]. [2023-06-18]. http://shareapp.cyol.com/cmsfile/News/201903/28/toutiao200589.html?tt_group_id=6673369629068362248；中国法律年鉴编辑部. 中国法律年鉴（2020）[M]. 北京：中国法律年鉴社，2020.

综上所述，虽然我国为非诉纠纷解决机制投入了大量的人力、物力和财力，但非诉纠纷解决机制依然无法成为纠纷化解的主要力量，一旦失去政府的引导与强制，其很难为民众所主动选择。从法治发达国家的经验来看，其纠纷解决机制通常经历了由诉讼主导向多元化纠纷解决机制协同的转变。由于这些国家公民的权利意识较强,因而民众更倾向于通过诉讼解决纠纷,但案件增多带来的诉讼迟延倒逼当事人选择更加便捷高效的非诉纠纷解决机制,从而在一定程度上促进了非诉纠纷解决机制的发展。在我国便民利民的司法理念指引下,法院向民众提供了优质的审判服务,❶ 因此诉讼在我国被视为权利救济的最佳方式,民众对于法院的信赖远胜过调解组织、仲裁机构。由此可见,我国目前仍处于诉讼主导阶段,非诉纠纷解决机制的纠纷分流效果较为有限。

(二)案件程序分流的成效已达极致

在法院受案量不断增加的客观事实短期内无法改变的情况下,将目光聚焦于法院内部或许是破解"案多人少"更为实际的做法。我国根据案件是否存在争议以及案件的难易程度将不同案件分流至不同程序处理,以此达致"简案快审、繁案精审"的效果。《民事诉讼法》第136条规定了立案受理后的分流程序:当事人无实质性争议,符合督促程序适用条件的,转由督促程序处理;当事人能够调解的,尽可能以调解方式结案;当事人有实质性争议,无法调解的案件,则根据案件难易程度分别适用小额诉讼程序、简易程序和普通程序处理。

为防止诉讼迟延,我国《民事诉讼法》设定了审限制度。然而,除我国外,其他国家和地区鲜少在立法中明确规定审理期限。从域外国家的实践来看,美国的案件审理期限基本在1年以

---

❶ 尤陈俊."案多人少"的应对之道:清代、民国与当代的比较研究[J]. 法商研究,2013 (3):153.

上，即便是被公认诉讼高效的日本，其一审案件的审理通常也需要 1 年时间。❶ 反观我国，自绩效考评制度实施以来，法院审限内结案率高达 95%，个别年份甚至高达 99%，❷ 这意味着几乎全部案件都能够在审限内审结。根据笔者的调研，大多数案件都能够早于审限审结，例如适用普通程序审理的案件大多在 2～4 个月内完成审结。❸ 可以说，刚性的审限制度以及严苛的审判管理体系使得我国的审判效率位居世界前列。换言之，我国的案件程序分流已达极致，很难有进一步突破的空间。

三、审判人员分流机制的阙如

法官员额制改革作为顶层设计被中央自上而下强力推进，改革的决心、力度和步伐可谓空前。尽管我们必须承认法官员额制改革为法官职业化作出的贡献，正所谓"按下葫芦浮起瓢"，法官员额制改革却在一定程度上加剧了法官的审判压力。事实上，审判人员改革不能单纯地理解为压缩审判人员数量，而是应当对审判人员的类型以及审判人员的审判权限进行同步调整。然而，令人遗憾的是，法官员额制改革只是间接调整了审判人员的范围，未触及审判人员审判权配置的实质。某种程度上而言，法官

---

❶ 齐树洁. 民事司法改革研究 [M]. 厦门：厦门大学出版社，2006：21-22.
❷ 张榕. 法官员额制下诉讼分流机制之建构 [J]. 社会科学辑刊，2019 (3)：161.
❸ 这一调研结论与王亚新教授的调研结论基本一致。根据王亚新教授的实务观察，我国许多适用普通程序的案件大约在 2 个月的时间内就可审结。参见：王亚新. 社会变革中的民事诉讼 [J]. 北京：北京大学出版社，2014：162-163.

员额制改革似乎从一个极端走向了另一个极端。法官员额制改革前，我国的审判人员范围较广，审判员、助理审判员都属于全权法官。然而，法官员额制改革后，我国审判人员的范围骤然收缩，仅员额法官拥有审判权。通过对比可以发现，无论是法官员额制改革前还是改革后，我国的审判权都属于拥有完整审判权限的全权法官。由于未能全面、深入理解审判权的内涵，导致我国长期固执地坚守完整化的审判人员审判权配置模式，从而未能设置审判人员的分流机制。

事实上，审判资源优化配置乃繁简分流的核心所在，案件审理所需的审判资源不仅包括审判程序资源，还包括审判人力资源。因此，繁简分流应当围绕程序分流和审判人员分流展开，二者犹如鸟之双翼、车之双轮，不可偏废。然而，我国的繁简分流仅停留在程序分流层面，每当提及繁简分流，社会各界都不自觉地将目光投向程序分流，从而导致法院将过多的精力倾注于程序分流。"重程序分流、轻审判人员分流"使得我国的繁简分流更像是一条腿走路，而这正是我国法院每遇及审判压力便诉诸繁简分流，却始终收效不佳的原因所在。很明显，当下我国的繁简分流遇到了瓶颈，与其深挖程序分流的潜力，不如从审判人员分流上着力，变单腿走路为双腿走路，如此才能更好地提升审判效率，降低审判人员的审判压力。从域外国家的经验来看，其繁简分流从来都不是在程序分流上单向发力，而是兼顾程序分流和审判人员分流。随着"案多人少"问题的不断加剧，优化审判人员审判权配置已成为我国司法改革无法回避的重要问题。应当说，无论是从审判权的差异性而言，还是就当事人多元化的司法诉求而论，多元差异化乃审判人员审判权配置的应然模式。

一方面，法院受理的案件既有简单案件、一般案件，也有复杂案件，这些案件审理的难易程度显然存在差异。即便对于个案而言，不同审判核心事务处理的难易程度以及对当事人权利的影响程度也存在差异。审判资源的稀缺性要求我们在配置审判人员审判权时应当尽可能按需分配，如果由审判经验丰富的员额法官处理难度较低的审判事务，则不免有杀鸡用牛刀之感。事实上，对于那些处理难度较低、对当事人权利影响不大的审判事务也不一定必须交由法官处理。实践中，部分法院简案快结、难案难结的局面有所加剧，只不过因数量较少的未结案件被员额法官较高的结案量稀释，故而员额法官规避难案的现象很难被察觉。[1] 从此种现象不难看出，我国的法官员额制改革只是完成了优秀法官的遴选工作，但未能将员额法官引向复杂审判事务，从而导致员额法官的审判经验优势无法发挥。

另一方面，当事人的多元化司法诉求同样要求审判人员审判权配置遵循多元差异化的模式。虽然法官员额制改革有意弱化我国长期以来奉行的大众化司法政策，但必须承认的是，大众化司法在我国仍有存在的必要和价值。事实上，当事人的司法诉求从来都不是一元的，对于一般案件和复杂案件，其可能涉及较多的当事人或者较为复杂的法律关系，故而相应的处理难度也更大，这些案件由审判经验丰富的资深法官审理，裁判结果显然更易为当事人接受。相反，对于简单案件来说，案件事实和法律关系较

---

[1] 刘潇. "案多人少"与法官员额制改革 [J]. 政治法学研究, 2017 (1): 98.

为清楚明确，处理难度更低，因而当事人更加注重诉讼成本和诉讼效率，对于审判人员的审判能力并无过高要求。

在诉讼迟延、案件积压导致当事人无法便利接近司法正义的情况下，单纯追求精英化不免存在某种局限性。❶ 对此，苏力认为，对于法院特别是置身审判一线的基层法院而言，不一定需要完全的精英化。❷ 司法的多种面向决定了大众化司法在我国仍有广阔的适用空间，正因为如此，我国的法官员额制改革不能简单地定义为司法精英化。❸ 应当说，只有遵循多元差异化的审判人员审判权配置模式，将精英化司法与大众化司法相融合，才能满足民众多元化的司法诉求，促成法院走出"案多人少"的困境。

第三节　审判权行使异化

审判权行使异化主要表现在两个方面：第一，审判委员会审判权的不当配置导致审判委员会在行使审判权时背离了审判权的行使规律；其二，受完整化审判人员审判权配置引发的审判人员压力加剧影响，部分法官助理不得不超越审判辅助职能，实质性地行使审判权。

---

❶ 王晨光. 法官的职业精英化及其局限 [J]. 法学，2002 (6)：5.
❷ 苏力. 送法下乡——中国基层司法制度研究 [M]. 北京：中国政法大学出版社，2000：45.
❸ 傅郁林. 以职能权责界定为基础的审判人员分类改革 [J]. 现代法学，2015 (4)：24.

一、审判委员会审判权行使失范

(一) 审判分离

审判活动的核心在于当事人辩论,而庭审正是当事人辩论的主要场域,因此以庭审为中心是以审判为中心的逻辑推演,同时也是以审判为中心的必然要求。❶《全面依法治国决定》要求推进以审判为中心的诉讼改革,发挥庭审在查明案件事实、保障当事人诉权、公正裁判中的决定性作用,而庭审实质化是判断以审判为中心是否落实的重要指征,其能够保障当事人平等、程序公开,从而使当事人以看得见的方式实现正义。为避免庭审虚化,庭审应当坚持以下原则:第一,当事人都有效且积极地参与案件审理;第二,案件的审理和裁判主体保持统一,即法官最终的裁判应当建立在完整地参与庭审之上;第三,法官应当给予当事人充分的举证、质证、辩护机会。❷

事实上,法官只有亲身参与庭审,才能获得鲜活、直观的案件信息。换言之,法官的裁判必须建立在其在庭审中形成的关于案情的直观印象。❸ 法官作为案件审理的主导者,应当根据自身对案件的理解和把握决定哪些案件信息需要着重了解。同时,随

---

❶ 龙宗智. 庭审实质化的路径与方法 [J]. 法学研究, 2015 (5): 140.
❷ 刘玫. 论直接言词原则与我国刑事诉讼——兼论审判中心主义的实现路径 [J]. 法学杂志, 2017 (4): 106.
❸ 卞建林. 直接言词原则与庭审方式改革 [J]. 中国法学, 1995 (6): 102.

着案件的不断推进，法官也需要不断补充此前忽略或遗漏的案件信息。这些从庭审中有针对性地获取的案件信息为法官勾勒出案件的基本轮廓，进而为裁判的作出提供基础和条件。❶ 然而，审判委员会对于案件事实的了解主要来自承办人的汇报，而非直接源于庭审，由此导致规制庭审活动的直接言词原则失灵。此种通过传来方式获取的二手案件信息无法完全排除因主观偏好、疏忽导致的信息遗漏。此外，承办人与审判委员会的单方沟通也使得审判委员会的决策存在极大的局限性，最终审判委员会或将陷入"案件越复杂—进入审判委员会概率越高—审判委员会片面决策风险增加—案件出错概率上升"的怪圈。❷

有学者认为，审判委员会讨论案件类似于书面审理，❸ 其通过听取承办人汇报、阅读案卷材料亦可查明案件事实，❹ 故而审判委员会讨论案件不存在审判分离的问题。❺ 然而，此种观点混淆了一审和二审的区别。在一审案件中，法官只能通过开庭审理的方式审判案件，一审程序必须开庭审理的背后实际上蕴含着借助正当程序实现实体正义的理念。由于人的认知能力有限，将过往的案件事实完全复原显然不切实际，因此只能退而求其次的在

---

❶ 龙宗智. 庭审实质化的路径与方法 [J]. 法学研究，2015（5）：140.

❷ 冯知东. 司法体制改革背景下的审判委员会制度——以司法责任制为切入点 [J]. 时代法学，2016（1）：88.

❸ 高洪宾. 中国审判委员会制度改向何处——以本土化为视角的思考 [J]. 法律适用，2006（3）：28.

❹ 顾培东. 再论人民法院审判权运行机制的建构 [J]. 中国法学，2014（5）：290-291.

❺ 岩皓. 审判委员会功能的异化与重构 [J]. 西南政法大学学报，2005（6）：96.

保障程序正义的前提下,尽可能地使法律事实无限接近客观真实。❶ 应当说,只有遵循正当程序,各方当事人的观点才能被法官兼听,法官才能以此为基础最大程度地还原案件真相。概言之,程序公正对于实体公正有着正向促进作用,脱离程序公正很难获得实体公正,因而对于法官来说,亲历庭审是一审案件审理的必然要求。

不同于一审案件,我国的二审案件采用续审制,即二审法院是在一审法院认定的事实基础上对案件继续审理,因此二审的事实认定功能相比一审有所弱化。❷ 虽然原则上二审案件应当开庭审理,但出于审判效率的考量,对于事实基本清楚的二审案件可采用书面审理。例如,如果当事人未在二审中提出新证据、新事实、新理由,法院可采用书面审理。除了我国,其他国家的二审案件同样可采用书面审理,例如美国联邦上诉法院的上诉审完全基于一审形成的审判材料。❸ 由此可见,一审案件的审理应当坚持直接言词原则,而对于二审案件,则无此要求。❹

根据前文的分析可以得出,至少对于一审案件,庭审是必不可少的。作为庭审活动的自然延伸,合议庭评议环节是对庭审形成的心证进行进一步的梳理、归纳和整合。然而,审判委员会审判权的行权方式切断了庭审与裁判之间的有机联系,人为割裂了

---

❶ 谷口安平. 程序的正义与诉求 [M]. 王亚新,刘荣军,译. 北京:中国政法大学出版社,1996:35.

❷ 孙长永. 审判中心主义及其对刑事程序的影响 [J]. 现代法学,1999 (4):95.

❸ 最高人民法院司法改革小组,编. 韩苏琳,编译. 美英德法四国司法制度概况 [M]. 北京:人民法院出版社,2002:4.

❹ 方乐. 审判委员会制度改革的类型化方案 [J]. 法学,2018 (4):105.

审判活动的整体性。事实上，审判委员会的审判分离无疑诱发了审判责任制的虚化，由于集体决策，审判委员会委员承担的审判责任最终将转化为法院的整体责任，即便案件经审判委员会讨论决定后被认定为错案，也很难追究审判委员会委员个人的审判责任。❶

（二）案件讨论非公开

作为法院内部的案件讨论会，审判委员会会议并不公开进行，因此当事人只能通过裁判文书记载的"经审判委员会讨论决定"事后得知案件已经过审判委员会讨论。但即便如此，当事人亦无从知晓参与案件讨论的审判委员会委员名单。有法官曾将审判委员会讨论案件同合议庭合议进行类比，认为审判委员会讨论和合议庭合议的目的都在于决定案件的裁判结果，既然合议庭的合议可以不公开，那么审判委员会的讨论过程也可以不公开。❷事实上，如此简单类比忽略了原因与结果之间的因果关系。鉴于案件庭审阶段已给予当事人充分的表达空间，因而不公开合议能够为合议庭成员自由发表意见提供独立空间，防止当事人对裁判结果形成不当干扰，而审判委员会讨论由于无此"前因"，故而其不公开的"后果"不能成立。

由于裁判结果是当事人博弈的产物，因此法官必须全面考虑

---

❶ 李喜莲. 论审判委员会审判职能的"回归"[J]. 宁夏大学学报（人文社会科学版），2007（3）：73.

❷ 夏孟宣，胡苗玲. 司改背景下审判委员会职能合理定位的路径选择——以温州市中级人民法院审判委员会改革为视角[J]. 法律适用，2015（11）：79.

当事人提出的证据和诉求。然而，由于审判委员会的讨论完全绕开了当事人，其充其量只是法官民主，而非司法民主。❶ 同时，当事人、证人的缺席导致审判委员会丧失了直接形成判决结论的能力，❷ 换句话说，审判委员会的非公开运作模式决定了其不是案件事实认定的最佳场所。❸ 更为重要的是，检察长列席审判委员会会议制度加剧了控辩失衡。虽然检察长列席制度的初衷是为了发挥检察机关的审判监督职能，但实践中检察长列席审判委员会更多的是为了参加刑事案件的讨论。❹

（三）组织运行非理性

尽管我国将审判委员会定位为审判组织，审判委员会自身却存在无法调和的组织运行矛盾。从法律规定来看，我国只是整体性地将审判组织的身份赋予审判委员会。如果根据审判组织的运行逻辑，不论审判组织的成员是1人还是多人，其都应共同参与案件审理。试想如果3人合议庭只有2名法官参与案件审理，那么此种情形无疑属于程序违法。由此推之，审判委员会讨论案件时，全体委员应当共同参与，否则审判委员会的审判组织定位就无法得以体现。

---

❶ 张洪涛. 审判委员会法律组织学解读——兼与苏力教授商榷 [J]. 法学评论，2014（5）：50.
❷ 何太金，茹乐峰. 浅谈审判委员会制度 [C] //《人民司法》编辑部. 中国司法改革十个热点问题. 北京：人民法院出版社，2003：350.
❸ 龙宗智. 论建立以一审庭审为中心的事实认定机制 [J]. 中国法学，2010（2）：150.
❹ 褚红军. 审判委员会制度若干问题研究——兼论审判委员会制度的改革和完善 [J]. 法律适用，2005（10）：52.

然而，我国的审判委员会虽然名义上属于审判组织，但却照搬党组织、人大的组织运行机制。在民主国家，会议是民主政治的构成要素与外在表征，❶ 我国的党组织、人大通过召集会议的方式决定诸如人事任免、人员奖惩、立法等重要事项。为确保会议决议的有效性，不论是定期会议还是临时会议，会议的出席人数都应当符合相应的要求。❷ 例如，根据《中国共产党章程》，支部党员大会必须有过半数党员到会方可举行；根据《全国人民代表大会常务委员会议事规则》，常务委员会会议必须由常务委员会全体组成人员的过半数出席才能举行。与此类似，最高人民法院《审判委员会工作规则》第4条规定，审判委员会委员超过半数时，方可开会。诚然，为保证组织的运行效率，采用过半数原则自无问题，但按照审判委员会的现有定位，其应当与党组织、人大有着不同的组织运行逻辑，即审判委员会的组织运行应当以公正为核心，而不能以效率为先导。

事实上，我国审判委员会设置的初衷在于发挥审判委员会的集体智慧，因此早期的审判委员会都是由全体委员共同讨论案件，但目前审判委员会的讨论决定只需出席审判委员会会议委员的1/2以上通过即可，这意味着1/4以上审判委员会委员的意见便能成为审判委员会的决定意见。有疑问的是，如果裁判文书中标注"经审判委员会讨论决定"，但审判委员会会议仅有半数以上委员参加，那么由部分审判委员会委员作出的讨论决定能否代

---

❶ 徐骏. 近代中国语境下议事规则的融合与游离 [J]. 法学，2013 (5)：51.
❷ 杜满昌. 议事规则：内涵、运行机理及启示 [J]. 中央社会主义学院学报，2014 (4)：61.

表审判委员会?❶ 很明显,根据前文审判组织运行逻辑的讨论便可得出否定性答案。

如果根据审判委员会的审判组织定性推导,其组织运行的应然样态应当是全体委员共同参与讨论而不是仅由部分委员参与讨论。然而,人数众多的审判委员会委员增加了会议的召集难度。随着时间推移,审判委员会的人员规模日益庞大,法官员额制改革前,不仅政治部主任、纪检组长应当担任审判委员会委员,审判委员会还设置了专职委员。即使法官员额制改革后政治部主任、纪检组长不再担任审判委员会委员,但审判委员会的人数依然较多。可以想见,召集审判委员会会议绝非易事。事实上,全体委员共同出席审判委员会会议的情况极为少见。有学者的调研结果证实,基层法院审判委员会委员自身承担的审判工作、行政工作繁重,委员请假缺席审判委员会会议的情况在所难免。实践中,审判委员会会议经常面临委员人数达不到开会要求而无法开会的尴尬情况。❷ 如果强制性要求全体委员到会后才能召开会议,则似乎强委员所难。为此,有的地方法院别出心裁地将审判委员会一分为二,这样分解后的两个审判委员会便能够同时开会,❸ 但此种单纯为提高案件讨论效率分割审判委员会的做法否定了审判委员会的整体性身份。

---

❶ 雷新勇. 论审判委员会审理制——价值追求与技术局限 [J]. 人民司法·应用, 2007 (11): 68.

❷ 公丕潜. 无需当事人的审判——基层法院审判委员会如何运作 [D]. 长春: 吉林大学, 2019: 55.

❸ 罗书平. 审判委员会"审批案件"制度应予取消 [C] //张卫平. 司法改革论评. 北京: 中国法制出版社, 2002: 53.

二、法官助理越权行使审判权

2017年，时任最高人民法院院长周强在全国高级法院院长座谈会上指出，要守住未入额法官不得独立办案这一红线；时任最高人民法院政治部主任徐家新表示，各级法院不能因为审判任务繁重而让未入额的审判人员独立办案。❶ 不难看出，最高人民法院对于未入额法官不得办案的态度是明确的、坚决的。然而，审判实践中，未入额法官不得独立办案的要求未能得到坚守，部分法院未入额法官行使审判权的情况依然存在，其主要表现为法官助理显性行使审判权和法官助理隐性行使审判权。

（一）法官助理显性行使审判权

1. 法官助理显性行使审判权的大数据分析

考虑到法官助理显性承担审判职能可通过裁判文书署名情况进行识别，因而笔者通过大数据检索的方式在"无讼案例"数据库以"助理审判员""民事判决"为关键词对2018—2022年的裁判文书进行查询，共检索出符合要求的民事判决书1102份，❷ 其中由基层法院作出的一审判决1024份，由中级法院作出

---

❶ 最高法：不得因办案任务重让未入额法官独立办案 [EB/OL]. [2023-06-18]. http://www.chinanews.com/gn/2017/07-03/8267432.shtml.

❷ 虽然部分地方法院判决书中仍出现助理审判员，但从署名位置来看，其位于判决日期下方，与法官助理署名处相同，据此可以推测此处的助理审判员与法官助理职能相同，因此在数据统计中将此类案件予以剔除。

的一审判决 16 份,由中级法院作出的二审判决 53 份,由高级法院作出的二审判决 9 份。经过分析,数据呈现出的结果具有两大显著特征:第一,未入额助理审判员在判决书中署名的现象基本已不复存在;第二,未入额助理审判员在判决书中署名的现象主要发生在基层法院(见表 4)。

表 4 2018—2022 年助理审判员判决署名情况

年份	基层法院一审判决书(份)	中级法院一审判决书(份)	中级法院二审判决书(份)	高级法院一审判决书(份)	高级法院二审判决书(份)
2018	836	11	53	0	9
2019	177	5	0	0	0
2020	11	0	0	0	0
2021	0	0	0	0	0
2022	0	0	0	0	0
总计	1024	16	53	0	9

2. 法官助理显性行使审判权的典型情形

数据分析的方法从宏观视角反映出未入额助理审判员行使审判权的情况,接下来,笔者将从微观视角进行切入,以典型案例为样本,归纳总结实践中较为常见的未入额助理审判员行使审判权的情形,具体内容详见表 5。

对于未入额助理审判员行使审判权的情形,二审法院、再审法院的处理方式大致有以下几种,具体情况详见表 6。

表 5 未入额助理审判员行使审判权的主要情形

主要情形	典型案例
未入额助理审判员担任合议庭成员	典型案件（1）：（2019）湘 0423 执异 21 号执行裁定书作出的组织不合法。助理审判员不是员额法官，但是裁定的合议庭组成人员。 典型案件（2）：（2016）赣 04 民初 57 号判决书所载建设工程施工合同纠纷由未入额助理审判员担任合议庭成员，参与案件庭审，在合议庭评议阶段作为主审人提出处理意见，撰写判决书。 典型案件（3）：（2017）鲁 0212 民初 36 号判决书所载房屋买卖合同纠纷由未入额助理审判员与人民陪审员组成合议庭审理。
未入额助理审判员审理适用简易程序的案件，且未在裁判文书中署名	典型案件（1）：（2019）豫 1402 民初 281 号判决书所载机动车交通事故责任纠纷在审理过程中，由未入额助理审判员全程主持庭审和调解工作。 典型案件（2）：（2018）沪 0106 民初 24478 号判决书所载房屋买卖合同纠纷在审理过程中，共组织四次开庭，其中三次由未入额助理审判员组织。 典型案件（3）：（2018）鄂 0114 民初 1731 号判决书所载房屋买卖合同纠纷由未入额助理审判员独任审理，判决书所载审判员未参加庭审
二审案件由合议庭以外的未入额助理审理员进行询问	典型案件：（2018）赣 09 民终 1060 号判决书所载借贷合同纠纷在审理过程中，由合议庭成员以外的未入额助理审判员单独向案件当事人进行询问，但判决书仍由合议庭成员署名

表6 二审法院/再审法院关于未入额助理审判员行使审判权的处理模式

法院处理模式	典型案例
认为属于重大程序违法	典型案件（1）：（2019）晋08民终1886号裁定书指出，未入额助理审判员不具有法官身份，不能独立办案，故一审合议庭人员组成不合法。 典型案件（2）：（2019）辽13民终84号裁定书指出，一审期间，存在非员额法官参与案件审理的情形，属于严重程序违法，应当予以纠正。 典型案件（3）：（2019）冀民终259号裁定书指出，一审合议庭成员×××不属于员额法官，不能署名审理案件，其参与案件审理属于违反法定程序
认为未入额助理审判员可在员额法官指导下办理简单案件	典型案件：（2019）苏13民申213号裁定书指出，基层法院未入额的助理审判员可以在员额法官的指导下办理简单案件
认为未入额助理审判员参与庭审属于从事审判辅助工作	典型案件（1）：（2019）鄂民申969号裁定书认为，因本案一审适用简易程序审理，法官助理××参与了庭审工作，应当视为其作为法官助理从事正常司法辅助工作。 典型案件（2）：（2019）豫14民申355号裁定书认为，未入额助理审判员一人全程主持庭审和调解属于法官助理协助员额法官进行调解、辅助庭审等工作
认为未入额法官属于依法任命的审判人员	典型案件（1）：（2019）鲁02民终1402号判决书认为，一审办案人作为经过法定程序任命，与人民陪审员组成合议庭审理本案，不违反法定程序。 典型案件（2）：（2018）最高法民申5638号裁定书认为，原审合议庭组成人员是经依法任命的助理审判员，在本案原二审程序中临时代行审判员职务。 典型案件（3）：（2019）湘04刑申8号刑事再审通知书指出，一审合议庭组成人员×××、××虽均不具有员额法官的审判资质，但均属于依法任命的审判员，依据《法官法》[①]之规定可行使审判权

续表

法院处理模式	典型案例
不予回应	典型案件：（2019）陕06民终1345号判决书对于上诉人提出的未入额助理审判员担任合议庭成员未作出回应，其直接作出驳回上诉、维持原判
认为缺乏法律依据，不予支持	典型案件（1）：（2018）湘民申2909号裁定书指出，关于一审法官非员额法官办案问题，不属于再审事由。典型案件（2）：（2018）湘05民终2441号判决认为，上诉人主张的案件承办人为非员额法官，程序违法缺乏法律依据，不予支持

注①：这里的《法官法》是指修订前的2001年《法官法》。

通过表5可以看出，未入额助理审判员行使审判权的方式主要包括担任合议庭成员参与案件审理、担任独任法官主持庭审和调解活动以及在采用书面审理的二审案件中询问当事人。不过，不同法院对于未入额助理审判员行使审判权的态度有所差异。大多数法院认为，未入额助理审判员行使审判权不符合法官员额制改革的要求，属于程序违法，应当予以纠正。当然，由于法官员额制改革后《法院组织法》《法官法》未能及时修订，部分法院以助理审判员系经正式任命的审判人员为由，认定未入额助理审判员行使审判权不违反程序规定。事实上，尽管法官员额制改革剥夺了未入额助理审判员的审判权，但考虑到法官员额制改革同样需要遵守法律规定，因而在法官员额制改革要求和法律规范衔接不畅的真空期内，法院的此种处理方式即使有悖法官员额制改革精神却于法有据。

《法院组织法》修订后，江西省高级人民法院发布《关于严格执行新修订的〈人民法院组织法〉相关规定的通知》，要求《法院组织法》实施后，未入额法官不得单独承办案件，不得在裁判文书中署名。由于《法官法》的修订晚于《法院组织法》，实践中部分法院的判决仍援引2001年《法官法》作为未入额助理审判员行使审判权的依据。然而，在《法官法》修订生效后，已无法院以此为依据准许未入额助理审判员行使审判权。此外，部分法院对法官员额制改革进行了不当解读。例如，有的法院认为未入额助理审判员可在员额法官的指导下办理简单案件，行使审判权；有的法院将未入额助理审判员参与庭审、主持调解视为从事审判辅助工作。应当说，此种理解无疑突破了法官助理的法定职能，导致未入额助理审判员僭越审判权。实践中，未入额助理审判员行使审判权的行为遭到了当事人及其诉讼代理人的强烈抵制，为此当事人及其诉讼代理人主要通过上诉或者申请再审进行救济。

（二）法官助理隐性行使审判权

法官员额制改革后，全国各地法院开始组建由员额法官、法官助理和书记员组成的审判团队。其中，比较有代表性的审判团队组成模式有"1+1+1"模式、"1+1+n"模式、"1+n+n"模式，而无论何种模式，员额法官始终是整个审判团队的核心。法院"案多人少"的现实使得员额法官在面对超负荷审判压力时本能地将相当部分的审判权让渡给法官助理，借此实现压力转嫁。实践中，因缺乏必要的监督和制约，员额法官可以不受限制地将部分审判核心事务委诸法官助理。❶ 相比法官助理显性行使审判权，法官助理隐性行使审判权更不易为当事人及诉讼代理人所觉察。

目前，大部分助理审判员以及尚未被任命为助理审判员的法院工作人员转任成为法官助理，后者由于审判经验较为欠缺，故而其草拟的裁判文书大多需经员额法官的修改。有法官员额制改革前尚未被任命为助理审判员的法官助理表示，其草拟的第一份判决斟酌再三后交由员额法官，但最后的判决被修改得面目全非，几乎是推倒重来。笔者在调研中了解到，这部分法官助理通常会在撰写裁判文书前同员额法官就裁判观点进行讨论，待裁判观点确定后由法官助理草拟裁判文书，最后再由员额法官校对审核。可见，此类法官助理仅负责裁判文书的草拟工作，裁判观点与文字表达都由员额法官严格把关，因此其较少出现僭越审判权的情形。

相反，未入额助理审判员已成为审判权隐性行使的主要群体。作为法院曾经的办案主力，未入额的助理审判员普遍拥有丰富的审判经验。部分法院的院领导表示，"办案量是今后入额考核的重要内容，如果办案量达不到要求，也无法入额。"事实上，法院的办案考核压力使得部分基层法院仍然向未入额的助理审判员分配案件，但受制于法官员额制改革的红线要求，未入额助理审判员只能以员额法官名义办案。在笔者访谈的未入额助理审判员转任的法官助理中，有两位颇具代表性。

---

❶ 李珊. 基层法院编制内法官助理制度的困境与对策［J］. 西南政法大学学报，2019（3）：102.

法官助理甲在某地级市中级法院担任法官助理，法官员额制改革前，其已担任助理审判员，但因不符合遴选的年限要求未能进入员额。目前，其担任某院领导的助理。由于院领导事务繁忙，很多其主办案件的判决书都由该法官助理撰写。多数情况下，法官助理甲根据案卷材料撰写裁判文书，偶尔会观看庭审录像。由于法官助理甲的办案能力得到院领导的肯定和认可，故而裁判文书从裁判观点到文字表述都由法官助理甲完成，只不过最终的裁判文书由院领导署名。

法官助理乙在某副省级城市基层法院担任法官助理，法官员额制改革前，其担任助理审判员5年，符合遴选的年限要求，但因所在法院入额竞争激烈，故未能顺利入额。目前，乙在所属审判团队中担任法官助理。由于团队员额法官承办案件较多，因而员额法官在开庭审理结束后便将案卷材料交由法官助理乙，其结合证据材料、庭审笔录撰写判决书，员额法官对于法官助理乙撰写的判决书仅象征性地签发而不作实质性的审核。除此以外，法官助理乙还直接参与案件的调解工作。

从对两位法官助理的访谈可知，除了开庭审理必须由员额法官完成外，其余审判核心事务都可交由未入额的助理审判员代为行使。因而，法官助理更像是隐名法官，默默地在庭审幕后审理案件，拿着法官助理的待遇，承担着法官的职责。❶ 由此催生了司法改革的一个乱象，那就是法官员额制改革前具有法官头衔的人不办案，而法官员额制改革后却是不具有法官头衔的人

---

❶ 卢德升，朱亚楠. 路在何方：我国法官助理制度改革的实证图景及优化进路[J]. 中山大学法律评论，2019（1）：64.

在办案。❶ 诚然，法官助理隐性行使审判权的行为实属法院"案多人少"背景下的无奈之举，但未入额助理审判员仅凭书面材料、庭审录像撰写裁判文书，一方面可能因遗漏案件信息损及审判质量，另一方面不可避免地导致审判分离，成为"审者不判、判者不审"的另一种制度性根源，❷ 增大了审判责任制的虚置风险。

第四节　法官培育路径不畅

虽然法官培育路径与审判人员审判权配置属于不同问题，但审判人员审判权配置模式在一定程度上影响着法官的培育路径。如果不能通过合理的路径培养出高素质、高水平的法官，那么法官将不具备审判权行使所需的审判能力，而这可能导致审判权的行使效果不彰。受审判人员审判权配置模式调整的影响，我国的法官培育路径由法官员额制改革前的三段式变为法官员额制改革后的两段式。然而，无论是法官员额制改革前还是法官员额制改革后，我国法官培育路径都不够畅达，只不过法官员额制改革前三段式的法官培育路径能够给予助理审判员较为充足的审判历练，但法官员额制改革后，原有的法官培育路径被完全打破，精英法官的培育也将面临更大的挑战。

---

❶ 张瑞. 法官助理的身份困境及其克服［J］. 法治研究，2019（5）：116.
❷ 傅郁林. 以职能权责界定为基础的审判人员分类改革［J］. 现代法学，2015（4）：20.

一、法官员额制改革前"传帮带"式的法官培育路径

法律的生命不在于逻辑而在于经验,[1] 司法作为一种实践性知识,需经由习惯、熟悉和训练才能获得。[2] 对于法官而言,深厚的知识储备和娴熟的审判技能缺一不可。事实上,法官精湛审判技艺的形成离不开经年累月的积累,[3] 只有经过充分的审判历练,法官才能更加准确地把握案件。一般来说,法官应当具备庭审控制、裁判文书撰写、调解指挥等基本能力。

庭审控制能力主要涉及庭审指挥、庭审应变、庭审表达等多个方面。一方面,法官应当能够自如地控制庭审节奏,对当事人提供必要的引导释明,要求当事人围绕争议焦点展开辩论并及时制止当事人与案件审理无关的陈述;另一方面,对于庭审中发生的突发情况,法官应当能够及时妥善地应对,以便维持庭审的有序进行。裁判文书不仅是法官说理论证的直观体现,同时也是当事人了解法官裁判思维的直接路径。裁判文书论证逻辑是否清晰、文字表达是否准确流畅在一定程度上能够反映出法官业务水

---

[1] 霍姆斯. 普通法 [M]. 冉昊,姚中秋,译. 北京:中国政法大学出版社,2006:1.
[2] 霍布斯. 哲学家与英格兰法律家的对话 [M]. 姚中秋,译. 上海:上海三联书店,2006:203.
[3] 曹也汝. 法官员额制改革进程中的几个逻辑问题 [J]. 金陵法律评论,2016(1):146.

平的高低，因此法官必须掌握法律逻辑推理、语言组织等技能。此外，我国"能调则调、当判则判、调判结合"的基本原则要求法官应当具备一定的调解能力。为此，法官应当善于把握调解时机，同时善于运用各种调解方法，从而尽可能使当事人双方在裁判作出前达成纠纷解决方案。

事实上，审判经验的积累离不开优秀法官的指导，因而法官职业一直以来高度重视师徒传承。在专业法学教育尚未普及的年代，美国联邦最高法院的大法官基本都经历过学徒制培训，❶ 实践证明，学徒制是一种行之有效的法官培育路径。法官员额制改革前，我国的法官培育基本依靠传统的传帮带模式。与大陆法系国家相同，我国的法官是作为专门的职业人员来培养，故而法官与其他法律职业间几乎不存在流动。❷ 不同的是，大陆法系国家有着完备的法官培训体系，在成为全权法官前，其不仅需要接受全面的理论学习和实践培训，还需要通过严苛的考核选拔，而我国则缺乏体系化的法官培训体系。尽管初任法官上岗前必须接受任前培训，但此种培训的时间较为有限（一般为2~3周），因此参与案件审理便成为其审判经验积累的主要途径。

在法官员额制改革前，通过招录进入法院的人员首先会被分配至业务庭担任书记员。通过资深法官的指导，书记员逐渐熟悉庭审记录、送达、案卷装订、裁判文书草拟等基本业务。经过一

---

❶ 江振春. 美国联邦最高法院与法官助理制度 [J]. 南京大学学报（哲学·人文科学·社会科学版），2010（2）：43.

❷ 刘茵，宋毅. 法官助理分类分级管理和职业化发展新模式研究——以北京市第三中级人民法院司法改革试点实践经验为基础 [J]. 法律适用，2016（5）：88.

段时间的历练后,书记员被任命为助理审判员,成为拥有审判权的审判人员,但考虑到其审判经验不足,资深法官往往会"扶上马后再送一程"。例如,资深法官会与助理审判员组成合议庭,在审理过程中继续指导助理审判员如何向当事人、证人、鉴定人发问,如何明确案件争议焦点,如何审查认定证据,如何形成裁判思路,如何在不同法律价值间进行取舍。[1] 随着助理审判员审判经验的不断积累,其已基本掌握庭审主持、庭审控制、证据审查运用、裁判论证等技能。此时,助理审判员便可脱离资深法官的指导独立承办案件,成为法院内部独当一面的审判力量。虽然助理审判员和审判员的审判权限高度同质化,但法官员额制改革前"书记员—助理审判员—审判员"的法官培育路径依然能够为我国法院系统培养大批的优秀法官。不论是最高人民法院大法官,还是基层法院审判委员会委员,基本上具有担任书记员、助理审判员的工作经历。

二、法官员额制改革后职业养成不足的法官培育路径

法官员额制改革使得此前三阶段的法官培育路径不复存在,改革后的法官培育路径被简化为"法官助理—员额法官",这意味着法官助理可直接转为员额法官,由此切断了审判人员和审判经验之间的联系。事实上,此种不同职业序列人员的身份转换背

---

[1] 张瑞. 法官助理的身份困境及其克服 [J]. 法治研究, 2019 (5): 117.

后隐藏着极大隐忧,不仅可能造成精英法官队伍建设的期望落空,还有可能影响法官助理队伍的稳定。

(一) 存量不断减少的未入额助理审判员

根据法官员额制改革的要求,员额法官的遴选方式除了法官助理转任外,还包括法院系统外调任以及学者、律师转任等。然而,实践表明,法院系统外调任以及学者、律师转任的人数极少,这意味着上述人员很难成为员额法官的主要来源。[1] 因此,合理的法官培育路径就成为改革重点关注的问题。

作为法院内部的一场自我革新,法官员额制改革旨在通过优胜劣汰的方式遴选出优秀法官,但由于员额法官数量有限,绝大多数的助理审判员未能进入员额,从而被迫转为法官助理。毫无疑问的是,这些未入额的助理审判员是法官员额制改革后遗留下的宝贵人才资源。相比法院新招录的法官助理以及法官员额制改革前尚未任命为助理审判员的书记员,助理审判员在审判经验方面的优势自不待言。法官员额制改革后,各地法院预留的员额指标所剩无几,受员额比例上限以及延迟退休政策的影响,法官助理若要转任成为员额法官,则需要等待较长时间。

前文中笔者访谈的法官助理甲表示,其所在中院的员额指标几乎用尽,即便自己达到入额年限要求,同样符合遴选资格的法官助理还有 14 名,员额法官的竞争压力较大。法官助理乙也表示,其所在的基层法院约有 7 成法官助理年龄在 30 岁以上。这

---

[1] 刘方勇,刘菁. 司法改革背景下现代法官职位体系之构建——兼论法官制度改革顶层设计的再设计 [J]. 中南大学学报(社会科学版),2016 (1): 68.

些法官助理绝大部分都是未入额的助理审判员，如果全部进入员额，保守估计至少需要 5~8 年时间。从目前的情况来看，除偶有员额法官离任、新任员额法官递补外，法院的员额法官将长期保持稳定。因此可以预见，法院短期内遴选的员额法官都具有审判经验，不过随着时间的推移，存量的未入额助理审判员将不断减少，最终法院不得不面对不具有审判经验的法官助理入额问题。更何况，员额法官遴选的前提是法院拥有足够多符合员额法官任职资格的候选人，因此当存量的未入额助理审判员全部入额后，不具有审判经验的法官助理能否圆满实现身份转换便成为值得我们深思的问题。

（二）审判经验欠缺的法官后备人选

经过实践的历练，法官助理具备了丰富的审判辅助技能，能够较好地协助员额法官完成审判辅助事务。尽管不能排除因员额法官审判压力过大导致的法官助理越权行使审判权的问题，但正如前文的分析，此种情况通常发生在庭审之外，庭审中法官助理超越审判辅助职能行使审判权的行为不仅会遭到当事人的强烈抵制，更有可能被上诉法院所否定，因而法官助理基本没有参与庭审的机会。实践中，虽然有的法院准许法官助理出席庭审并为其设置固定座席，❶但由于法官助理不属于审判人员，故不得向当事人发问。因此，某种程度上而言，法官助理出席庭审更多的是为了观摩庭审活动。然而，观摩庭审和参与庭审是完全不同的概

---

❶ 蒋微. 黄山中院首次在法庭上明确并固定法官助理位置［EB/OL］.［2023-01-18］. http：//hszy.chinacourt.gov.cn/article/detail/2017/03/id/2630314.shtml.

念，参与庭审更多的是强调审判人员亲历案件审理。

除此之外，审判核心事务和审判辅助事务之间的差异巨大，即使法官助理能够通过撰写裁判文书获得部分裁判文书制作技能，但其庭审控制技能、调解技能基本为零。事实上，法官和法官助理工作内容、工作重心和心理状态的差异导致二者在专业能力和审判经验方面的要求不同。❶ 由于审判辅助技能不涉及实体问题、程序问题的判断，因此其具有重复性、程式化的特征，这意味着法官助理在掌握审判辅助技能后，便可按照相同的方法处理类似的审判辅助事务。相反，审判核心事务的处理并无统一、固定的方法可循，其主要依靠审判人员的审判经验。可见，尽管审判辅助技能和法官培育之间不是对立冲突的关系，但也绝非同向促进的关系，即审判辅助技能的积累与法官培育不具有当然的正效应。❷

应当说，由于缺乏必要的衔接与过渡，法官员额制改革后法官助理向员额法官转换的路径不够畅达。换言之，优秀的法官助理仅代表其具备卓越的审判辅助技能，而不足以证明其符合员额法官的要求，更无法保证其今后能够成为精英法官。事实上，在员额法官遴选过程中，审判经验成为能否入额的重要依据。例如，有的地方法院在设置入额标准时，要求参加遴选的法官助理

---

❶ 尤文军，郑东梅，谭志华. 基层法院法官助理履职情况的调研 [J]. 中国应用法学，2018（4）：109.

❷ 高翔. "程序养成型"基层法官养成机制的构建——以候补法官中国化的渐进改革为切入点 [C] //胡云腾. 法院改革与民商事审判问题研究（上）——全国法院第29届学术讨论会获奖论文集. 北京：人民法院出版社，2018：147 – 155.

能够独立主持庭审或承办案件。❶ 如果据此审视法官助理，那么不具有审判经验的法官助理无疑不符合遴选要求，而如果取消员额法官的审判能力要求，那么未来遴选出的不具有审判经验的员额法官还需要从头开始积累审判经验，这明显与员额法官的精英化定位格格不入。从法官员额制改革后新的法官培育路径来看，审判经验欠缺成为横亘在法官助理身份转换道路上的最大阻碍。令人担忧的是，在没有审判经验积累的前提下，实现从法官助理到员额法官的完美过渡不免存在较大难度。❷

实际上，笔者对 F 省 58 名法官助理的调查也印证了上述推测。这些法官助理分布广泛，来源多样。具体而言，58 名法官助理的分布为：基层法院法官助理 39 人，中级法院法官助理 13 人，高级法院法官助理 6 人；58 名法官助理的来源为：由未入额助理审判员转任的有 19 人，法官员额制改革前尚未任命为助理审判员的有 27 人，法官员额制改革后新招录的有 12 人。

根据统计，69%（40 人）的法官助理表示平时工作繁忙，较少有时间进行学习，仅有 12%（7 人）的法官助理表示会利用业余时间进行学习。在对案件处理是否发表过意见的问题上，17%（10 人）的法官助理表示从未发表过意见，45%（26 人）的法官助理表示有时会发表意见，38%（22 人）的法官助理表

---

❶ 通化地区员额法官入额规定、遴选标准［EB/OL］．(2020-05-24)［2024-07-18］．https：//mp．weixin．qq．com/s? src=11&timestamp=1721548402&ver=5395&signature=OTLbWpWGRMMGRlbhjC80JVGimkyMJp5lRkNSSkkOllzlfn∗nAhf1uqv5F3kzCMMd3Rz771qQsFHUHnKoX-ZK9970fWJpKfFNvTeUYT9byhleWV6b7Gnep-o5DOFsBy4d&new=1.

❷ 李弸．基层法院编制内法官助理制度的困境与对策［J］．西南政法大学学报，2019（3）：108．

示经常会发表意见。通过分析，经常发表意见的大多是未入额的助理审判员。在"如果今后转任员额法官，是否有信心胜任"这一问题上，67%（39 人）的法官助理表示有信心，33%（19 人）的法官助理表示信心不足。进一步分析发现，在表示有信心的法官助理中，17 人为未入额助理审判员。可见，绝大多数的未入额助理审判员对未来胜任员额法官充满信心。相反，约有70%的新招录法官助理对未来胜任员额法官缺乏信心。此外，有的法官调研也显示，75%的受访法官认为，法官助理的职能使其仅能实现浅层审判辅助事务工作经验的积累，而无法获得合格员额法官所需的职业锻炼。❶

（三）难以兼顾双重职能的法官助理

在我国，设置法官助理的建议最早由了解美国司法制度的学者提出。❷ 通常认为，我国的法官助理制度主要吸收借鉴了美国的法官助理制度，只不过在引入法官助理制度时进行了本土化改造。比较来看，美国法官助理的主要职能是协助法官处理案件，其与法官之间存在较为紧密的依附性。在美国，法官主要由资深律师担任，法官助理主要由年轻的法学毕业生担任。由于法官助理和法官存在严格的身份界限，因而法官助理无法实现向法官的身份转换。尽管如此，法官助理特别是联邦最高法院法官助理的

---

❶ 李志增，李冰. 内生型塑造：法官助理三阶式养成路径探析——基于审判辅助事务与初任法官培养模式的契合［J］. 中国应用法学，2019（4）：44.

❷ 张自合. 论法官助理额职责定位——域外司法事务官制度的借鉴［J］. 民事程序法研究，2017（2）：68.

工作经历是进入律师行业的绝佳敲门砖,所以法官助理有着较强的职业吸引力。除英美法系国家外,大陆法系国家同样存在法官助理,但区别于英美法系学徒式的法官助理,大陆法系则采用司法公务员式的法官助理,[1] 其职业化特征十分明显。事实上,对于绝大多数国家来说,法官助理都无法转任成为法官,因而我国法官助理向法官转任的做法在世界范围内都极为少见。[2]

我国的法官助理除了协助员额法官处理审判辅助事务,还承担着为员额法官储备人才的重任。从法官助理的角色定位来看,我国的法官助理制度应当围绕审判辅助和员额法官培育两方面开展。然而,我国的法官助理制度重在强调审判辅助职能,忽视了法官培育职能。一方面,围绕法官助理审判辅助职能制定的司法解释和法院内部性文件不胜枚举;另一方面,各级法院将法官助理视为审判团队的重要组成,不断强化法官助理的审判辅助人员定位。相反,对于法官培育职能,《法官法》仅用"加强法官助理队伍建设、为法官遴选储备人才"一笔带过。很明显,《法官法》只是明确了员额法官的来源,但并未说明如何培育锻造符合员额法官遴选要求的法官助理。

事实上,法官助理承担的双重职能正面临着一强一弱的不均衡局面,而该局面的出现一定程度上折射出我国法官助理的职能过载。由于我国在法官助理制度中加入了身份转换的内容而未能同步实现法官助理审判经验的积累,导致法官助理极有可能出现

---

[1] 陆晓燕,张琨. 论我国"法律学徒"式法官助理制度的构建——以法官精英化的实现为视角 [J]. 中国应用法学,2017(5):116.

[2] 刘练军. 法官助理制度的法理分析 [J]. 法律科学,2017(4):15.

角色失败之虞。应当认识到，只有在量变的基础上才能形成质变，而法官助理负责的审判辅助事务无法产生审判经验量的积累，故无法实现身份的质的飞跃。换言之，我国一方面将法官助理视为员额法官的预备队，另一方面却不让其积累审判经验，明显是"既想让马儿跑、又不让马儿吃草"。对此，有学者提出我国的法官助理究竟是一种固定职业还是一个过程的疑问。[1] 客观而论，在现有法官助理制度安排下，法官助理承受着不能承受之重。

本章小结

2021年《民事诉讼法》修正了审判程序与审判组织的对应关系，然而，修订后的《民事诉讼法》仍存在诸多问题有待厘清。首先，独任制适用规则较为模糊，基层法院独任制普通程序适用条件之一的"基本事实清楚"与简易程序适用条件的"事实清楚"究竟有何不同；其次，二审独任制当事人同意要件的设置是否合理值得商榷；最后，独任制、合议制转换规则尚不明晰。一方面，《民事诉讼法》仅规定独任制向合议制的单向转换，而未涉及合议制向独任制的转换；另一方面，对于独任制转

---

[1] 张太洲. 现行与展望：我国法官助理制度完善机制研究［J］. 海峡法学, 2016（2）：107.

为合议制的决定主体,由于立法未作明确释明,导致实践中不同法院处理方式较为混乱。

"案多人少"是我国法院多年未解的难题,尽管我国投入了大量资源发展非诉纠纷解决机制,但这一问题仍未得到有效解决。由于我国长期以来较为重视程序分流,忽视审判人员分流,导致法官员额制改革后员额法官的审判压力进一步加剧,"白加黑""5+2"已成为员额法官的工作常态。此种高强度的审判压力不仅使员额法官不堪重负,还诱发了法官离职。从我国审判人员审判权配置模式的发展历程可以看出,完整化的审判人员审判权配置模式始终未发生改变。事实上,审判事务处理难度的差异以及当事人多元化的司法诉求决定了审判人员审判权配置应当遵循差异化的配置模式,而这也正是法院"案多人少"的治本之道。

审判权异化行使作为审判权配置引发的不良后果,主要体现为审判委员会审判权行使失范以及法官助理越权行使审判权。一方面,审判委员会开会讨论的方式导致直接言词原则被虚置,从而诱发"审判分离"。虽然《法院组织法》将审判委员会定位为审判组织,但其组织运行方式未能遵循审判组织的运行方式。实践中,由于审判委员会人数较多,全体委员共同出席审判委员会会议的情形极为少见。另一方面,法官员额制改革后,仅依靠一线员额法官很难完成法院审判工作,因此部分法院的未入额助理审判员仍以法官助理之名行法官之实。

受审判人员审判权配置模式调整的影响,法官员额制改革前三阶段的法官培育路径被"法官助理—员额法官"取而代之。

然而，法官助理制度的员额法官培育职能同员额法官审判经验要求之间存在无法调和的矛盾。尽管短期内入额的法官助理都具有相当的审判经验，但长远来看，从不具有审判经验的法官助理中遴选员额法官将成为不可避免的趋势。届时，我国员额法官的专业化水平不免令人担忧，精英化法官队伍的建设目标或将沦落为"镜中花、水中月"。

应当说，我国审判权配置引发的诸多问题相互交织，其根源或许在于审判权配置偏离了审判权配置的一般规律。因而，回归审判权配置规律成为审判权科学合理配置的关键。当然，在全面推进司法体制改革的进程中，我们应当将审判权配置作为系统性工程进行整体考虑和全局谋划，如果仅仅对审判权配置的部分内容进行局部调整，则不免因考虑不周而无法实现制度间的协调。

第四章

审判权配置的域外考察

域外国家的审判权配置都是动态变化的，总体来看，独任制适用范围扩张、审判人员审判权多元差异化配置已成为域外国家审判权配置的发展趋势。"他山之石，可以攻玉"，以域外主要国家的审判权配置为镜鉴，可为我国审判权配置改革提供有迹可循的参考范例。由于英美法系国家、大陆法系国家的审判权配置差异较大，故本文对英美法系国家、大陆法系国家的审判权配置分别进行介绍。当然，考虑到代表性和典型性，本文选择美国、英国、德国、日本和法国作为研究和分析的对象。

第一节 英美法系国家的审判权配置

一、美国法院的审判权配置

(一) 美国法院的审判组织审判权配置

美国采用双轨并行的法院系统,即其法院系统包括联邦法院系统和州法院系统。在美国,联邦法院系统主要包括联邦地区法院、联邦上诉法院、专门法院以及联邦最高法院。以有无陪审团参与案件审理为标准,美国的案件审理方式分为审判团审(jury trail)和法官审(bench trial),前者由陪审团负责事实问题,法官负责法律问题,而后者由法官全权负责事实问题和法律问题。据此,美国的审判组织可分为陪审团、独任庭以及合议庭。具体而言,陪审团主要适用于联邦地区法院以及州初审法院,人数一般为6~12人。对于可能判处6个月以上监禁的刑事案件,被告人有权申请陪审团审理;对于涉及金钱赔偿的民事案件,当事人有权请求陪审团审理。事实上,由于审判团审理案件的成本高昂、时间冗长,故而其适用呈现出不断萎缩的趋势。根据美国联邦最高法院的统计数据,联邦地区法院刑事案件陪审团的适用率由1971年的9.6%降至2002年的3.4%。❶ 在民事案件中，陪审团的适用率则更低，数据显示，2015年美国民事案件陪审团的适用率仅为0.5%。❷ 由此可见，美国法院系统的案件主要采用法官审。

1. 联邦法院

作为初审法院，联邦地区法院主要负责审理一审案件，并且其一般采用随机分案的方式将案件指派给某一特定的法官独任审理。如果案件重大，则由3名法官组成合议庭并召集审判团进行审理。❸ 除了由本院3名法官组成合议庭外，合议庭还可采用"2名联邦地区法院法官+1名联邦上诉法院法官"的组成模式。此种情形下作出的判决，可以采用飞跃上诉，即当事人可绕过联邦上诉法院，直接上诉至联邦最高法院。❹

联邦上诉法院承担着上诉审职能，原则上采用3人合议庭审理案件，而如果案件存在重大争议或者极为重要，则应由全体法官共同审理。由于联邦上诉法院大多未设置固定合议庭，因而合议庭成员是不断变化的。此外，联邦上诉法院法官还有权指定辖区内的地区法院法官担任合议庭成员。在专业法院方面，联邦权利申诉法院、关税和权利申诉法院通常采用3人合议庭审理，而

---

❶ 易延友. 陪审团在衰退吗——当代英美陪审团的发展趋势解读 [J]. 现代法学，2004 (3)：45.

❷ Flango. V. E, T. M. Clark. Reconstruction the Court：A Design for 21st Century [M]. Philadelphia：Temple University Press, 2015：35.

❸ 于仲兴. 审判组织研究 [D]. 北京：中国政法大学，2008：9.

❹ 林剑锋，陈中晔. 合议制与独任制 [N]. 人民法院报，2006-04-14 (B04).

联邦海关法院则是先由 1 名法官独任审理。如果当事人对裁判结果不服，则再由 3 名法官合议审理。❶

联邦最高法院主要负责审理社会影响重大、具有统一法律适用价值或者涉及政策性问题的第三审案件。事实上，上诉至联邦最高法院的案件仅有约 1% 能够获得调卷令。为了确保裁判的正确性，除非当事人申请回避或者大法官确有正当事由无法出席，联邦最高法院的全体大法官应当共同参与案件审理。

2. 州法院

由于美国实行联邦制，因此各州拥有不同的法院系统，但总体而言，大部分的州采用与联邦法院系统类似的三级法院体系，即州初审法院、州上诉法院、州最高法院。根据管辖权范围的大小，州初审法院又可分为拥有普遍管辖权的州初审法院和拥有特定管辖权的州初审法院，后者又被称为特殊低级法院或者次级法院。这些次级法院主要受理标的额较小的民事案件以及轻微刑事案件，大抵上次级法院包括市法院、治安法院、郡法院。如果当事人对市法院、治安法院、郡法院作出的判决不服，可以上诉至拥有普遍管辖权的州初审法院。无论州初审法院审理一审案件还是二审案件，通常都由法官 1 人独任审理，❷ 例如科罗拉多州规定，对于上诉到地区法院的郡法院一审案件仅能采用独任制审理。在州上诉法院，案件多由 3 名法官组成合议庭审理。尽管不

---

❶ 王安. 中美法院制度比较研究 [D]. 上海：华东师范大学，2005：127.
❷ 乔欣，郭纪元. 外国民事诉讼法 [M]. 北京：人民法院出版社、中国社会科学出版社，2002：63 - 64.

同州的最高法院在设置上有所差异，但大部分州都采用单高院系统，只有得克萨斯州和俄克拉何马州采用"州最高法院＋州刑事上诉法庭"的双高院系统。在案件审理方式上，州最高法院采用满席审理的方式进行。

（二）美国法院的审判人员审判权配置

以联邦法院系统为例，其法官类型多样，并且不同类型的法官拥有范围不等的审判权限。广义的美国联邦法院法官由总统任命的联邦法官（Authorized Judges）、❶ "半退休"资深法官（Senior Judges）以及联邦治安法官（Magistrate Judges）组成。

1. 联邦法官

联邦法官分为第三条款法官（Article III Judges）、第一条款法官（Article I Judges）以及其他法官。美国对于联邦法官的人数有着极为严格的控制，根据统计，联邦法院的员额总数为1273人。具体而言，第三条款法官是指受《美国宪法》第3条规制的法官，包括联邦最高法院法官、联邦上诉法院法官、联邦巡回上诉法院法官、联邦地区法院法官、联邦国际贸易法院法官，这些法官终身任职，且薪酬不得随意减少。目前，联邦最高法院的员额编制为9人，联邦上诉法院的员额编制为167人，联邦巡回上诉法院的员额编制为12人，联邦地区法院的员额编制为673人，联邦国际贸易法院的员额编制为9人。第一条款法官

---

❶ 琳达·格林豪斯. 大法官是这样炼成的［M］. 何帆, 译. 北京：中国法制出版社, 2011：108.

主要包括联邦领土法院法官、联邦索赔法院法官,其员额编制分别为4人和16人。❶ 不同于第三条款法官,其他法官非由总统任命且有任期限制。例如,联邦破产法院法官由联邦上诉法院任免,任期14年。根据美国联邦最高法院公布的统计数据,其他法官的员额编制为383人。❷ 总的来说,这些人数较少的联邦法官属于美国联邦法院的精英法官,其主要负责审理一般案件和复杂案件。

2. 资深法官

根据规定,第三条款法官年满65周岁、任职满15年或者年龄+任职年限>80的,有资格担任资深法官。事实上,美国的资深法官相当于半退休的过渡性职位,其不占用联邦法官员额。资深法官可以根据自身的身体情况酌情减少办案量,通常资深法官的办案量约为过去的1/3,每周工作2~4天。❸ 目前,美国联邦法院系统共有资深法官523名,其中联邦上诉法院100名、联邦地区法院423名。由于审判经验丰富,资深法官大多只负责审理需要口头辩论的疑难复杂案件。根据美国联邦最高法院的估算,资深法官处理了约20%的联邦地区法院和联邦上诉法院案件。❹

---

❶ Judicial Vacancies [EB/OL]. [2023-06-28]. https://www.uscourts.gov/judges-judgeships/judicial-vacancies.
❷ Judicial Vacancies [EB/OL]. [2023-06-28]. https://www.uscourts.gov/judges-judgeships/judicial-vacancies.
❸ 周泽民. 国外法官管理制度观察 [M]. 北京:人民法院出版社,2012:91.
❹ About Federal Judges [EB/OL]. [2023-06-28]. https://www.uscourts.gov/judges-judgeships/about-federal-judges.

3. 治安法官

为了减轻地方法院法官的审判压力以及取代无法因应现代司法理念的司法特派员制度,❶ 1968 年《美国联邦治安官法》正式确立联邦治安官制度。最初的联邦治安法官没有法官头衔,其职责范围仅限于协助联邦地区法院法官发布逮捕令、搜查令。1990 年,美国国会通过《美国司法改进法》,赋予联邦治安法官以法官身份,其称谓也由过去的 Magistrate 变为 Magistrate Judge。考虑到治安法官拥有的审判权被限制在特定范围,因此治安法官又被称为限权法官,从而与拥有完整审判权的全权法官相对应。在任命方式上,治安法官无须总统任命,其只需多数地方法官投票通过即可获得任命。治安法官的任期依是否全职而有所不同,全职治安法官的任期为 8 年,兼职治安法官的任期为 4 年。

总结而言,联邦治安法官的审判权限包括:处理证据开示争议以及其他审前事项;签发搜查令、逮捕令、传票;负责批准保释;主持辩诉交易;处罚藐视法庭行为;决定诉讼费用、计算利息;经当事人同意,审理小额民事案件、轻罪及其他轻微刑事案件。根据美国联邦最高法院公布的统计数据,2019 年,联邦法院系统共有联邦治安法官 581 名,其中全职治安法官 549 名,非全职治安法官 29 名,由书记官兼任的治安法官

---

❶ Magistrate Judges Division Office of Judges Programs: A Guide to the Legislative History of the Federal Magistrate Judges System [EB/OL]. [2023 – 06 – 28]. https://www.uscourts.gov/sites/default/files/magistrate_judge_legislative_history.pdf.

3 名。[1] 表 7 统计了 2015—2019 年联邦治安法官人数的变化情况。

表 7　2015—2019 年联邦治安法官人数情况统计　　（名）

年度	联邦治安法官总数	全职联邦治安法官	兼职联邦治安法官	书记官兼任联邦治安法官	退休后重新召回的联邦治安法官
2015	573	536	34	3	68
2016	573	537	33	3	70
2017	576	541	32	3	75
2018	579	547	29	3	85
2019	581	549	29	3	90

通过表 7 可以发现，联邦治安法官的人数近年来趋于稳定。[2] 在治安法官类型分布上，全职联邦治安法官占多数，兼职联邦治安法官和由书记官兼任的联邦治安法官较少。2019 年，全美共有 45 名全职联邦治安法官获得重新任命，6 名兼职联邦治安法官获得任命。新任命的全职联邦治安法官平均年龄 50 岁，兼职联邦治安法官平均年龄 52 岁，丰富的人生阅历有助于治安法官更好地承担审判职能。在成为全职联邦治安法官前，25 人担任

---

[1] Status of Magistrate Judge Positions and Appointments – Judicial Business 2019 [EB/OL]. [2023 – 06 – 28]. https：//www. uscourts. gov/status – magistrate – judge – positions – and – appointments – judicial – business – 2019.

[2] Douglas A. Lee，Thomas E. Davis. Nothing Less Than Indispensable：The Expansion of Federal Magistrate Judge Authority and Utilization in the Past Quarter Century [EB/OL]. [2023 – 06 – 28]. https：//www. id. uscourts. gov/Content _ Fetcher/index. cfml? Content_ID =2596.

律师，12 人担任律师助理，3 人担任联邦公设辩护人助理，1 人担任其他地区的全职治安法官，1 人担任州法院法官，1 人担任商标行政法官，1 人担任法院行政人员，1 人担任私立学校校长。❶ 由此可见，多数全职治安法官在任职前拥有法律工作经历。

联邦治安法官处理的审判事务呈现出逐年递增的趋势。1990 年，联邦治安法官处理审判事务 448 107 宗；1995 年，联邦治安法官处理审判事务 512 714 宗；2000 年，联邦治安法官处理审判事务 804 452 宗；2005 年，联邦治安法官处理审判事务 1 063 907 宗。2019 年前三季度，在联邦治安法官处理的各类审判事务中，附加职能案件 624 451 宗，在押犯诉讼 25 703 宗，无争议民事案件 17 817 宗，轻微犯罪或不法行为 125 637 宗，重罪审前程序 539 629 宗，其他各类程序性事务 80 058 宗。❷ 值得注意的是，联邦治安法官处理的民事案件数量由 1990 年的 4958 件增至 2019 年的 17 817 件。应当说，联邦治安法官已成为美国纠纷化解的重要力量，其极大地缓解了联邦法官的审判压力。同时，由于联邦治安法官的审判经验丰富，因而在联邦地区法院出现法官空缺时，资历较老的联邦治安法官更易获得提名。

---

❶ Status of Magistrate Judge Positions and Appointments – Judicial Business 2019 [EB/OL]. [2023 – 06 – 28]. https：//www. uscourts. gov/status – magistrate – judge – positions – and – appointments – judicial – business – 2019.

❷ Matters Disposed of by U. S. Magistrate Judges for the 10 – Year Period [EB/OL]. [2023 – 06 – 28]. https：//www. uscourts. gov/sites/default/files/data _ tables/jb _ s17 _ 0930. 2019. pdf.

二、英国法院的审判权配置

（一）英国法院的审判组织审判权配置

英国的法院体系较为复杂，历史上横平法院系统与普通法院系统长期并存。19世纪末，英国司法体制改革将横平法院系统和普通法院系统合二为一，不再区分横平法院系统和普通法院系统。根据案件性质的差异，英国民事法院系统和刑事法院系统有所不同。2009年以前，英国民事法院系统由低到高依次为郡法院、高等法院、上诉法院民事分庭、上议院；英国刑事法院系统由低到高依次为治安法院、皇家刑事法院、上诉法院刑事分庭、上议院。在英国传统的司法体系中，上议院是最高审判机关。然而，由于集立法权、司法权于一身，上议院的合法性备受质疑。2005年《英国宪政改革法令》实施后，上议院开始回归立法者的本真角色。2009年，英国正式成立最高法院，标志着最高法院正式取代上议院成为最高审判机关，不过由于苏格兰高等法院对苏格兰地区刑事案件保留终审权，因此严格来说，最高法院只是全国民事案件以及英格兰、威尔士和北爱尔兰地区刑事案件的终审法院。

1. 民事法院系统

英国的郡法院分布在全国各地，是英国主要的基层法院。郡法院承担着全国约85%的民事案件，有权对标的额在2.5万英镑以下的民事案件或者标的额在5万英镑以下的人身损害赔偿案件进行管辖。从郡法院的管辖范围可以看出，其审理的案件多为标的额较低的简单案件。为提升审判效率，郡法院受理的案件由地区法官或巡回法官独任审理。❶

除郡法院外，高等法院主要负责审理标的额较大或者涉及当事人众多的民事一审案件。根据管辖案件类型的不同，高等法院内部分为王座庭、❷ 大法官庭、❸ 家事庭。❹ 由于英国初审案件通常采用独任制，因此高等法院各分庭审理一审案件时皆采用独任制。不过，在某些特殊情形下，案件会由 2 名以上法官组成审判庭（division court）进行审理。

对于高等法院而言，其不仅是重大、复杂案件的一审法院，同时也是郡法院一审案件的上诉法院❺，上诉法院民事分庭由 3 名法官组成合议庭审理来自高等法院以及郡法院的上诉案件。最高法院受理案件采用许可制，只有涉及重大社会公共利益或者重大法律争议问题的上诉案件才能获准审理。一般而言，最高法院受理的案件由 5 名大法官组成合议庭审理。如果案件特别重大，则应由 7 名或者 9 名大法官组成合议庭审理。

2. 刑事法院系统

英国的治安法院分布广泛，几乎每个城镇都设有治安法院，

---

❶ 范愉. 司法制度概论 [M]. 北京：中国人民大学出版社，2004：105.
❷ 王座庭主要审理合同、侵权、商事、海事等案件。
❸ 大法官庭主要审理信托、房地产、遗嘱、税务、公司、破产等案件。
❹ 家事庭主要审理婚姻、监护等家事案件。
❺ 齐树洁. 英国民事上诉制度改革及其借鉴意义 [J]. 金陵法律评论，2004(2)：85.

治安法院主要管辖可能处以 5000 英镑以下罚款或者 6 个月以下监禁的简易罪和可诉罪案件。除审理刑事案件外，治安法院还承担审查、决定刑事诉讼程序问题、决定和批准限制公民人身、财产的措施以及庭前预审等职能。据统计，英国治安法院每年审理的刑事案件占全国刑事案件总量的 95% 以上。多数情况下，治安法院受理的案件由 3 名以上治安法官（Unqualified Justices of the Peace、Lay Magistrates，也被译为太平绅士、业余治安法官）[1] 组成合议庭审理，而如果案件涉及引渡、严重诈骗，则应由地方法官独任审理。作为治安法院的分支，青少年法院受理的案件应由 3 名地方法官组成合议庭审理。当然，治安法官也可参与未成年人犯罪案件的审理，只不过其必须经过特殊培训并且通过导师评估考核。[2]

皇家刑事法院主要管辖罪行严重的必诉罪案件以及治安法院提交的可诉罪案件，随着时代变迁，英国的陪审制逐渐走向衰落，其适用范围不断限缩。1948 年，英国禁止在民事案件中适用陪审团；1977 年，英国将刑事案件适用陪审团的情形限定在谋杀、凶杀和强奸三类。据此可知，皇家刑事法院是英国唯一可适用陪审制的刑事法院。在审理一审必诉罪案件时，如果被告认罪，则由法官 1 人直接定罪量刑。如果被告人作出无罪抗辩，则由法院召集陪审团，待审判团对事实作出认定后，再由独任法官

---

[1] Peter G, McCabe. Brief History of the Federal Magistrate Judges Program [J]. Federal Lawyer, 2014 (4): 45 - 54.

[2] Adam Crawford, Tim Newburn. Recent Developments in Restorative Justice for Young People in England and Wales: Community Participation and Representation [J]. British Journal of Criminology, 2002 (3): 476 - 495.

以此为基础进行量刑。

根据被告人上诉内容的差异，皇家刑事法院二审适用不同的审判组织。如果被告人对定罪部分有异议，则案件由1名法官和2~4名治安法官组成合议庭审理;❶ 如果被告人只是对量刑不服，则案件由独任法官审理即可。上诉法院刑事分庭主要受理不服皇家刑事法院判决的上诉案件，在收到被告人的上诉申请后，上诉法院刑事分庭的1名法官负责对其进行审查。如果上诉申请被驳回，被告人有权重新提出上诉申请，此时应由3名法官组成合议庭决定是否受理上诉申请。当案件获准进入上诉法院刑事分庭后，一般由3名法官组成合议庭进行审理。最高法院在审理刑事案件时，其审判组织的适用与民事案件保持一致。

(二) 英国法院的审判人员审判权配置

英国拥有审判权的审判人员可以分为专业法官和非专业法官。专业法官是指将法官作为固定职业的全职法官，而非专业法官则是指非以法官为固定职业的兼职法官。

1. 专业法官

英国专业法官内部存在高低等级之分，一般而言上级法院的法官比下级法院的法官拥有更多权威。相应的，上级法院法官的任职条件也更加苛刻。英国的专业法官包括最高法院大法官、上诉法院法官、高等法院法官、巡回法官以及地区法官。

---

❶ 约翰·斯普莱克. 英国刑事诉讼程序 [M]. 徐美君，杨立涛，译. 北京：中国人民大学出版社，2006：305.

英国最高法院共有 12 名大法官,其只能从上诉法院法官或者已退休并且未满 75 岁的资深法官中选任产生。上诉法院法官主要由高等法院法官转任或者从资深律师中产生,人数为 39 人。❶ 随着案件数量的增长,英格兰和威尔士地区高等法院的法官人数由 50 年前的 39 人扩编至目前的 184 人。巡回法官属于英国专业法官的一种,其大多在某一郡法院或者皇家刑事法院工作。如果有需要,巡回法官可以在不同法院之间灵活调配。巡回法官的主要职能是审理严重刑事案件以及标的额较低的民事案件,据统计英格兰和威尔士地区共有巡回法官 670 人,其中男性 460 人,女性 210 人,远远超过 1969 年有关部门关于巡回法官人数的建议上限。❷

1999 年《英国司法介入法》颁布前,英国的治安法官根据是否领取薪水分为领薪治安法官和不领薪治安法官。《英国司法介入法》颁布后,领薪治安法官被称为地区法官,因此后文所指的治安法官仅包括不领薪治安法官。现阶段,英国的地区法官分为两类:一类是此前的领薪治安法官;另一类是任职于郡法院的地区法官,其主要负责审理轻微民事案件、家事案件,例如损害赔偿纠纷、借贷纠纷、房屋租赁纠纷、离婚纠纷、抚养权纠纷。此外,地区法官还有权在案件被巡回法院审理前,根据庭前聆讯

---

❶ 2015 年起,英国上诉法院法官员额人数增至 39 人。统计数据来源于英国司法部网站,由于其仅统计英格兰和威尔士地区,故这里的数据是仅指英格兰和威尔士地区的法官数量。下文的统计数据同样只包括英格兰和威尔士地区。

❷ 哈利特. 英国法官队伍的三大变化 [N]. 杨奕,译. 人民法院报,2014 - 07 - 18 (6).

作出决断。❶ 除审理简单案件外，伦敦地区法院法官还有权审理涉及引渡以及恐怖活动犯罪的案件。根据规定，地区法官应当具备 7 年以上的出庭资格并且在任职前经过专门的训练，据统计英格兰和威尔士地区郡法院共有地区法官 424 人，地区副法官 748 人，治安法院共有地区法官 127 人，地区副法官 80 人。❷

2. 非专业法官

（1）记录法官。

记录法官是极具英国特色的非专业法官。作为英国皇家刑事法院的兼职法官，记录法官主要负责协助巡回法官处理刑事案件，尤其是审理上诉至皇家刑事法院的轻微刑事上诉案件。此外，还有部分记录法官在郡法院任职，负责审理简单民事案件。统计数据显示，英格兰和威尔士地区共有记录法官 873 人，记录法官的平均年工作时间为 28 天。事实上，绝大多数的记录法官都由职业律师担任，法院将根据记录法官参加审理的天数支付报酬。根据规定，记录法官的任期为 5 年，可以连任。为保障记录法官的审理水平，其应当具备 10 年以上的律师工作经验。

（2）治安法官。

治安法官在英国有着悠久的历史，其前身为 12 世纪末设立

---

❶ 江必新. 审判人员职能配置与分类管理研究［M］. 北京：中国法制出版社，2016：157.

❷ Judicial Diversity Statistics 2019［EB/OL］.［2023 - 06 - 28］. http://www.judiciary.gov.uk/publications - and - reports/statistics/judges/judicial - statistics.

的治安维持官（Keeper of Peace）。❶ 治安维持官的主要职能是协助郡长维持秩序，因此治安维持官又被称为郡长的治安助手。1361 年，《爱德华三世三十四年法》正式赋予治安法官审判权。根据规定，担任治安法官需具备一定的身份以及拥有一定数额的财产。❷ 此后，治安法官成为集行政权、司法权于一身的地方官员。1888 年，《英国地方政府组织法》将治安法官拥有的行政权剥离，至此治安法官成为纯粹的审判人员。同时，英国不再将财产状况、社会地位作为治安法官的任职条件，任何公民无论经济状况、社会地位如何，都可以担任治安法官。❸

作为非专业法官，治安法官在任职前一般没有接受过系统的法学教育和训练。❹ 不过，一旦获得任命，治安法官将接受强制性培训，培训内容主要围绕庭审技能展开。由于治安法官的申请人数众多，因而治安法官的选拔较为严格。总体而言，治安法官应当具备责任感、社会意识、卓越的判断力、优秀的沟通和理解能力、成熟沉稳的性格。在英国，担任治安法官必须年满 18 周岁。

英国治安法官主要负责下列事项：审理不严重的刑事案件，

---

❶ 李洋. 英国治安法官制度对我国基层司法模式改革的启示 [J]. 中南大学学报（社会科学版），2012（3）：87.

❷ 英国对于治安官的财产要求随着时间的推移而不断调整，《乔治二世五年法》规定治安法官每年的纯收入不少于 100 英镑。参见：威廉·布莱克斯通. 英国法释义 [M]. 游云庭，缪苗，译. 上海：上海人民出版社，2006：387.

❸ 张彩凤，叶永尧. 英国治安法官制度的现代化演进及其形态考察 [C] //公丕祥. 法制现代化研究（2016 年卷）. 北京：法律出版社，2009：99.

❹ 虽然治安法官不领取薪酬，但其可以获得英国司法部规定的误工费、伙食费、交通费等必要性补贴。

例如未能适当注意的驾驶罪、盗窃自行车罪;❶ 向高等刑事法院提交强奸、谋杀等严重刑事案件;决定保释申请;执行罚款;签发逮捕令、搜查令;受理未缴纳市政税、汽车消费税的案件。不仅如此,治安法官还有权参与部分高等刑事法院案件的听审,但原则上治安法官不得听审自己裁判的上诉案件,❷ 以此排除治安法官可能对案件裁判带来的不当影响。虽然治安法院和郡法院分别负责刑事案件和民事案件,但二者之间的界限并非完全清晰,治安法院同样有权审理部分民事案件。治安法官在民事方面的职权主要表现为:发布监护令、赡养令、受理税收支付执行纠纷等。根据规定,治安法官每年的出庭时间不少于13天(或26个半天)。如果治安法官在青少年法院开庭,则每年出庭时间不少于35个半天。2013年,英国司法部启动旨在推动治安法官不断深入参与案件审理的"治安法官改革"。❸

从实践来看,英国治安法官的人数远远超过正式法官,其处理了全国95%的刑事案件以及大量非刑事工作。事实上,治安法官已成为英国司法制度的重要组成部分。有英国学者表示,如果完全依靠数千名职业法官,那么英国的法院系统将因案件负荷过载而瞬间陷入崩溃。❹ 同时,治安法官制度极大缩减了英国司

---

❶ 李洋. 英国治安法官制度对我国基层司法模式改革的启示 [J]. 中南大学学报(社会科学版), 2012 (3): 89.

❷ Ian R. Scott. Criminal Prosecutions in England and Wales [J]. Justice System Journal, 1977 (1): 38 – 49.

❸ Jane C. Donoghue. Reforming the Role of Magistrates: Implications for Summary Justice inEngland and Wales [J]. Modern Law Review, 2014 (6): 928 – 963.

❹ 马赛尔·柏宁思, 克莱尔·戴尔. 英国的治安法官 [J]. 李浩, 译. 环球法律评论, 1990 (6): 57 – 61.

法的财政支出。在英国，普通的地区法官年薪约 10 万英镑，资深的地区法官年薪约 11 万~12 万英镑，巡回法官年薪约 13 万英镑，而治安法官则没有薪酬。作为审判人员分流的典范，英国根据审判事务处理的难易程度将不同审判事务分配至不同的审判人员。在治安法官的协助下，大量的简单审判事务被过滤在治安法院，从而使专业法官有充足的时间和精力研究具有法律指导意义的案件。应当说，英国专业法官与非专业法官恰到好处的融合使得案件审理快慢相济，精英化司法与大众化司法相得益彰。

第二节 大陆法系国家的审判权配置

一、德国法院的审判权配置

（一）德国法院的审判组织审判权配置

德国的法院分为普通法院和专门法院，但鉴于专门法院审理案件的特殊性，因此本部分主要讨论的是普通法院的审判权配置。德国的普通法院系统包括联邦最高法院（Bundesgerichthof）、州高等法院（Oberlandesgericht）、州法院（Landesgericht）、初级法院（Amtsgericht）。

1. 初级法院

初级法院又称为基层法院，是德国普通法院系统等级最低的法院。在德国，初级法院分布极为广泛，全国共有667家初级法院。根据《德国法院组织法》（Gerichtsverfassungsgesetz，GVG），初级法院管辖标的额在5000欧元以下的小额民事案件、可能判处4年以下有期徒刑的刑事案件、家事案件、继承案件以及法定监护案件。根据《德国民事诉讼法》的规定，初级法院审理民事案件的审判组织参照州法院的相关规定。考虑到初级法院受理的民事案件标的额不大，因而民事案件主要由独任法官（Einzelrichter）审理。

初级法院刑事案件审判组织的适用根据案件类型的差异而有所不同，对于被告人可能判处2年以下有期徒刑的案件，由独任法官审理；对于被告人可能判处2年以上4年以下有期徒刑的刑事案件，由1名法官和2名参审员组成陪审法庭（Schoeffengericht）审理；对于初级法院管辖的相对较为严重的刑事案件，由2名法官和2名参审员组成大陪审法庭（Erweitertes Schoeffengericht）审理。❶

2. 州法院

州法院既管辖一审案件，同时也管辖来自初级法院的上诉案件。就民事案件而言，州法院管辖标的额5000欧元以上的一审

---

❶ 刘诚. 德国法院体系探析［J］. 西南政法大学学报，2004（6）：64.

民事案件以及不服初级法院民事判决的上诉案件；就刑事案件而言，州法院管辖重罪一审刑事案件以及不服初级法院刑事判决的上诉案件。目前，德国共有116家州法院，绝大多数的州法院位于大城市。❶根据管辖案件的类型，州法院内部分设民事庭、商事庭、刑事庭、家事庭和少年庭等5个法庭。刑事庭在审理一审案件时通常根据案件的性质和严重程度适用人数不同的合议庭审理。原则上，刑事庭的一审刑事案件由"2~3名法官+2名参审员"组成的大刑事法庭（Grosse Strafkammer）审理。根据《德国法院组织法》第74条的规定，如果案件属于故意杀人、谋杀、过失杀人、强奸致人死亡的，则由"3名法官+2名参审员"组成的刑事陪审法庭（Schwurgericht）审理。对于二审案件，一般情况下由"1名法官+2名参审员"组成的小刑事法庭审理，而如果案件的一审判决是由陪审法庭和大陪审法庭作出，那么其二审应由大刑事法庭审理。

在民事诉讼领域，州法院的审判组织审判权配置模式不断调整，以此适应不断变化的外部环境。从州法院审判组织审判权配置的发展来看，其大致经历了"合议庭审判权不断收缩、独任庭审判权不断扩张"的过程。1877年《德国民事诉讼法》规定，州法院一审案件由3名法官组成合议庭审理。其后，为提升庭审效率、实现庭审集中化，1924年《德国民事诉讼法》修订时导入准备独任法官制度，其主要职能是整理诉前争点和诉讼资料。如果确有需要，准备独任法官还有权调取证据。同时，准备独任

---

❶ 彭海青. 德国司法危机与改革——中德司法改革比较与相互启示［M］. 北京：法律出版社，2018：207.

法官可在当事人双方同意的情况下审理财产纠纷、主持调解。❶然而，由于实践中准备独任法官的证据调查职能常态化行使违反了直接言词原则，从而招致社会各界的批评。正是准备独任法官存在的上述缺陷，为之后独任裁判法官制度的创设提供了契机。

1961年，德国《民事裁判制度修改准备委员会报告》建议州法院审理一审民事案件采用独任制，同时引入拥有有限审判权的独任裁判法官。❷为了缓解州法院的案件负担，1974年《德国减轻州法院负担和简化法庭记录法》（以下简称《减轻州法院负担法》）正式确立了独任裁判法官制度。《减轻州法院负担法》修改了《德国民事诉讼法》第348条的规定，修订后的第348条规定，除非案件有特殊困难、原则性意义、已在主要期日后由民事庭审理、系属独任裁判法官后发回民事庭，否则民事庭有权将案件移送给独任裁判法官审理。尽管该项规定确立了独任制审理为主的原则，但其并非强制性条款，至于案件是否应当移交独任裁判法官审理则由民事庭决定。实践中，民事庭往往不按照第348条的规定移送案件，而是依然采用合议制审理或者仅将证据调查事务交由独任裁判法官处理。然而，纵使1993年《德国司法减负法》将第348条变为强制性条款，即民事庭原则上应当将案件移送至独任裁判法官审理，❸但由于是否移送的裁量权掌握在民事庭，因而此次修改仍未能从根本上消除民事庭拒不移送的现象。

---

❶ 常怡.外国民事诉讼法新发展［M］.北京：中国政法大学出版社，2009：172.
❷ 段文波，高中浩.德国独任法官制度改革与启示［J］.西南政法大学学报，2016（1）：82.
❸ 王聪.审判组织：合议制还是独任制？——以德国民事独任法官制的演变史为视角［J］.福建法学，2012（1）：77.

2001年,《德国民事诉讼法》在汲取以往经验的基础上对法院的审判组织审判权配置进行了系统性重构。根据修订后的《德国民事诉讼法》第348条,州法院民事庭受理的一审案件由独任法官审理。由于新规定取消了民事庭的移送裁量权,因而此种独任法官被称为固有型独任法官。如果候补法官担任固有型独任法官,则应当具备1年以上处理市民纠纷的审判经验。当然,对于民事庭受理的专业性案件,例如传媒纠纷、金融纠纷、建筑纠纷、因执业活动引发的纠纷、医疗纠纷、运输纠纷、保险纠纷、著作权纠纷、信息技术纠纷,❶ 则应由合议庭审理。

事实上,案件审理的难易程度是随着审理活动的推进而逐渐明晰,因此案件的审判组织并非一成不变,其应当根据案件的审理情况灵活进行转换。为此,《德国民事诉讼法》第348条第3款规定了独任庭、合议庭的转换程序。如果案件事实认定或者法律适用存在难度、具有原则性意义以及当事人一致同意交由合议庭审理,❷ 那么合议庭应当对案件进行接管。相反,如果合议庭在审理过程中发现案件事实认定或者法律适用不存在难度、不具有指导性意义、尚未进入法庭辩论或者已进行法庭辩论同时已作出保留判决、部分判决、中间判决的,则其有义务将案件交由某位合议庭成员独任审理。由于这种情形下独任法官的审判权来源于法律规定的强制性转移,因而此种独任法官又被称为法定强制型独任法官。总的来看,《德国民事诉讼法》以案件难易程度为标准,确立了"独任制为主、合议制为辅"的审判组织审判权

---

❶ 德国民事诉讼法 [M]. 丁启明,译. 厦门:厦门大学出版社,2016:86.
❷ 德国民事诉讼法 [M]. 丁启明,译. 厦门:厦门大学出版社,2016:86.

配置原则，从而有助于合议庭精力集中审理适用"多眼原则"的一审案件。❶

德国的民事上诉程序主要分为控诉、上告和抗告。❷ 州高等法院在控诉审中原则上采用合议制审理，为节约审判人力资源，2001年修订的《德国民事诉讼法》引入控诉审独任审理模式，第526条规定了下列四种州法院法官独任审理民事控诉案件的情形：(1) 声明不服的判决是由独任法官作出；(2) 案件事实认定和法律适用不存在困难；(3) 案件没有法律上的重要性；(4) 案件尚未进行法庭辩论或者虽进行法庭辩论，但已作出保留判决、部分判决、中间判决。❸ 立法者之所以规定在控诉审中适用独任制，是因为并非所有上诉案件的审理都较为困难，由独任法官审理仍然能够确保案件高效率、高质量地审结。❹ 如果当事人在一审案件的审理过程中提出即时抗告，除非案件存在事实认定、法律适用方面的困难或者案件具有原则性意义，否则应由独任法官进行裁判。

3. 州高等法院

德国的州高等法院普遍内设民事评议庭和刑事评议庭。在刑

---

❶ 段文波，高中浩. 德国独任法官制度改革与启示 [J]. 西南政法大学学报，2016 (1)：85.

❷ 控诉与我国的二审程序类似，是指不服初级法院、州法院一审判决所提起的上诉。上告是对州高等法院在控诉审中作出的判决所提起的上诉。抗告是对初级法院、州法院一审案件附属裁判、裁定和决定不服提起的独立的上诉。

❸ 德国民事诉讼法 [M]. 丁启明，译. 厦门：厦门大学出版社，2016：116.

❹ 段文波，高中浩. 德国独任法官制度改革与启示 [J]. 西南政法大学学报，2016 (1)：87.

事领域，州高等法院管辖危害国家安全和国家利益的一审刑事案件，例如反政府罪、间谍罪以及上诉至州高等法院的二审、三审刑事案件。对于州高等法院受理的一审刑事案件，原则上由5名法官组成合议庭审理。在民事领域，州高等法院仅负责审理上诉案件。通常，州高等法院采用由民事评议庭长和2名法官组成的3人合议庭审理民事上诉案件，如果州高等法院受理的控诉审案件符合《德国民事诉讼法》第526条的规定，则同样可由独任法官审理。

4. 联邦最高法院

联邦最高法院由13个民事合议庭❶和5个刑事合议庭组成，每个合议庭包括1名审判长和4名联邦最高法院法官，一般情况下联邦最高法院采用5人合议庭审理案件。联邦最高法院还存在大合议庭和联合大合议庭两种较为特殊的合议庭。❷ 大合议庭根据审判案件类型的不同分为民事大合议庭和刑事大合议庭，前者由联邦最高法院院长和各民事合议庭派出的1名法官组成，共14人。考虑到刑事合议庭数量小于民事合议庭，因此为求均衡，立法者要求后者由联邦最高法院院长和各刑事合议庭派出的2名法官组成，共11人。❸ 大合议庭的主要任务是协调不同合议庭的法律问题争议以及对具有原则重要性的法律问题作出决定，因而大

---

❶ 德国联邦最高法院第13个民事合议庭成立于2019年9月1日。
❷ 胡夏冰. 国外最高法院"素描"[N]. 人民法院报，2016-02-26（6）.
❸ 邵建东，李芬. 德国联邦最高法院的历史、组织及任务[J]. 清华法学，2006（1）：111.

审判庭原则上只对各合议庭提请的法律问题作出决定。如果州高等法院对于其他州高等法院或者联邦最高法院的裁判存在不同见解，其同样可将案件提请联邦最高法院大合议庭决定。❶

除大合议庭外，联邦最高法院还设有由民事大合议庭成员、刑事大合议庭成员组成的联合大合议庭，主要处理民事庭对刑事庭或者刑事大合议庭的法律问题争议、刑事庭对民事庭或者民事大合议庭的法律问题争议以及民事庭、合议庭对联合大合议庭的法律问题争议。虽然大合议庭、联合大合议庭的决定对提请的合议庭具有羁束力，❷ 但实践中合议庭极少将案件提请大合议庭或者联合大合议庭决定。❸

(二) 德国法院的审判人员审判权配置

根据德国联邦统计局 2013 年公布的统计数据，德国共有法官 20 382 人，其中联邦法官 459 人，州法官 19 923 人。❹ 除联邦法院法官外，其他法官的任免由各州自主决定。在德国，法官享有当然的审判权。《德国法官法》将正式法官（Richter）分为终身法官（Berufsrichter）、试用期法官（Emennung zum Richter auf Probe）、委任法官（Emennung zum Richter kraft Auftrags）和限期制法官（Emennung zum Richter auf Zeit）。

---

❶ 王士帆. 德国大法庭——预防最高法院裁判歧义之法定法庭 [J]. 月旦法学杂志, 2012 (5): 72 - 76.

❷ 邵建东. 德国司法制度 [M]. 厦门：厦门大学出版社, 2010: 42 - 43.

❸ 肖仕卫, 李欣. 中国特色的审判委员会？——对审判委员会制度改革的前提性思考 [J]. 西南民族大学学报（人文社会科学版）, 2017 (8): 105.

❹ 张慰. 成为德国法官的教育之路——基于在德国联邦宪法法院的访学经历 [J]. 法学教育研究, 2017 (1): 285.

1. 正式法官

终身法官除具有法官任职资格外，一般应当具备不少于3年的审判经验，但担任政府部门高级公务员、法学教授、律师、公证员、检察官可不受前述规定的限制。试用期法官又称候补法官，其作为未来法官的重要补充力量，发挥着为法院储备精英法官的职能。可以说，试用期法官是成为终身法官的必经阶段，德国试用期法官人数为1970人，约占德国法官总人数的10%左右。[1] 法科专业学生如果想成为试用期法官必须经历重重考核，首先其应当通过国家统一的司法考试。德国的统一国家司法考试共有2次，通过第一次考试的考生将在法院、检察官办公室、律师事务所、行政机关以及法律培训学校进行为期2年的专业实践，之后再进行第二次考试，只有两次成绩均达到优等以上的考生才能取得法官资格。[2] 当然其最终能否担任试用期法官还需根据其职位空缺情况而定，事实上，德国每年试用期法官的缺额远小于获得法官资格的申请者人数，因而近3/4的人只能选择从事律师职业。[3]

试用期法官一般会被分配至州法院或者初级法院，根据德国宪法的授权，试用期法官拥有一定的审判权限，除不能担任合议庭主审法官主持庭审，试用期法官拥有完全的法官资格，有权独

---

[1] 刘培培. 德国法官选任机制研究与启示 [J]. 中国司法, 2017 (3): 92.
[2] 韩赤凤. 当代德国法学教育及其启示 [J]. 比较法研究, 2004 (1): 113.
[3] 孙佑海, 李曙光. 德国法院与司法制度 [M]. 北京: 法律出版社, 2020: 79.

立审理案件。[1] 在试用期内，法院院长会对其进行定期考核，对于考核不合格的，法院院长有权予以解聘。只有担任试用期法官满3年，同时经法院院长证明具备相应能力和素养的，才能转任成为终身法官。[2] 委任法官和限期制法官属于较为特殊的正式法官，前者主要来自政府部门的终身公务员和期限制公务员，后者主要用以临时性缓解法院办案压力。[3]

2. 法务官

除正式法官外，德国的法务官同样有权在法律授权范围内处理审判事务，行使有限的审判权。尽管法务官有权处理非诉事务，但德国的判例及学说普遍认为法务官不属于《德国宪法》《德国法院组织法》定义的法官，其应当归入司法辅助人员的范畴。德国法务官由上一级法院统一招录，具有公务员身份。由于职业的专业性和特殊性，法务官的待遇保障要优于普通公务员，而这也使得法务官在德国颇具竞争力。

1909年《德国民事诉讼法》修订时，首次将确定诉讼费用、签发强制执行命令交由书记官处理。1921年《德国司法减负法》扩大了书记官的职权，允许其处理非诉讼事务。其后，德国拜尔邦将承担非诉讼事务的书记官单独命名为法务官。1957年，《德国法务官法》的颁布标志着法务官制度正式确立。随着《德国

---

[1] 张志铭. 中国法官职业化改革的立场和策略 [J]. 北方法学, 2007 (3): 148.
[2] 张慰. 成为德国法官的教育之路——基于在德国联邦宪法法院的访学经历 [J]. 法学教育研究, 2017 (1): 294.
[3] 孙佑海, 李曙光. 德国法院与司法制度 [J]. 北京: 法律出版社, 2020: 79.

法务官法》的完善，法务官的职权不断扩张。目前，德国对于移交法务官处理的委托事项分为完全移交、附保留移交和个别移交。完全移交是指将某些事务无保留地交由法务官处理，附保留移交是指将某些事务的一部分交由法务官处理，而个别移交则是指将个别事务交由法务官处理。❶

在家事案件、监护案件中，存在大量的法官保留事项。根据《德国法务官法》的规定，法务官能够独立处理以下事件：一是失踪事件、夫妻财产权登记事件、土地登记事件、船舶登记事件、受领意思表示公证事件等非诉事件;❷ 二是监护案件、家事案件、遗产分割案件、商事案件、合伙案件中涉及的非诉事件；三是确定诉讼费用以及法院处理罚金、国际法律事件、秩序罚及强制罚的执行事件。❸ 另外，法务官还有权签发督促支付令和假执行命令，作出附条件执行文书，主持权利证书丢失后的公示催告程序。❹ 当事人如果不服法务官的处理决定，有权通过抗告程序予以救济。

通常情况下，法务官应当由经过3年以上实习期并且通过司法辅助考试的高级司法人员担任。❺ 事实上，得益于法务官的专业化，非诉事件的处理较为高效。德国的实践表明，法务官在减

---

❶ 姜世明. 法院组织法［M］. 台北：新学林出版有限公司，2019：355.

❷ 刘敏. 裁判请求权保障与法院审判人员的优化配置［J］. 北方法学，2017(2)：122.

❸ 张自合. 论法官助理的职责定位——域外司法事务官制度的借鉴［J］. 民事程序法研究，2017（2）：70.

❹ 傅郁林. 法官助理抑或限权法官？——法官员额制改革后审判辅助人员的定位［J］. 中国审判，2015（17）：46.

❺ 周翠. 中国与德国民事司法的比较分析［J］. 法律科学，2008（5）：132.

轻法官工作负担方面成效显著,欧洲理事会和欧盟更是将德国的成功经验作为范本向各成员国进行推荐。❶

二、日本法院的审判权配置

(一)日本法院的审判组织审判权配置

1891 年《日本法院构成法》的颁布标志着日本现代法院制度正式确立。以德国为蓝本,日本的法院由高到低分为大审院、控诉院、地方法院和区法院。大审院受理的控告和再抗告案件由 7 名裁判官组成合议庭审理。❷ 控诉院作为二审法院,主要分布在东京、大阪、名古屋等大城市,管辖不服地方法院判决、决定、命令的控诉案件、控告案件以及不服地方法院判决的上告案件,控诉院受理的案件主要由 5 名裁判官组成的合议庭审理。地方法院在管辖一审案件的同时,还有权审理来自区法院的控诉和控告案件,其审理案件采用 3 人制合议庭。区法院主要负责审理小额民事诉讼案件、非诉案件以及轻微刑事案件。由于案件简单,故可由裁判官独任审理。可以说,在当时的日本,合议庭是主要的审判组织,而独任庭仅负责少量案件的审理。"二战"后,日本作为战败国受到了美国的全面接管。在美国的主导下,

---

❶ 菲利普·兰布克,马克·法布瑞. 法院案件管辖与案件分配:奥英意荷挪萄加七国的比较[C]. 范明志,张传毅,曲建国,译. 北京:法律出版社,2007:105.

❷ 冷罗生. 日本现代审判制度[M]. 北京:中国政法大学出版社,2003:15.

日本的法院体系进行了重新建构。根据日本宪法，日本法院分为最高法院和下级法院。具体而言，下级法院包括高等法院、地方法院、家事法院以及简易法院。

日本最高法院内部共有两种类型的合议庭。一种是由全体裁判官组成的大合议庭，主要负责法律合宪性审查、宪法及法律解释、审理与最高法院先前判例不一致的案件、审理小合议庭无法形成多数意见的案件。如果因法律或事实上的原因导致裁判官无法出庭的，例如需要回避、生病或者出差，合议庭人数可酌情减少。根据《最高法院审判事务处理规则》第7条的规定，大合议庭的法定人数不得少于9人。❶ 另一种是由5名裁判官组成的小合议庭。如果情况特殊，小合议庭的人数可相应减少，但不得少于3人。❷ 高等法院受理的案件通常由3名裁判官组成的合议庭审理。对于内乱罪案件，由于涉及国家利益，必须由5名裁判官组成合议庭审理。❸

地方法院原则上是一审法院，根据《日本法院法》第26条的规定，地方法院审理以下案件采用合议制：（1）经决定应组成合议庭审理的案件；（2）可能判处死刑、无期徒刑、1年以上有期徒刑或监禁的刑事案件，但企图实施抢劫或者准抢劫的罪犯以及属于《防范及处分抢劫、盗窃等犯罪的法律》规定的惯抢

---

❶ 张维新. 日本的法院体系及其国民对法院的评价[J]. 甘肃政法学院学报，2005（2）：115.
❷ 胡云红. 日本最高法院2019年司法统计报告[J]. 人民法院报，2020-04-03（8）.
❸ 张维新. 日本的法院体系及其国民对法院的评价[J]. 甘肃政法学院学报，2005（2）：115.

犯不受前述规定的限制;❶（3）不服简易法院作出的判决、决定和命令的控诉抗告案件；（4）其他应由合议庭审理的案件。多数情况下，合议庭由3名裁判官组成，但第26条第3款也准许2名裁判官和1名候补裁判官组成合议庭。除前述案件外，地方法院由裁判官1人裁判案件。地方法院受理案件后，一律将案件暂时系属于独任裁判官，如果独任裁判官认为由合议庭审理更为合理的，可以请求将案件移送合议庭。❷ 当事人对此不服裁定的，不得通过抗告方式予以救济。当然，案件采用独任制审理并不意味着当事人程序保障的缺失。对于采用独任制审理的案件，裁判官必须严格恪守诉讼程序的规定，维护当事人的程序性利益。❸

家事法院是制度移植与本土化改造相结合的产物，其不仅继受了美国家事法院的基本理论，还在大陆法系审判制度中引入新的要素，最终形成颇具日本特色的家事法院。❹ 原则上，家事法院的案件采用独任制审理，除非经决定案件应当采用合议制审理或者其他法律规定应当采用合议制审理。日本的简易法院遍及城市和乡镇，其主要受理一审标的额在140万日元以下的民事案件、可能判处罚金刑及以下刑罚或诸如轻微盗窃、贪污等刑事案件。考虑到简易法院受理的案件难度不大，为了快速化解大量案件，其主要采用独任制审理。从日本法院的审判组织审判权配置调整可以看出，独任制的适用范围不断扩张，合议制的适用范围

---

❶ 江建中. 日本的裁判所系统［J］. 人民法院报，2004-09-10（6）.
❷ 段文波，高中浩. 德国独任法官制度改革与启示［J］. 西南政法大学学报，2016（1）：86.
❸ 日本新民事诉讼法［M］. 白绿铉，译. 北京：中国法制出版社，2000：37.
❹ 张晓茹. 日本家事法院及其对我国的启示［J］. 比较法研究，2008（3）：68.

不断收缩。"二战"以前，日本仅有区法院可以采用独任制审理。"二战"以后，随着法院受案量的激增，地方法院的案件也主要采用独任制审理。表8统计了2018年日本各级法院的民事案件收案数。

表8　2018年日本各级法院民事案件收案数

	简易法院	地方法院	高等法院	最高法院
一审案件（件）	341348	138443	—	—
控诉案件（件）	—	4404	12567	—
上告案件（件）	—	—	490	3826

资料来源：日本最高法院网站［EB/OL］.［2023-06-18］. https://www.courts.go.jp/toukei_siryou/index.html.

通过表8可以发现，简易法院、地方法院受理了约97%的民事案件。2018年，日本家事法院共受理家事案件883 001件、人事案件69 701件、少年案件64 869件。在刑事领域，2018年，日本简易法院共受理案件228 675件，地方法院共受理案件69 028件。这些家事案件、刑事案件以独任制审理为主，应当说独任庭已成为日本法院审理案件的主要审判组织。总体而言，日本的审判组织审判权配置顺应了法院案件不断增长的需要，同时日本还通过不断提高简易法院的管辖标的额将更多的案件纳入独任制的适用范围。

（二）日本法院的审判人员审判权配置

1. 判　　事

《日本法院职员定员法》将法官分为最高法院长官、最高法院判事、高等法院长官、判事、判事补、简易法院判事,同时对法官人数以及法官以外的职员人数作出了限定。为适应审判需要,法院的职员人数会定期进行调整。根据统计,日本法院2019 年的判事员额为 3935 人,表 9 统计了日本各类判事的分布情况。

表 9　2019 年日本判事人员统计

职位名称	员额人数（人）
最高法院长官、最高法院判事、高等法院长官	23
判事	2125
判事补	927
简易法院判事	860
合　　计	3935

资料来源:日本最高法院网站 [EB/OL]. [2023 - 06 - 18]. https://www.courts.go.jp/toukei_siryou/index.html.

除判事 3935 人外,日本各级法院共有书记官、速记官、家事法院调查官、事务官等审判辅助人员 21 835 人,较为充足的审判辅助人员使得裁判官精英化成为可能。在日本,判事不仅需要经历严格的选拔,还需要在实践中积累丰富的审判经验。如果想要成为判事补,首先应当通过司法考试,然后在司法研修所经历为期 1 年半的司法修习,只有被最高法院评价为称职,才有机会担任判事补。事实上,最终能够担任判事补的人员只占司法考试报考者的 1/60,且日本的判事补基本上都是 25 岁左右的年轻人。❶

---

❶ 秋山贤三. 法官因何错判 [M]. 曾玉婷,魏磊杰,译. 北京:法律出版社,2019:23.

由于缺乏审判经验，判事补的审判权限受到诸多限制，例如不能单独审理案件、不能担任审判长。虽然日本的判事补与我国的助理审判员具有一定的相似性，但二者的区别在于判事补拥有有限的审判权，而我国的助理审判员拥有完整的审判权。在候补期内，判事补往往会被派往地方法院、家事法院等进行历练，不同法院的审判经历有助于其掌握各类案件的裁判技巧。为了防止因判事补形成多数意见而导致案件的不当裁判，《日本法院法》禁止2名判事补同时出现在3人合议庭中。应当说，在资深判事的指导下，判事补的审判经验得到了显著提升。根据日本《关于判事补职权的特例法律》，如果担任判事补满5年，同时经最高法院指定，判事补可升任特别判事补，其审判权不受任何限制。❶ 从实践来看，判事补一般需要经过10年的审判历练才能晋升为判事。

2. 书记官

日本的书记官主要承担审判辅助职能。据统计，日本目前共有书记官9868人。最初的书记官主要依判事之命行使法律查询、证据调查等职权，因此当时的书记官仍然定位于纯粹的审判辅助人员。1979年，书记官的职权得到进一步扩大，有权付与执行文、办理扣押登记、发布分配公告、提存分配额。❷ 目前，书记

---

❶ 张凌，于秀峰. 日本司法制度法律规范总览 [M]. 北京：人民法院出版社，2017：43.

❷ 张卫. 日本法院的书记员制度 [EB/OL]. [2023 - 08 - 20]. http：//bjgy. chinacourt. gov. cn/article/detail/2012/05/id/885931. shtml.

官承担的审判事务包括主持调解；决定诉讼保全、执行保全、诉讼费用承担；发布支付令；对条件成就执行文和承继执行文中条件是否成就、承继是否发生作出判断；[1] 在申请执行人不预交诉讼费时驳回执行申请或者撤销执行程序；对执行标的进行扣押处分。[2] 总体上看，这些审判事务主要是程序性审判事务、非诉事务以及有明确裁判标准的诉讼费用确定事务。为了更好地履职，日本的书记官具有相当的独立性，能够独立处理审判事务。

应当说，无论在判事内部，还是在判事与书记官之间，不同审判人员的审判权限泾渭分明，其在法律设定的职能权限内有条不紊地行使审判权。虽然法律未明确书记官的任职条件，但书记官原则上必须接受法学教育。通过遴选考试后，书记官还需要进行1~2年的研修，以便熟悉书记官的各项工作。事实上，由于书记官与判事的定位不同，二者拥有各自独立的职业体系。在书记官内部，优秀的书记官可沿着"书记官—主任书记官—次席书记官—首席书记官"的路径依次晋升。

三、法国法院的审判权配置

（一）法国法院的审判组织审判权配置

法国的法院系统分为普通法院系统和行政法院系统，两者相

---

[1] 胡夏冰. 我国台湾地区法院书记官制度及其启示 [J]. 法律适用, 2017 (3)：109.

[2] 雷彤. 执行体制改革背景下"执行员"的再解读 [J]. 当代法学, 2019 (1)：56.

互独立，互不隶属。❶普通法院系统包括最高法院、上诉法院、初级法院，不同级别法院的审判组织审判权配置模式有所不同。

1. 最高法院

最高法院仅负责审查裁判法律适用是否正确，经审查后作出驳回上告、维持原判或者撤销判决发回其他上诉法院重审。❷如果当事人上告没有依据或者明显不能成立，则由3名法官组成合议庭审理即可。反之，应由5名法官组成合议庭审理。如果案件可能推翻最高法院先前裁判或者案件重大敏感，经庭长决定，案件由该庭全体法官组成合议庭共同审理。

最高法院还存在联席审判庭、全席审判庭等较为特殊的合议庭。联席审判庭的主要功能在于统一不同审判庭之间的裁判标准，如果受理案件的审判庭无法形成多数意见，则必须交由联席审判庭审理。根据《法国司法组织法》的规定，联席审判庭应由不少于3个法庭的法官组成。实践中，联席审判庭由院长、相关法庭庭长、资深大法官以及相关法庭各2名高级法官组成，人数至少为13人。❸最高法院全席审判庭由院长、各审判庭庭长以及各审判庭选派的1名资深大法官、1名大法官组成，共计19人。❹如

---

❶ 张卫平，陈刚．法国民事诉讼法导论［M］．北京：中国政法大学出版社，1997：71．

❷ 皮埃尔·特鲁仕．法国司法制度［M］．丁伟，译．北京：北京大学出版社，2012：60．

❸ 洛伊克·卡迪耶．法国民事司法法［M］．杨艺宁，译．北京：中国政法大学出版社，2010：110．

❹ K. 茨威格特，H. 克茨．比较法总论［M］．潘汉典，译．北京：法律出版社，2003：188．

果原审判决已被撤销，并且重审后的新判决仍基于同样的理由被申诉，则案件必须交由全席审判庭审理。❶

2. 上诉法院

目前，法国共有 35 家上诉法院，其中本土上诉法院 30 家，海外上诉法院 5 家。上诉法院主要管辖不服大审法院、小审法院民事裁判的上诉案件，以及不服治安法院、轻罪法院刑事裁判的上诉案件。这些上诉案件以 3 人制合议庭审理为主，但如果案件重大，例如案件被最高法院发回重审，则应由 5 人制合议庭审理。

3. 初级法院

法国的初级法院分为大审法院（Tribunal de grande instance）和小审法院（Tribunal d'instance），大审法院在审理刑事案件时被称为轻罪法院（Tribunal de Police），小审法院在审理刑事案件时被称为治安法院（Tribunaux correctionnels）。

大审法院主要受理标的额在 1 万欧元以上的动产案件、离婚案件、亲权案件、继承案件、不动产案件、知识产权案件以及外国裁判和仲裁裁决的承认案件，其中离婚案件、不动产案件、知识产权案件由大审法院专属管辖。❷ 大审法院审理案件原则上采用 3 人制合议庭，除必须采用合议制审理的案件外，大审法院院长有权决定案件是否采用独任制审理。《法国司法组织法》规定

---

❶ 林娜. 法国普通法院的审判组织 [J]. 法制资讯，2013（9）：58.
❷ 曾涛，梁成意. 法国法院组织体系探微 [J]. 法国研究，2002（2）：161.

了强制适用独任制的案件类型，例如交通事故案件、外国判决承认案件、未成年人财产变卖案件、被扣押不动产拍卖案件。❶ 如果独任法官认为案件不宜采用独任制审理，那么其可将案件移交合议庭审理。从实践来看，法国的独任制已取代合议制成为大审法院案件审理的主要方式。❷

小审法院遍及各个市区及乡镇，通常小审法院的法官人数较少，人数最少的小审法院仅有 1 名法官。❸ 根据规定，小审法院主要审理争议金额在 4000 ~ 10000 欧元的动产纠纷、4000 欧元以下的不动产租赁纠纷、消费纠纷、占有纠纷及其他纠纷。❹ 因案件标的额不大，小审法院采用独任制审理。值得注意的是，小审法院的法官全部来自大审法院，这意味着当事人不必担心案件因独任审理而导致裁判质量下降。❺

根据管辖的刑事案件差异，刑事初级法院分为轻罪法院和治安法院。治安法院采用独任制审理可能判处 1500 欧元以下罚金刑的刑事案件。轻罪法院以合议制审理为主，其合议庭成员一般由 1 名法官和 2 名助理法官组成，对于社会危害较小的犯罪案件，可由法官独任审理。事实上，法国还存在与上诉法院同级别

---

❶ 法国新民事诉讼法典（下册）[M]. 罗结珍，译. 北京：法律出版社，2008：797 - 798.

❷ 皮埃尔·特鲁仕. 法国司法制度 [M]. 丁伟，译. 北京：北京大学出版社，2012：54.

❸ 乔欣，郭纪元. 外国民事诉讼法 [M]. 北京：人民法院出版社、中国社会科学出版社，2002：128 - 129.

❹ 乔欣，郭纪元. 外国民事诉讼法 [M]. 北京：人民法院出版社、中国社会科学出版社，2002：128 - 129.

❺ 陈文曲，易楚. 民事审判独任制之适用范围研究 [J]. 常州大学学报（社会科学版），2018（3）：19.

的重罪法院（Cours d'assises），只不过重罪法院属于非常设法院，其仅在特定时期开庭，主要受理被告人可能判处5年以上有期徒刑的案件。❶ 重罪法院的法官由上诉法院和大审法院的法官组成，在审理一审案件时，重罪法院采用合议制，合议庭成员由3名法官和6名陪审员组成。此外，重罪法院还承担着二审案件的上诉审职能。如果当事人对重罪法院作出的一审判决有异议，其可上诉至其他重罪法院，由3名法官和9名陪审员组成的12人合议庭对案件进行审理。

应当说，法国审判组织审判权配置的发展历史正是法国司法体系变革的缩影。日益增多的上告案件使最高法院面临着较大的案件压力，为防止诉讼迟延，最高法院采用3人合议庭过滤不符合上告条件或上告显然不能成立的案件。重罪法院缩减了二审刑事案件审理所需的参审员数量，2000年，重罪法院将二审案件审理所需的参审员人数增至12人，然而2012年，在权衡效率与公正后，重罪法院将二审案件审理所需的参审员人数降为9人。在初审法院，独任制的适用空间也得到了极大扩展。实际上，法国人对于独任制有着天然的排斥，❷ 其固执地认为案件由独任法官审理意味着审理不公，因而法国民间流传着独任法官是不公正法官的说法。❸ 然而，初级法院不断增长的案件压力使得继续坚守合议制已不现实。为此，法国初级法院不再拘泥于以合议制为

---

❶ 曾涛，梁成意. 法国法院组织体系探微 [J]. 法国研究，2002（2）：162.
❷ 让·文森，塞尔日·金沙尔. 法国民事诉讼法要义（上）[M]. 罗结珍，译. 北京：中国法制出版社，2001：291.
❸ 常怡. 比较民事诉讼法 [M]. 北京：中国政法大学出版社，2002：268.

主，而是选择扩大独任制适用范围，从而以更加主动的姿态应对案件激增带来的挑战。具体而言，在小审法院，合议制已完全被取代，案件只能由"唯一的法官"审理；在大审法院，法律赋予院长将案件移送独任法官审理的权力。

（二）法国法院的审判人员审判权配置

在法国，职业法官需由总统根据宪法第 8 条任命，其人数较少，截至 2016 年初，法国共有职业法官 6000 多名。❶ 如果立志成为职业法官，首先必须通过司法官学院组织的年度会考，其每年的通过率不足 10%，❷ 司法官学院每年的招收名额会根据上一年度全国空缺的司法官员额数确定。对于通过考试的考生，其将成为准司法官，并接受为期 31 个月的带薪岗前培训。根据法国第 58-1270 号条例，准司法官在培训期间有权在主审法官的指导下主持庭审，起草裁判文书，同时准司法官还有权在裁判文书上以准司法官的名义署名。❸ 事实上，理论与实践相结合的职前培训使得准司法官能够在培训结束后立即胜任法官工作。应当说，此种法官培育模式以应用型法官为培养导向，保障了法国职业法官的精英化与专业化。

除职业法官外，法国还存在用以减轻职业法官审判负担的补充法官。不同于职业法官终身任职，补充法官存在任期限制。法

---

❶ 王伟，彭廉坡. 法国法官检察官招录制度和速裁快审制度的有关情况 [N]. 民主与法制时报，2016-10-20（7）.

❷ 刘国媛. 法国司法官制度考察及其启示 [J]. 人民检察，2018（17）：74.

❸ 顾虎明. 法国司法官制度及启示 [N]. 民主与法制时报，2016-10-27（6）.

国宪法委员会对于补充法官持开放包容的态度,认为宪法不禁止部分非终身从事审判职业的法官存在。❶ 实践中,法国允许公务员调往大审法院、上诉法院担任补充法官。此外,经选举产生的商业法庭法官在卸任后,可担任上诉法院补充法官。当然,最高法院也可根据需要遴选执行特别任务的补充法官,不过这些补充法官应当具备25年以上的原职业工作经历。

2003年,以提升诉讼效率为目标的法国司法改革提出设立速裁庭,其主要负责标的额较低的民事案件,在审理方式上采用独任制和一审终审。实践中,速裁庭的法官主要由退休法官、退休检察官、大学教授、资深律师等法律工作者担任。根据规定,其必须具备连续7年以上的法律工作经历,最长可工作至75岁。❷ 一方面,吸纳退休法官、检察官担任简易案件独任法官能够发挥退休法官、检察官的审判经验余热;另一方面,由于大学教授、资深律师拥有丰富的法律知识和较高的社会地位,因而其作出的判决更容易获得当事人的尊重和认可。

总之,改革创新、锐意进取是法国司法制度改革的真实写照。尽管法国的职业法官人数增长缓慢,但大量非职业法官与职业法官一道共同承担着案件审理职能。由于小审法院的非职业法官处理了大量简易案件,从而使得职业法官能够集中精力审理复杂案件,实现精英法官更精、非职业法官更专的良性循环。应当说,法国以其自身实践诠释了精英化司法与大众化司法的良好兼容。

---

❶ 刘新魁. 法国司法官制度的特点及启示 [J]. 中国法学, 2002 (5): 152.
❷ 王雅琴. 别具特色的法国司法制度 [N]. 学习时报, 2014-10-27 (2).

第三节 域外审判权配置评述

虽然域外国家的审判权配置因理念、历史和文化等差异而呈现出多元化的样态，但域外国家和地区审判权配置的发展日益趋同。一方面，在诉讼爆炸危机的共同背景下，如何优化审判人力资源配置、提升审判效率已成为域外国家审判权配置不得不考虑的问题；另一方面，域外国家也在交流融合过程中不断汲取其他国家的有益经验。

一、域外法院的审判组织审判权配置评述

（一）拥有独任制适用传统的英美法系国家

陪审团是英美法系国家特有的审判组织，其产生有着深厚的历史背景。如果陪审团参与案件审理，那么陪审团与独任法官"各管一段"，二者分别负责事实问题和法律问题。然而，陪审制的诸多缺陷导致陪审制日渐式微。目前，英美法系国家陪审制的适用范围已被大幅缩减，而这意味着英美法系国家的一审案件主要采用独任制审理。例如，在美国，无论是联邦地区法院还是州初审法院，其一审案件的审理皆以独任制

为主,❶ 只有在案情复杂时,才采用合议制。在英国,民事一审案件亦以独任制审理为基本原则。事实上,英美法系国家较广的独任制适用范围与其司法理念、诉讼模式以及法官素养密不可分。

1. 实用至上的司法理念

英美法系国家特别是美国奉行实用主义至上的理念,相较合议制,独任制只需更少的法官便能解决争议。对于简单案件,采用独任制审理足以满足审判需要,因而大多数一审案件采用独任制审理即可。对于那些复杂案件,尤其是关系到法律统一适用、具有重大法律价值的上诉案件,法院更倾向于组成多人合议庭审理。例如,美国联邦最高法院甚至不惜通过满席审理的方式审判案件。此外,美国的治安法官制度也是其实用主义的最好诠释。美国国会在阐述《联邦治安法官法》的立法目的时更是直言不讳地指出,该法的目标之一便是减轻联邦地区法院法官的办案压力。❷ 虽然美国的精英法官人数较少,但得益于审判组织审判权的妥适配置,其审判人力资源利用效率较高,从而能够较好地在审判效率和审判权威之间实现平衡。

2. 当事人主义的司法模式

实际上,不同诉讼模式蕴含的价值理念对于审判组织的选择

---

❶ 米歇尔·塔鲁伊. 美国民事诉讼法导论[M]. 张茂,译. 北京:中国政法大学出版社,1998:45.

❷ 赵宝. 论美国联邦治安法官制度[D]. 上海:华东政法大学,2017:14.

有着重要影响。❶ 在当事人主义模式下，当事人主导诉讼进行，审理者居中裁判。为了使当事人双方充分地表达观点，英美法系国家更注重保障当事人的程序性利益，寄望于由程序正义通向实体正义。应当认识到，程序正义的实现与案件审理者人数并无直接关联，因而在以查明案件事实为主要目的的一审案件中，英美法系国家更加强调审理者的独立判断。为了消除民众对独任法官的不信任，英美法系国家还赋予当事人申请适用陪审团的权利，以此实现对独任法官的制约。❷

3. 法官极高的社会地位

英美法系国家的法官之所以拥有极高的社会地位，其原因主要在于：第一，法官不具有政治倾向性，同时在审判过程中严格恪守中立性；第二，法官的资历较老。在成为法官之前，其大多拥有多年的执业律师经验。正因为如此，法官作出的裁判大多能够为当事人双方所接受。即便是饱受争议的辛普森案，美国民众也选择尊重联邦最高法院的裁判结果。实际上，司法的权威与公信为独任制的适用创造了良好的条件，因而在英美法系国家，独任制的适用有着天然的优势。❸

---

❶ 姚莉. 反思与重构——中国法制现代化进程中的民事审判组织改革研究 [M]. 北京：中国政法大学出版社，2005：97.
❷ 杨朝勇. 民事审判合议制度研究 [D]. 重庆：西南政法大学，2016：16.
❸ R. C. 范·卡内冈. 英国普通法的诞生 [M]. 2版. 李红海，译. 北京：中国政法大学出版社，2003：21.

（二）适时变革的大陆法系国家

不同于英美法系国家对独任制的天然偏爱，大陆法系国家对独任制天然地抱有抵触情绪。例如，早期的《德国民事诉讼法》要求州法院审理一审案件一律采用合议制。作为德国司法制度承袭者的日本，其在明治维新时期全面移植了德国的经验，同样要求地方法院审理一审案件采用合议制。事实上，大陆法系国家对合议制的青睐与其职权主义的诉讼模式有着千丝万缕的联系。一方面，职权主义模式更加关注实体正义，而实体正义的实现必须以审理者准确认定案件问题和法律问题为前提。相比将关涉当事人权利义务分配的审判权交由独任法官行使，由多人组成的合议庭更能彰显集体智慧，排除因法官个人的局限性导致的认知偏见。另一方面，职权主义模式对于法官的个人能力有着更高的要求。法官的职业素养和办案能力在一定程度上决定了职权主义模式能否实现实体正义以及能够在多大程度上实现实体正义。[1] 因此，大陆法系国家更加强调法官个人素养和集体决策的价值。

然而，在大陆法系国家法院受案量持续增长的同时，法官数量的增长较为缓慢。如果继续沿用合议制为主的审判组织审判权配置模式，那么法院将不堪重负。大陆法系国家并未因循守旧，而是主动通过改革以变应变。总体上看，扩大独任制适用范围、缩减合议庭人数成为大陆法系国家审判组织审判权配置改革的主要路径。

---

[1] 李浩. 法官素质与民事诉讼模式的选择［J］. 法学研究，1998（3）：82.

最初德国仅允许初级法院适用独任制，到了20世纪20年代，德国尝试在州法院导入准备独任法官。虽然此时州法院审理案件仍然采用合议制，但此举释放出德国为提升审判效率而积极改革的信号。实践证明，准备独任法官的运行成效不佳。此后，德国又设置独任裁判法官，但效果仍不理想。经过不断尝试总结，21世纪初，德国最终确立了州法院一审民事案件采用独任制审理的基本原则，但同时德国又通过立法规定了州法院合议审理民事一审案件的若干例外情形。至此，不管是初级法院还是州法院，其一审民事案件都以独任制审理为主。除此之外，州法院、州高等法院民事上诉案件的审判组织审判权配置同样进行了较大幅度的改革。在改革前，州法院、州高等法院审理民事上诉案件以合议制为主。虽然改革后合议制为主的原则得以保留，但《德国民事诉讼法》规定了若干排除合议制适用的例外情形。在一系列的改革调整后，德国法院的审判力量基本能够满足审判需要。

尽管日本独任制的适用范围没有德国广泛，但其适用范围扩张仍然较为明显。目前，日本简易法院完全采用独任制，地方法院一审案件除4种特殊情形外，亦由法官独任审理。法国的审判组织审判权配置改革最具代表性，改革前的法国可以说是最为排斥独任制的国家。然而，法国人对合议制的偏爱终究抵挡不住汹涌的案件洪流，在此情景下法国人不得不选择妥协。一方面，法国的小审法院（治安法院）完全采用独任制审理；另一方面，大审法院虽然名义上要求案件采用合议制审理，但法律强制性要求某些案件采用独任制审理，并且赋予法院院长独任制适用裁量权。此外，轻罪法院亦为独任制的适用留出了空间。

当然，大陆法系国家在不断扩大独任制适用范围的同时，依然对合议制进行保留和优化。例如，部分大陆法系国家的最高法院设有大合议庭以及联合大合议庭，其主要功能在于统一法律适用问题。虽然有学者认为大合议庭、联合大合议庭的职能与我国的审判委员会存在一定的相似性，同时大合议庭、联合大合议庭与审判庭的分离关系亦同我国审判委员会与合议庭的关系颇为相似，[1]但笔者认为大合议庭、联合大合议庭与我国的审判委员会有着本质性区别。

第一，大合议庭、联合大合议庭的人数虽然较多，但其本质上仍属于特殊的合议庭，而我国的审判委员会与合议庭则分属不同的审判组织；第二，大合议庭、联合大合议庭采用审理的方式审判案件。然而，我国的审判委员会则以开会的方式讨论案件；第三，大陆法系国家的各级法院承载着不同的审判职能，底层法院主要负责查明案件事实、正确适用法律，中间法院主要通过法律审发挥审级监督功能，最高法院则重在统一法律适用。因此，基于大合议庭、联合大合议庭的职能，其仅设置在最高法院。相反，我国的四级法院均设置了审判委员会。

（三）域外法院审判组织审判权配置的共性

客观而言，虽然两大法系国家的审判组织审判权配置存在诸多差异，但在差异之外，两者还存在很多共性可循。归纳而言，

---

[1] 肖仕卫，李欣. 中国特色的审判委员会？——对审判委员会制度改革的前提性思考［J］. 西南民族大学学报（人文社会科学版），2017（8）：105.

两大法系国家的审判组织审判权配置共性主要体现在以下四个方面：首先，两大法系国家的一审案件普遍以独任制审理为主、合议制审理为辅，即独任庭已成为域外国家一审案件首选的审判组织；其次，二审案件、三审案件大多采用合议制审理，并且审理案件的法院级别越高，合议庭人数越多；复次，越来越多的国家开始有条件地许可二审案件采用独任制审理，这些案件大多是当事人不服适用独任制审理的一审上诉案件；最后，域外国家的审判组织与审判程序之间不存在直接对应关系。一般而言，由于适用简易程序、小额诉讼程序、速裁程序审理的案件较为简单，故而其可由独任法官审理。对于适用普通程序审理的案件，法院则会根据案件的难易程度，决定是否采用合议制审理。例如，域外国家的高等法院在审理一审案件时适用普通程序，但其通常采用独任制，只有在少数情况下才会采用合议制。

事实上，审判组织审判权配置的共性背后反映出两大法系国家共同面临着案件激增的问题。正如波斯纳教授所言，司法改革无论如何冠冕堂皇，总是基于积案的压力，案件负担的加剧必然使法院体系发生简化。❶ 当诉讼爆炸已成为全球性议题时，各国和地区不得不重新审视现有的审判权配置方案，以应对"案多人少"危机。目前，各国和地区对于审判效率有着强烈的追求，毕竟缺乏效率的审理势必会减损正义的实现。然而，由于职业法官无法实现批量化的培育，因而大规模增加职业法官在短期内或许难以实现，扩大独任制适用范围便成为提升审判效率的切实可行

---

❶ 理查德·A. 波斯纳. 联邦法院挑战与改革［M］. 邓海平，译. 北京：中国政法大学出版社，2002：189.

路径。域外国家的实践证明，一审案件广泛采用独任制审理不仅未导致审判质量的下滑，反而在保证审判质量的同时提升了审判效率，最终实现法院和当事人共赢的局面。

二、域外法院的审判人员审判权配置评述

(一) 域外法院审判人员审判权配置的差异

1. 职业法官的审判权配置

在审判人员审判权配置方面，两大法系国家的最大不同体现在职业法官的审判权配置。众所周知，英美法系国家的职业法官都是从律师群体中选任产生。例如，美国联邦法院系统和州法院系统的职业法官主要由资深律师担任，其平均年龄在40岁以上。长期的职业律师经历使其较为熟悉法院审判流程以及法院判例，因而由资深律师转任的职业法官只需在任前进行短期培训便能胜任法官职业。由此可见，英美法系国家的职业法官完全能够胜任各类审判工作，故而其可直接担任全权法官。当然，英美法系国家还积极发挥退休法官的余热，对于那些达到退休年龄但仍愿意从事审判工作的职业法官，如果身体状况良好，还可以继续从事审判工作，从而最大程度地发挥退休法官的审判经验优势。

大陆法系国家的职业法官则主要通过招录遴选的方式产生，虽然近年来大陆法系国家积极拓宽法官的来源渠道，鼓励检察官、律师、学者加入法官队伍，但效果并不理想。因而，传统的

招录遴选方式仍然是法官选任的主流。考虑到初任法官未经历过审判实践的历练，故大陆法系国家通常仅赋予其有限的审判权。随着审判经验的不断丰富，拥有有限审判权的低阶法官可以转任成为拥有完整审判权的全权法官。应当说，大陆法系国家和地区的法官选任方式决定了大陆法系国家相比英美法系国家更加注重职业法官的审判经验积累和审判能力培养。为此，大陆法系国家普遍建立了循序渐进的职业法官晋升通道。例如，德国采用"试用期法官—终审法官"的职业法官晋升通道，日本采用"判事补—判事"的职业法官晋升通道，法国采用"准司法官—法官"的职业法官晋升通道。综上所述，两大法系国家的审判人员审判权配置模式差异与其法官选任传统以及法官培育路径密不可分。

2. 其他审判人员的审判权配置

两大法系国家审判人员审判权配置的另一主要差异体现在是否设立非职业法官。❶ 在英美法系国家，治安法官制度有着悠久的历史，其来自于社会的各行各业并且大多未从事过法律职业、未接受过专业的法律训练。因而，治安法官主要凭借朴素的正义观以及社会价值观审理当事人之间的争议。不同于大陆法系国家将非诉事务、程序性审判事务交由审判辅助人员处理，英美法系国家将其交由治安法官处理。尽管法国历史上曾经设置过治安法官，但其存在时间较短并且已被撤销。

大陆法系国家未设置非专业法官，不过大陆法系国家除设置

---

❶ 此处所指的非专业法官不包含英美法系的陪审员和大陆法系的参审员。

前述较为常见的法官类型，还设置有其他类型的职业法官。例如，德国的委任法官、限期制法官，法国的补充法官。当然，这些特殊的职业法官数量较少并且大多有任期限制，不具有宪法终身任职的保障。事实上，无论是英美法系国家的治安法官还是大陆法系国家的特殊职业法官，其都有着相同的设置目标，那就是缓解职业法官的案件审判负担，尤其是在英美法系国家，治安法官分流了大部分的简单案件。如果失去治安法官的协助，英美法系国家的法院系统将不堪重负。

(二) 域外法院审判人员审判权配置的共性

虽然域外国家的审判人员审判权配置呈现出不同的样态，但客观上看两大法系国家的审判人员审判权配置所展现出的共识远远超过分歧。总的来说，两大法系国家的审判人员审判权配置主要包括以下共性。

1. 审判权配置主体多元化

不同于法官员额制改革后一元化的审判权主体配置模式，两大法系国家和地区均将审判权配置给了多元化的审判人员，即审判人员的范围不限于精英法官。实际上，域外国家并不存在员额法官的概念。我国的员额法官除了数量固定外，其本身还代表着法官队伍精英化的改革趋向，因而我国的员额法官实际上具有双重含义。如果严格按照我国对于员额法官的理解，那么域外国家只有精英职业法官才属于我国语义下的员额法官。域外国家并没有像我国一样纠结于员额，其法官范围明显大于我国。不过，域外国家的非职业法官以及其他职业法官同样存在人数限制，例如美国的治安法官尽管属于非职业法官，但是其人数不得随意增减。

事实上，域外国家根据审判事务处理的难易程度以及审判人员的职能权限，合理地将审判权分散配置于不同的审判人员。概略地看，审判人员的专业性越强，其拥有的审判权限就越大。除了拥有完整审判权的职业法官外，两大法系国家都设有拥有部分审判权的限权法官，例如英美法系国家设有仅能审理小额民事案件、轻微刑事案件的治安法官，大陆法系国家设有不能独立参与案件审理或者仅能独立审理特定简单案件的非正式法官。不仅如此，域外国家甚至不具有法官称谓的审判辅助人员也拥有有限的审判权，如德国的法务官、日本的书记官。审判辅助人员主要从事无争议的实体性审判事务或者程序性审判事务，其在行使审判权时拥有独立地位，不受法官的命令和干预。综上所述，域外国家的审判权主体配置采用多元化模式，由全权法官、限权法官以及审判辅助人员共同承担审判职能。

2. 审判权配置客体差异化

审判权配置客体差异化是审判权配置主体多元化带来的必然结果，如果没有审判权配置客体差异化，那么单纯的审判权配置主体多元化就毫无意义可言，域外国家无一例外地将不同审判人员的审判权进行精细划分。不同于我国完整化的审判权客体配置模式，两大法系国家都以审判权具有可分性为立足点，根据审判权的不同属性将其分散化配置给不同的审人员。

　　来源于资深律师或者优秀候补法官的全权法官当属法官中的精英,其配备有法官助理、书记员等审判辅助人员,主要负责审理复杂疑难案件,从而在彰显审判专业性、权威性的同时保障裁判的正确性。相对更加亲民的限权法官由不具有职业法官资格的普通公民或者审判资历尚浅的候补法官担任,其主要负责审理简单案件。此种审判职能设置不仅耦合了限权法官的审判能力,还保障了案件的审判效率和审判质量。对于简单案件而言,其事实问题和法律问题通常并不复杂,因而限权法官经过培训便能够进行审理。即使对限权法官作出的裁判结果有异议,当事人还有权通过上诉方式予以救济。在职位设置上,域外国家的限权法官主要设置在基层法院,因此限权法官在缓解职业法官审判压力的同时,还能够促进当事人更好地接近正义。

　　虽然域外国家承担审判职能的审判辅助人员类型不同,但不断增加的法院审判压力倒逼法官不断放权,在法官审判权逐渐下放的同时,审判辅助人员的审判权限亦随之不断扩大,此前由全权法官处理或者指导的部分审判事务逐渐交由审判辅助人员处理。当然,审判权的外分是有限度的,那些直接关系案件事实认定和法律适用的审判核心事务仍然属于法官保留事项。同时,考虑到审判辅助人员的职业定位以及自身的能力水平,其主要承担判断难度较低、判断标准相对明确的审判事务。事实上,域外国家限权法官和审判辅助人员的数量远远超过全权法官的数量,拥有有限审判权的审判辅助人员和限权法官承担了绝大部分的简单性审判事务,从而使精英化的全权法官能够集中精力处理难度较大的事实认定问题和法律适用问题。

3. 审判权配置规范化

审判人员审判权的行使应当以法律授权为前提，域外国家设置了健全的审判人员审判权配置规范体系，这些规范随着社会的发展及时进行调整。虽然英美法系国家是判例法国家，但其仍然采用立法的方式明确部分审判人员的审判权限。例如，《美国联邦治安法官法》明确了联邦治安法官的审判权限。从《美国联邦治安法官法》的数次修订可以发现，治安法官的身份由辅助人员升级为法官，并且在身份变化的同时，治安法官的审判权限也由程序性审判事务扩展至实体性审判事务。

作为大陆法系国家的代表，德国的审判人员审判权配置规范较为详尽，涵盖从法官身份转换、法官审判权限到法务官审判权限、越权效力等审判人员审判权配置的方方面面。具体而言，《德国法官法》规定了不同级别法院职业法官的任职资格、不同类型法官的转任条件以及不同类型法官的审判权限。《德国法务官法》以立法的形式确立了法务官的审判权权限，从而使法务官承担审判职能有据可依。随着《德国民事诉讼法》的不断修订完善，审判辅助人员的审判权限不断明晰，同时《德国民事诉讼法》还注重当事人的权利保障，明确了当事人不服法务官裁判结果的救济方式。对于审判辅助人员越权行使审判权的行为，德国法律也进行了专门规制。

日本审判人员审判权配置的规范主要见于《日本法院法》，其区分了判事、判事补的审判职能并对两者的身份转换进行了明确规定。不仅如此，日本还通过订立单行法对判事补的审判职能进行补充，例如《关于判事补职权的特例法律》允许任职满一定年限的判事补在经特别授权后成为特别判事补。总之，为了避免法官内部以及法官与司法辅助人员之间权责不清、职责不明，域外国家通过立法厘清了全权法官、限权法官、审判辅助人员的审判权限，从而形成有序、高效、权责统一的审判人员审判权配置体系。

本章小结

本章选取英美法系和大陆法系具有代表性的国家，详细介绍了不同国家的审判权配置现状。由于地域差异，域外国家的审判权配置呈现出多元化的面孔。然而，我们不能仅仅停留在这些表象差异，而是应当透过现象看本质，归纳域外国家审判权配置的内在规律，并最终总结出域外国家审判权配置的共性规律。

在审判压力不断增长的背景下，如何使诉讼更经济、更高效成为域外国家司法改革的共同目标。[1] 在审判组织审判权配置方面，作为对审判压力加剧的直接回应，扩大独任制适用范围已成为域外国家和地区的共识。目前，域外国家的一审案件主要采用

---

[1] 林剑锋，陈中晔. 合议制与独任制[N]. 人民法院报，2006-04-14 (B04).

独任制审理，部分国家甚至已在探索在二审案件中采用独任制审理，但不同于一审，二审适用独任制审理的案件被限制在特定类型。一般而言，一审采用合议制审理的主要是重大复杂案件，二审采用独任制审理的主要是简单一审上诉案件。事实上，域外法院的权威公信为独任制的扩大适用提供了坚实的基础，否则单纯为提高审判效率而采用独任制只会造成案件审判质量的下降。

考虑到案件受理时选用的审判组织可能与案件本身的难易程度存在偏差，故域外国家普遍设立了独任制与合议制的转换程序，借此实现审判人力资源的高效利用。值得注意的是，区别于我国独任庭、合议庭、审判委员会的品字型审判组织架构，域外国家的审判组织仅有独任庭和合议庭，即便是最高法院为了解决裁判观点冲突，其仍采用人数众多的大合议庭审理。应当说，域外国家的审判组织构成较为灵活，对于具有重要法律价值或者重大社会影响的案件，合议庭通常由全体法官组成。

多元差异化的审判人员审判权配置模式已被域外国家广泛采纳，各国和地区为此制定了一套较为完备的规则体系。实践中，两大法系国家的法官类型多样，被冠以法官称谓的既有精英化的全权职业法官，也有非职业的治安法官和限权的候补法官。虽然治安法官、候补法官不属于精英法官，但他们都有一定的员额限制，因而在某种意义上来说这些法官也属于员额法官。

当然，域外国家并非只有法官才拥有审判权，部分审判辅助人员同样拥有一定的审判权，譬如德国的法务官和日本的书记官。虽然最初的审判辅助人员仅负责处理审判辅助事务，但有限的法官和无限的案件之间的张力使得剥离部分法官审判权成为域外国家的共同选择。基于此，域外国家将审判权进行分割，将处理难度较低的审判事务交由审判辅助人员。这样的解决方式既减轻了法官的审判压力，同时又将重要的审判核心事务保留由法官处理，防止法官推诿其应承担的审判职能。从整体上看，域外国家的审判人员审判权配置具有一定的层次性，即审判辅助人员、限权法官、全权法官负责的审判事务处理难度依次增大。

归纳而言，即使域外国家的审判权配置改革在进度和程度方面有所差异，但其总体的改革方向基本保持一致，那就是域外国家的审判权配置改革以提升审判效率为主线，以审判事务难易程度为基准，以扩张独任庭审判权和多元差异化配置审判人员审判权为改革进路。从域外国家的审判权配置改革经验可以发现，其都是将审判权配置作为整体性工程进行谋划。可以说，域外国家的审判权配置改革为我国提供了可资借鉴的改革范本，但这种经验更多的只是辅助性参考。在当下我国司法改革深入推进之时，我们应当将本土国情和域外经验深度融合，从而避免机械性制度移植引发的制度异化风险。

第五章
我国审判权配置的优化

诚然,我国的司法改革取得了一定成效,但略感遗憾的是,我国的司法改革一直未对审判权配置问题给予充分的观照。无论是审判委员会改革、法官员额制改革,还是独任制扩张适用改革,其都仅围绕审判权配置的某一方面开展。尤其应当注意的是,部分改革举措未能遵循审判权配置的基本逻辑,而这导致审判权配置的科学性、合理性欠缺。事实上,现有审判权配置模式已成为制约审判资源利用效率提升、阻碍审判责任制落实、影响精英法官培育的最主要因素。虽然局部性改革的成本较低,但因缺乏统筹谋划导致改革难以达致预期效果。

习近平总书记指出,要坚持符合国情和遵循司法规律相结合,坚持问题导向、勇于攻坚克难,坚定不移深化司法体制改革,不断促进社会公平正义。❶ 在司法改革向纵深推进的当下，对我国审判权配置模式进行全面优化乃司法改革的应然选择。对此，本书以审判权配置规律为支点，在借鉴域外国家审判权配置经验的基础上，提出因应我国审判实践的审判权配置构建方案。

第一节 独任庭、合议庭审判权的重置

一、独任庭、合议庭审判权配置的影响因素

事实上，审判组织审判权配置的主要考虑因素包括审判效率、审判质量、案件难易程度以及案件审级和法院级别，只有对影响独任庭、合议庭审判权配置的上述因素予以充分观照才能科学合理地设定独任庭、合议庭的审判权限。

（一）审判效率和审判质量

在社会主义市场经济背景下，效率可以说是整个社会的共同价值追求。某种程度上说，司法效率本身就具有正义的社会价值，欧洲国家20世纪90年代开展的以接近正义为目标的第三次司法改革同样将提升司法效率作为改革的重要内容。审判组织作

---

❶ 习近平. 坚定不移深化司法体制改革［EB/OL］. [2023-12-26]. http://politics.people.com.cn/n/2015/0325/c70731-26749889.html.

为案件审理的载体,其审判权如何配置将直接影响法院审判效率。在构建审判组织审判权配置方案时,应当体现审判效率。[1] 由于省去了组成合议庭、合议庭合议、制作合议庭笔录等诸多环节,加之独任庭仅需1名法官便可完成案件审理,故而独任庭的审判效率较高。同时,诸多的科学研究表明,案件审判的正确率与审判组织人数之间并无必然关系。事实上,独任制在审判效率方面的优势使得域外国家普遍将扩大独任制适用作为提升审判效率的突破口。

除提升审判效率,扩大独任制适用还能够实现审判人力资源的优化配置。通过比较不难发现,域外国家独任制扩张适用的背景与我国颇为相似。一方面,我国法院同样面临审判负荷过载的现实;另一方面,法官员额制改革后,我国法官队伍的专业化水平得到了较大提升。因而,我国扩大独任制适用的条件已经具备。事实上,扩大独任制适用已成为社会各界的共识。

公正是司法的生命线,独任制的扩张不是无限度的,其不能以降低审判质量为代价。[2]

如果仅仅是迫于积案压力而功利性地扩大独任制适用,则无疑缺乏审判体系整体功能的系统考虑。[3] 因此,审判组织审判权配置应当实现审判质量和审判效率的有机统一。为此,我们必须明晰独任制的适用范围,防止实践中独任制适用不当扩张损及案件审判质量。

---

[1] 姚莉. 法制现代化进程中的审判组织重构 [J]. 法学研究, 2004 (5): 74.
[2] 任重. 完善法官责任制改革的民事诉讼配套制度 [N]. 中国社会科学报, 2020-06-05 (6).
[3] 赵旻. 民事审判独任制研究 [M]. 武汉: 华中科技大学出版社, 2014: 1.

（二）案件难易程度

案件难易程度的差异造成不同案件的处理难度不同，案件难度越大，案件审理所需的审判人力资源就越多。为了更加科学合理地配置审判组织审判权，应当对案件进行较为细致的分类。我国程序法大致将案件分为简单案件和复杂案件，事实上，在简单案件和复杂案件之间还存在大量的普通案件。有学者将民事案件分为简单案件、一般案件和复杂案件；[1] 也有学者将民事案件分为简单案件、复杂案件、难办案件以及法律上有特殊意义的案件；[2] 还有学者将重大案件、疑难案件、新型案件、敏感案件统统归入难办案件的范畴。[3] 根据不同学者的观点，笔者认为案件根据难易程度的不同可以分为简单案件、一般案件和难办案件。之所以未采用复杂案件的说法，是因为有些新型案件本身可能并不复杂，但其有着重要的审判指导意义和法律价值，因而不论将其归入简单案件、一般案件还是复杂案件似乎都不够妥当，引入难办案件的概念可以很好地将此类案件纳入其中。前述第二种分类方式虽然能够反映出不同案件的典型特征，例如复杂案件强调案件自身的属性，难办案件强调案件涉及的案外因素，法律上有特殊意义的案件强调案件的法律价值，但这些分类之间不免存在重合。

---

[1] 陈秀玲. 论民事诉讼独任制适用范围的扩张 [D]. 南昌：南昌大学，2019：20.
[2] 王亚新. 民事诉讼法修改中的程序分化 [J]. 中国法学，2011（4）：187.
[3] 侯猛. 案件请示制度合理的一面——从最高人民法院角度展开的思考 [J]. 法学，2010（8）：127.

所谓简单案件,是指事实清楚、权利义务关系明确的案件,实践中此类案件的证据一般较为齐全并且当事人的是非对错很容易进行分辨。一般案件主要是指那些事实问题或者法律问题的处理具有一定难度,但整体难度不大的案件。由于类型多样,一般案件很难进行全面概括,因而域外国家在配置审判组织审判权时重在对难办案件进行界定。参照域外国家的经验,我国应当将重点放在难办案件的识别和认定上。除事实认定和法律适用较为复杂的案件,社会影响较大、影响社会稳定的案件也应归入难办案件的范畴。如果仅就案件本身而言,这些案件也许并不复杂,但由于案件审理还需兼顾社会效果,所以无形中增加了案件的审理难度。

参考民事案件的划分,刑事案件、行政案件同样可以分为简单案件、一般案件和难办案件。相较民事案件的审理只涉及当事人之间的人身关系和财产关系,刑事案件的审理关系到被告人的人身自由乃至生命,因此不同于民事诉讼领域积极扩大独任制适用,域外国家刑事案件的审理仍然以合议制为主。事实上,不同于民事诉讼领域注重难办案件的界定,刑事诉讼领域则更加注重简单案件的界定。我国主要从被告人可能判处的刑罚、被告人是否认罪认罚等方面对简单刑事案件进行界定,这与域外国家简单刑事案件的界定标准基本相同。对于行政案件而言,由于当事人双方地位不平等,故而更加强调审慎审理。目前,我国主要从行政行为的作出方式、争议金额以及是否属于政府信息公开等方面对简单行政案件进行界定。

(三) 案件审级和法院级别

案件审级和法院级别是影响审判组织审判权配置的重要因素。案件审判组织的适用因审级的不同而有所差异，域外国家大多采用四级三审制，最低级法院定位为简易法院，通常只审理简单案件；级别稍高的上一级法院主要审理简单上诉案件以及其他一般一审案件；次高级法院和最高法院原则上只审理上诉案件。审判组织审判权配置的实践表明，案件审级越高、法院级别越高，审判组织越倾向于采用合议制。

由于简易法院重在化解简单案件，而这些案件的难易程度决定了简易法院应当采用独任制审理。级别稍高的上一级法院由于审理的案件存在审级差异，通常其审理的一审案件采用独任制，二审案件采用合议制。为了更好地发挥审判监督职能，次高级法院审理上诉案件采用合议制审理。考虑到最高法院承担着统一法律适用的职能，因而最高法院采用合议制审理案件。总体而言，域外国家的一审案件审理以独任制为主、合议制为辅，上诉案件采用合议制审理，并且上诉案件审理的法院级别越高，其合议庭组成人数越多。在理顺审判组织审判权配置时，我们应当对案件审级和法院级别予以观照，借此实现审判组织审判权的合理配置。

二、独任庭、合议庭的审判权配置

(一) 民事案件独任庭、合议庭的审判权配置

修订后的《民事诉讼法》将基层法院适用独任制的范围扩

展至基本事实清楚、权利义务关系明确的第一审民事案件。相比适用简易程序审理的简单案件，适用独任制审理的一审简单案件并没有"争议不大"这一条件，据此推断，此类案件的当事人之间存在较为明显的分歧。简易程序适用条件的事实清楚与独任制普通程序适用条件的基本事实清楚有着明显的区别，事实清楚是指当事人对于案件事实陈述基本一致，并且能够提供相应证据进行证明；基本事实清楚是指争议民事法律关系发生变化的事实基本是清楚的，当事人双方都能提供相应证据，法院无须进行大量的调查取证工作，在全面审查当事人证据或者进行少量的证据调查后便能够查明案件事实。❶

事实上，《民诉法解释》中也存在基本事实的表述，《民诉法解释》第 102 条规定，当事人故意或重大过失提交的逾期证据不应当采纳，除非与案件基本事实有关。最高人民法院认为，基本事实与要件事实具有同义性，但由于我国不存在要件事实的概念，故用基本事实代替要件事实。❷ 基本事实清楚即案件核心事实总体上较为清楚，只不过部分细节事实还有待进一步查明，而这些事实的查明通常还需经过鉴定、评估等程序。❸ 通过比较可以发现，基本事实清楚重在强调基本，强调法官对案件整体的把握和理解程度，而事实清楚重在强调事实，强调案件本身简单

---

❶ 江必新. 新民事诉讼法条文理解与适用 [M]. 北京：人民法院出版社，2022：171.

❷ 最高人民法院民法典贯彻实施工作领导小组办公室. 最高人民法院新民事诉讼法司法解释理解与适用（上）[M]. 北京：人民法院出版社，2022：168.

❸ 最高人民法院民事诉讼法修改起草小组. 民事诉讼法修改条文对照与适用要点 [M]. 北京：法律出版社，2022：31.

清晰。❶ 一般案件"基本事实清楚"标准处于简单案件"事实清楚"和复杂案件"案情复杂"之间,根据案件性质和司法实践,基层法院适用独任制普通程序审理的案件主要包括涉及工程质量鉴定的建设工程合同案件、涉及医疗损害鉴定的医疗纠纷案件、核心事实查明难度不大的婚姻、继承案件。

对于适用独任制审理的二审案件,《民事诉讼法》要求应当经当事人双方同意。通常,同意有明示同意和默示同意两种。在民事诉讼中,默示同意需要有法律的明确规定才能产生效力。实践中,当事人明确同意适用独任制的可能性并不大,二审法院大多在当事人双方未明确反对的情况下适用独任制,这种以当事人默示视为当事人同意的做法严格意义上并不符合《民事诉讼法》的规定。❷ 笔者认为,二审独任制须经当事人同意这一条件虽然为独任制的适用设置了制约机制,但审判组织的适用本质上属于法院审判人力资源配置问题,因而二审独任制的适用不宜赋予当事人同意权。如此既能避免法院为适用独任制导致当事人同意要件虚化,还能够契合审判权配置的规律。当然,为防止法院恣意适用独任制,二审独任制可参照一审独任制普通程序的做法,采用"法院依职权决定 + 当事人异议"的模式。

目前,我国《民事诉讼法》并未允许中级法院适用独任制审理一审案件,这反映出我国过于强调案件的审慎审理而忽略了

---

❶ 靳建丽,张可. 独任制扩大适用的运行困境与优化探索[J]. 河南工业大学学报(社会科学版),2023(4):106.

❷ 吴英姿. 民事诉讼二审独任制适用条件研究——新《民事诉讼法》第 41 条评注[J]. 社会科学辑刊,2022(3):110.

案件本身的难易属性，由此可能造成标的额较大但案情较为简单的案件出现审判人力资源配置过剩的情况。事实上，以诉讼标的额作为法院级别管辖标准无法区分案件的难易程度，因而将一审独任制普通程序的适用限定在基层法院的思路是否符合《民事诉讼法》的基本原理有待商榷。❶ 根据法官员额制改革的要求，上级法院员额法官将从下级法院中遴选产生，法官逐级遴选保障了中级法院员额法官的专业素养和职业能力。如果从法官素养和能力的角度来看，中级法院一审案件具备适用独任制的条件，同时允许中级法院采用独任制审理部分简单一审案件也契合域外国家一审非复杂案件独任审理的理念，因此未来《民事诉讼法》可以考虑将中级法院审理的简单一审案件纳入独任制的适用范围。

考虑到法院级别和法院案件负担，高级法院一审民事案件应当采用合议制审理。由于高级法院作出的二审判决对于辖区内的下级法院具有重要示范和指导意义，故其二审案件应当采用合议制审理。在合议庭组成方面，域外国家高等法院的合议庭人数多为5人以上。为体现案件审理的慎重，高级法院二审案件的合议庭人数应多于基层法院和中级法院，参照域外国家的经验，高级法院二审案件可以由5名法官组成合议庭审理。最高人民法院作为我国审判的最高权威，其作出的判决不得上诉，因而无论最高人民法院审理一审案件还是二审案件都应当采用合议制审理。不过，由于最高人民法院法官人数众多，满席审理模式在我国缺乏

---

❶ 杨秀清，谢凡. 普通程序适用独任制的理论阐释［J］. 法治研究，2022(4)：111.

适用的空间。为凸显最高人民法院案件审理的庄重性，其合议庭应当由7名法官组成。如果最高人民法院审理的案件具有重要法律价值或者可能与之前的裁判观点相冲突，参照德国最高法院大审判庭的经验，可以由相应审判庭庭长、资深法官以及普通法官15人组成大合议庭审理。如果案件审判庭对于其他审判庭的裁判观点存在异议，可由最高人民法院院长、两庭庭长以及两庭资深法官、法官组成混合大合议庭审理。

（二）刑事案件、行政案件独任庭、合议庭的审判权配置

基层法院管辖的刑事案件主要为被告人可能判处无期徒刑以下的轻微刑事案件和一般刑事案件。目前，域外国家对于一审刑事案件大多采用独任制、合议制相结合的模式，只有少数较为激进的国家主张一审刑事案件原则上采用独任制审理。例如，西班牙修订后的《刑事诉讼法》要求一审刑事案件以独任制审理为基本原则。[1] 对于轻微刑事案件，根据审判效率与审判人力资源相匹配的原则，其应当采用独任制审理。

在轻微刑事案件的界定上，域外国家多以法定刑作为判断标准。如果被告人可能判处的刑罚在一定期限内，则可采用独任制审理。一方面，刑罚较低的案件表明被告人的社会危害性和案件的社会影响力较小；另一方面，这些案件在实践中较为常见，审理难度较低。在我国，3年有期徒刑是衡量案件社会危害性的主

---

[1] 斯特里克莱·伊夫. 法国刑事诉讼中的法官独任制 [J]. 王洪宇, 译. 中国刑事法杂志, 2004 (3): 123.

要标准，因此笔者建议将可能判处3年有期徒刑以下的案件交由法官独任审理。当然，如果上述案件符合难办案件认定标准的，则应当采用合议制审理。中级法院审理的一审刑事案件主要是被告人可能判处无期徒刑、死刑的严重刑事案件，这些案件应当采用合议制审理。虽然中级法院审理的二审刑事案件不乏简单案件，但出于对被告人自由剥夺的慎重，中级法院二审刑事案件仍然应当采用合议制审理。

行政案件的性质使得其对于独任制的适用较为慎重，由于当事人分别为公权力机关和公民、法人或者其他组织，双方矛盾较为尖锐，一旦处理不慎极易造成当事人之间的紧张对立。相较独任制，合议制一方面能够对案件进行更加充分的讨论，另一方面也能够对案件的裁判结果进行更加周全的考虑。因此，除基层法院审理简单行政案件外，其他行政案件应当采用合议制审理。

（三）独任庭、合议庭的适用转换

1. 独任庭、合议庭的转换情形

立案登记制实施后，法院在受理案件时仅作形式审查，这导致立案庭有时难以根据当事人提交的起诉状、证据材料等准确选择案件适用的审判组织。同时，当事人在案件审理过程中提出反诉、增加诉讼请求等也可能造成案件的审理难度发生变化，从而使得案件的审判组织应当及时作出调整。

在审判组织转换方面，德国独任庭、合议庭之间的接管机制

以及日本先行系属独任庭的经验值得我们学习和借鉴。在德国，独任庭与合议庭之间的转换是双向的，如果案件不宜继续采用独任制审理，则应当转为合议制审理，反之案件应由合议庭的1名法官接管。在日本，案件系属于地方法院后，统一先行适用独任制。以德国和日本两国的审判组织转换经验为蓝本，经基层法院立案庭形式审查的案件，除非案件明显属于难办案件，否则立案庭应当随机将其分配至独任法官。如果独任法官认为案件不宜采用独任制的，则应由法院裁定将案件转为合议制审理。如果合议庭认为案件不属于难办案件的，则案件可由合议制转为独任制审理。

大数据、人工智能等技术为立案庭选择适用审判组织提供了更加科学的参考，实践中上海市第一中级人民法院研发了案件繁简分流分类处置平台，平台根据71项繁简分流要素自动将案件分为简案、普案和繁案。对于被平台判定为简案的案件，立案后默认适用独任制；对于被平台判定为普案的案件，审判长在立案后10日内可以确认适用独任制，逾期未确认的默认适用合议制；对于平台判定为繁案的案件，立案后默认适用合议制。❶ 事实上，只有将立案阶段智能化的审判组织选择和审理阶段灵活的审判组织转换相结合，才能实现审判人力资源的及时调整，最终达致法院审判人力资源利用效率的最大化。

值得注意的是，实践中审判组织转换裁定的作出主体各异。

---

❶ 上海市第一中级法院．构建要素模型 优化资源配置——上海一中院启用案件繁简分流分类处置平台［EB/OL］．［2023 - 10 - 28］．http：//www.hshfy.sh.cn/shfy/gweb2017/xxnr.jsp? pa = aaWQ9MjAwOTYyMjEmeGg9MSZsbWRtPWxtNDYwz.

笔者认为，为避免独任法官推卸责任，由合议庭作出审判组织转换裁定更为妥适。当然，审判组织转换机制的顺畅运行还需要明确独任法官的归属。在德国，合议庭的组成较为固定，独任法官有着明确的合议庭归属，因而案件转移接管的审查主体较为明确。参考德国的经验，我国应当明确独任法官的合议庭归属，以便合议庭能够及时进行审判组织转换审查。

2. 独任庭、合议庭的转换限制

域外国家的独任庭、合议庭转换有着诸多限制，而这些限制主要体现在转换时间和转换次数两个方面。实践中，域外国家对于审判组织转换时间的把握尺度不一。有的国家审判组织的转换时间较为宽松，例如日本未设置审判组织的转换时间限制，法院可以随时决定审判组织转换；有的国家为避免因审判组织转换导致的诉讼迟延，要求尽可能地在一次集中的辩论中解决案件，[1]例如《德国民事诉讼法》对独任庭、合议庭的转换设置了严格的时间限制。如果合议庭对案件已作实质审理，则不得将案件移送至独任法官。案件由合议庭承接后，独任法官在案件承接前实施的诉讼行为与合议庭承接后实施的诉讼行为具有一体性。[2]

在审判组织转换次数上，修订前的《德国民事诉讼法》未

---

[1] 段文波，高中浩. 德国独任法官制度改革与启示 [J]. 西南政法大学学报，2016（1）：86.
[2] 罗森贝克，施瓦布，戈特瓦尔德. 德国民事诉讼法（下）[M]. 李大雪，译. 北京：中国法制出版社，2007：791-797.

对独任庭、合议庭的转换次数进行限制，由此导致实践中案件由合议庭移送独任法官后，又由独任法官重新移送合议庭。案件在合议庭和独任庭之间的反复移送严重影响了审判效率，为此修订后的《德国民事诉讼法》规定，合议庭承接案件后，不得将案件移送给独任法官，从而杜绝了前述问题。我国《民诉法解释》第258条第2款规定，适用简易程序审理的案件可在审理期限届满前转为普通程序，这意味着在审理期限届满前审判组织可由独任制转为合议制。然而，如果案件经过实质审理后仍然允许进行审判组织转换的，则有违直接言词原则，因此审判组织的转换时间应当限定在法庭辩论前。同时，我国还应当明确即便案件的审判组织发生转换，转换前审判组织实施的诉讼行为依然有效。在审判组织转换次数方面，应当将转换次数限定为1次，即使审判组织转换后审判组织转换的原因消除，亦不得再次进行审判组织转换。

第二节　审判委员会审判权的变革

虽然我国审判委员会经历了多次改革，但围绕审判委员会的争议仍未消弭。在审判委员会改革方面，审判委员会能否承担审判职能是其核心议题。事实上，只有在明确审判委员会是否应当配置审判权后，审判委员会存废、审判委员会职能、审判委员会运行方式等一系列问题才能够迎刃而解。

一、审判委员会审判权配置的论争

(一) 审判委员会审判权配置的学理之争

自20世纪90年代以来,学界关于审判委员会的争论便从未停息。苏力教授基于调研访谈认为,基层法院审判委员会有其存在的合理性。一方面,相比独任庭、合议庭,审判委员会的人数更多,贿赂的难度也更大,故审判委员会能够防止腐败;另一方面,审判委员会的集体决策机制使其能够抵御人情、抵挡其他行政机关的不当干预。[1] 相反,以陈瑞华教授、王利明教授等为代表的观点认为,审判委员会制度的弊大于利。这些学者以诉讼基本理论为分析工具,指出审判委员会制度剥夺了当事人的回避权、辩论权等诉讼权利,违反了直接言词原则、审判专业化原则、审判公开原则,未能实现最低限度的程序公正。[2] 同时,由于审判委员会的集体决策,导致司法责任制被扭曲。[3]

尽管反对审判委员会的观点都以程序正义为切入点,但在改革路径的选择上,不同学者间又存在分歧。贺卫方的观点较为激进,其主张应当适时取消审判委员会制度,真正还权于独任庭、

---

[1] 苏力. 基层法院审判委员会制度的考察及思考 [J]. 北大法律评论, 1998 (2): 320-364.

[2] 陈瑞华. 正义的误区——评法院审判委员会制度 [J]. 北大法律评论, 1998 (2): 381-412.

[3] 王利明. 人民法院机构设置及审判方式改革问题研究(上)[J]. 中国法学, 1998 (2): 7.

合议庭。❶ 陈瑞华教授、王利明教授的改革建议相对温和,前者主张可以从职能分工、审理方式两方面着手改造审判委员会,即审判委员会只负责案件法律适用问题,同时采用审理制审理案件;后者主张限制审判委员会的讨论范围,建议将审判委员会的工作重心放在总结审判经验。此外,以毕玉谦等为代表的观点主张不同地区的审判委员会应承担不同的职能,偏远地区的审判委员会应维持现有模式,而发达地区的审判委员会可改造为法院内部的咨询机构。❷ 可以说,20世纪末至21世纪初的观点讨论使得审判委员会逐渐受到关注,社会各界对于审判委员会也有了更为深刻的理解和认识。

不过,此后学界对于审判委员会的讨论热度有所降低。随着党的十八大以来司法体制改革的推进,审判委员会改革的话题再次获得关注,学者们基于不同视角提出了多元化的审判委员会改革方案。在是否应当保留审判委员会的审判职能问题上,学界主要分为保留说和取消说两大观点。保留说认为在当下社会转型变革时期,复杂疑难案件频发,如果仅由法官裁断而未经把关审核,极容易造成裁判错误,因此应当保留审判委员会的审判职能,但必须对其进行一定限制。❸ 例如,有学者采用列举式方法明确审判委员会讨论的案件范围;❹ 有学者建议将审判委员会的

---

❶ 贺卫方. 适时取消"审判委员会"[J]. 中国改革, 1999 (5): 3 - 5.

❷ 刘善春, 毕玉谦, 郑旭. 诉讼证据规则研究 [M]. 北京: 中国法制出版社, 2000: 132.

❸ 叶青. 主审法官依法独立行使审判权的羁绊与出路 [J]. 政治与法律, 2015 (1): 65.

❹ 冯之东. 司法体制改革背景下的审判委员会制度——以司法责任制为切入点 [J]. 时代法学, 2016 (1): 81 - 89.

审判职能限定在复杂疑难案件的法律适用问题,对于事实认定问题则不宜交由审判委员会决定;❶ 还有学者建议由审判委员会直接审理复杂疑难案件,并规定经审判委员会审理的案件,当事人不得再行上诉,从而将我国的二审终审变为"一审+审判委员会/二审"的混合模式。❷

由于不同级别法院的职能侧重不同,因而分层化构造审判委员会不失为一种改革路径。据此有学者提出,基层法院的审判委员会不再承担审判职能,而只承担宏观审判指导职能,其原有的审判职能改由审判委员会委员组成的合议庭承担。中级以上法院的审判委员会应当保留案件讨论职能,只不过如果交由审判委员会的案件为一审案件,则应由审判委员会委员组成的合议庭以开庭的方式审理;而如果交由审判委员会的案件为二审案件、再审案件,则仍然应由审判权委员会以开会讨论的方式审理。❸ 此外,还有学者提出了"三步走"的审判委员会改革思路,即在近期,审判委员会的案件讨论范围应当集中在刑事领域;在中期,进行审判委会个案讨论职能剥离试点;在远期,全面取消审判委员会的审判职能。❹

为了体现案件的直接审理,消除审判委员会讨论案件带来的

---

❶ 孙海波. 疑难案件裁判的中国特点:经验与实证 [J]. 东方法学,2017 (4):52-63;曾新华. 审判委员会讨论决定权的法教义学阐释 [J]. 法学杂志,2019 (11):130-140.

❷ 张卫彬. 人民法院审判委员会制度的实践与再造——基于A省B市中院审委会案件回流与分流的样态 [J]. 中国刑事法杂志,2017 (2):69-85.

❸ 方乐. 审判委员会制度改革的类型化方案 [J]. 法学,2018 (4):97-116.

❹ 徐向华课题组. 审判委员会制度改革路径实证研究 [J]. 中国法学,2018 (2):28-55.

程序性瑕疵，学者们提出了不同的解决方案，例如采用审理制、听证制审理案件或者要求审判委员会委员旁听庭审、观看庭审录像、讨论前阅卷。主张采用审理制的观点建议，审判委员会委员应当组成大合议庭审理案件；❶ 主张引入听证制的观点建议，允许当事人或者其代理人、辩护人在审判委员会会议上发表辩论意见；❷ 主张审判委员会旁听庭审、观看庭审录像的观点认为，此种方式能够克服审判委员会审判分离的缺陷；❸ 主张审判委员会讨论前必须阅卷的观点认为，讨论前阅卷有利于审判委员会充分了解案情。❹ 应当说，这些改革建议都是以问题为导向，旨在使审判委员会的运行更加符合审判规律。

取消说认为应取消审判委员会的审判职能，如果案件确实复杂、疑难的，则不应继续由审判委员会讨论决定，而是应由相关领域的审判委员会委员按照诉讼化的方式审理，以便契合程序正义的要求。❺ 考虑到目前中级以上法院审判委员会内部大多设有审判专业委员会，有学者建议在此基础上将审判专业委员会改造为专业化的委员合议庭，直接负责复杂、疑难案件的审理。❻ 不

---

❶ 刘振会. 论审判委员会研究案件机制的诉讼化构建——以刑事诉讼为视角[J]. 法律适用, 2017（7）：101.
❷ 蒋惠岭. 建立符合司法规律的新型审判权运行机制[J]. 法制资讯, 2014（4）：46.
❸ 杨凯. 审判委员会制度构架与程式的法理诠释[J]. 法治论坛, 2015（2）：248.
❹ 顾培东. 再论人民法院审判权运行机制的构建[J]. 中国法学, 2014（5）：296.
❺ 蔡彦敏. 断裂与修正：我国民事审判组织之嬗变[J]. 政法论坛, 2014（2）：149.
❻ 刘练军. 法定法官原则：审判委员会改革的新路径[J]. 北方法学, 2018（6）：115.

同于前述取消审判委员会审判职能但保留审判委员会的观点,有学者认为只需保留最高人民法院审判委员会,同时将其职能限定在法律解释。❶

(二) 审判委员会审判权配置的改革之考

回顾审判委员会的改革历史可以发现,最高人民法院始终秉持改革论的立场,认为审判委员会作为契合我国国情的司法制度应当予以保留,对于审判委员会存在的问题可通过优化审判委员会制度予以消除。因而,审判委员会改革主要在维持现有制度框架内进行调整。目前,审判委员会改革主要围绕审判委员会审判权行使范围以及审判委员会运行机制两方面展开。尽管部分改革举措已正式上升为法律规范,但仍有部分改革举措被束之高阁。

早在《一五改革纲要》中,最高人民法院就提出逐步将审判委员会的讨论范围限定在重大、疑难、复杂案件的法律问题,然而这一改革计划未能付诸实施。之后的《审判委员会改革实施意见》仅是缩小了审判委员会的案件讨论范围,这意味着审判委员会仍可讨论案件的事实问题。2013年,《审判权运行机制改革试点方案》同样将限缩审判委员会讨论范围作为审判委员会改革的主基调。直至2014年,最高人民法院印发的《四五改革纲要》才再次明确将审判委员会的讨论范围限定在案件法律问题,之后的《司法责任制意见》《法院组织法》《五五改革纲要》都坚持了审判委员会只讨论法律问题的观点。然而,2019年8月,最

---

❶ 魏胜强. 论审判委员会制度的改革——以我国台湾地区大法官会议制度为鉴[J]. 河南大学学报(社会科学版), 2013 (3): 77.

高人民法院发布的《关于健全完善人民法院审判委员会工作机制的意见》(以下简称《审判委员会工作意见》)规定涉及国家安全、外交、社会稳定等敏感案件和重大、疑难、复杂案件应当提交审判委员会。这表明审判委员会并不排除对案件的事实问题进行讨论,但由于该意见的位阶低于《法院组织法》,因而该意见似乎同上位法抵触,即便如此从该意见至少可以看出,最高人民法院仍希望审判委员会讨论案件事实问题。

审判委员会运行机制改革主要聚焦审判委员会的讨论方式,《二五改革纲要》中,最高人民法院提出将审判委员会的讨论方式由会议制改为审理制。尽管《审判权运行机制改革试点方案》提出推行委员合议庭办案制,但令人遗憾的是,此后审判委员会审理制改革不再被提及。❶《四五改革纲要》《司法责任制意见》《五五改革纲要》都将审判委员会的审判权行使方式描述为"讨论"而非"审理"。只不过为了保障审判委员会讨论的有效性,《司法责任制意见》要求审判委员会委员讨论案件时应当提前阅读材料,必要时可调阅案卷、案件音视频。实践中,地方法院审判委员会改革的方式更加多元,其中不乏突破现有法律规范的越权尝试。❷

2012年,广东省高级人民法院《关于完善审判委员会工作机制的实施办法》要求,合议庭将案件提交审判委员会讨论前应

---

❶ 刘练军. 法定法官原则:审判委员会改革的新路径 [J]. 北方法学,2018 (6):105.

❷ 张卫彬. 审判委员会改革的模式设计、基本路径及对策 [J]. 现代法学,2015 (5):24.

当向当事人宣布审判委员会委员名单，询问当事人是否申请审判委员会委员回避；❶ 2013 年，长春市中级人民法院改革审判委员会委员选任方式，改革后，资深法官也能够担任审判委员会委员，从而打破院领导垄断审判委员会的局面；❷ 2014 年，安徽省高级人民法院印发《全省法院开展"庭审亲历"活动实施方案》，要求全省范围内各法院审判委员会每月至少集体现场旁听1 场拟提交审判委员会讨论的案件，或者由审判委员会委员直接参加合议庭开庭审理案件，全年不低于 10 场，各地法院可根据实际情况，通过集中观看庭审录像等方式，增加"庭审亲历"的案件数量；❸ 2014 年，贵定法院制定《审判权运行机制改革暂行条例》，将审判委员会的职能明确为指导监督审判工作，而不再讨论具体个案。❹ 诚然，贵定法院的审判委员会改革从源头上祛除了审判委员会的积弊，但在未取得改革试点授权之前，取消审判委员会案件讨论职能无疑与现有法律相冲突，因而此项改革的合法性值得商榷。

总体而言，各地的审判委员会改革取得了一定的成效。例如，告知当事人审判委员会名单消解了审判委员会的黑箱运作，改革审判委员会选任方式淡化了审判委员会的行政倾向。但不容

---

❶ 林晔晗. 广东高院推行"审委会委员回避制度"［N］. 人民法院报，2012 - 05 - 24（1）.

❷ 胡春晓，张玉卓. 长春中院：普通法官进入审委会［EB/OL］.［2023 - 09 - 22］. http：//cczy. chinacourt. gov. cn/article/detail/2013/03/id/1855284. shtml.

❸ 李忠好. 安徽法院"庭审亲历"提升办案质量［N］. 人民法院报，2014 - 06 - 06（1）.

❹ 蒙丽华，倪淑琴. 贵定法院率先改革：审委会不讨论个案［J］. 法制生活报，2014 - 02 - 19（1）.

忽视的是，地方法院种类繁多的改革措施未能从根源上解决审判委员会违反正当程序的问题。尽管最高人民法院有意通过限缩审判委员会的审判权行使范围弱化审判委员会的案件讨论职能，但客观上法院依然未能摆脱对审判委员会的依赖，实践中案件讨论仍是大多数法院审判委员会的主要工作。事实上，相较审判经验总结等其他职能，案件讨论的效果更加立竿见影，因而只要赋予审判委员会审判权，那么案件讨论便当然地成为审判委员会的核心职能。

二、不宜保留的审判委员会审判权

客观地说，审判委员会在我国历史上发挥了积极作用。由于法院在国家权力体系中处于相对弱势地位，因此法院的独立性较易受到地方党委和政府的影响。审判委员会作为集体决策机构能够在一定程度上缓冲外部压力，有学者的实证研究表明，审判委员会能够抵御外部因素对司法裁判的不当干扰。[1] 然而，我们不能仅仅因为审判委员会存在某些优势就理所当然地认为应当保留审判委员会的审判权。事实上，在审判委员会审判权配置问题上，应当坚持是否符合司法规律这一判断标准。[2] 如果改革后的审判委员会符合司法规律，那么保留审判委员会审判权自无问题，而如果无法通过改革使审判委员会契合司法规律，那么保留

---

[1] 吴英姿. 法官角色与司法行为 [M]. 北京：中国大百科全书出版社，2008：182.
[2] 蔡彦敏. 断裂与修正：我国民事审判组织之嬗变 [J]. 政法论坛，2014 (2)：47–48.

审判委员会审判权便失去了正当性。

（一）无法克服的审判分离

审判委员会存在的主要问题在于审判分离，其不仅违反直接言词原则，还造成审判责任制的虚化。尽管审判委员会改革通过限缩审判委员会的审判权行使范围、强化审判委员会亲历性等方式消解审判分离，但这些改革客观上仍无法完全消解审判委员会的审判分离缺陷。

1. 限缩审判权行使范围下的审判分离

改革后的审判委员会不再讨论案件的事实问题而只讨论法律问题，然而此项改革得以付诸实践的前提在于法院能够准确区分事实问题和法律问题。遗憾的是，我国目前仍缺乏成熟有效的事实问题、法律问题识别机制。即便在英美法系国家，事实问题和法律问题也无法截然区分。应当认识到，事实问题和法律问题总是相互交织，一方面，事实问题具有法律性，因为任何事实都需要由客观事实转化为法律事实；[1] 另一方面，法律问题又具有事实性，因为任何法律问题都需要以事实为基础。对此有学者指出，所有的事实判断都会涉及法律标准的要素，对所有法律标准的分析都不可避免地涉及对事实的评价，因而在事实问题和法律

---

[1] 曾新华. 审判委员会讨论决定权的法教义学阐释［J］. 法学杂志，2019 (11)：130–140.

问题的分析和判断中划出明确的界限是无法实现的。❶

即便能够解决事实问题和法律问题的界分，审判委员会讨论案件法律问题仍然无法摆脱审判分离的窘境。为贯彻直接言词原则，无论是公开审理还是不公开审理的一审案件，都必须开庭审理。诚然，在陪审团参与审理的一审案件中，事实问题和法律问题分别由陪审团和法官认定，但多个审判组织共同行使审判权与陪审团自身的属性密不可分。在英美法系国家，陪审团成员都是从普通民众中随机抽选产生。很明显，让这些未接受过系统性法学教育的陪审团成员决定专业性较强的法律问题不免强人所难，陪审团成员的非专业性决定了案件的审判权必须分割行使。事实上，除适用陪审团审理的案件外，英美法系国家其他一审案件皆由独任法官或者专业合议庭审理。有学者认为，英美法系国家审判组织审判权的共同行使为审判委员会讨论法律问题提供了正当性依据。❷

然而，我国审判委员会不具备多个审判组织共同行使审判权的条件。一方面，在适用陪审团审理的案件中，陪审团和法官各自的审判权限较为明确，由陪审团负责案件事实问题旨在发挥民众的朴素正义观，彰显司法民主，而我国审判委员会则没有像英美法系国家一样存在观照非职业审判人员专业知识欠缺的需要；另一方面，多个审判组织共同行使审判权的过程类似于接力跑，

---

❶ 陈杭平. 刑事陪审中法律问题与事实问题的区分［J］. 中国法学，2017（1）：58.

❷ 李先伟. 审判委员会司法权之理论基础与制度完善——兼评《关于改革和完善人民法院审判委员会制度的实施意见》［J］. 中州学刊，2011（2）：81.

当前一个审判组织行使完案件审判权后，其将审判权的行使结果传递至下一个审判组织，由其根据前者的审判权行使结果作出最终的裁判。由此可见，即便审判权由多个审判组织共同行使，但前一审判组织未影响后一审判组织独立行使审判权。❶ 然而，在我国审判委员会讨论的案件必先经历合议庭评议这一前置程序，❷ 即审判委员会讨论前，案件已经过合议庭的审理和讨论，有学者将这种现象地称为"半截审"。❸

在英美法系国家"陪审团负责事实问题认定，法官负责法律问题认定"模式下，不同审判组织的审判权行使范围不存在重合，但在我国"合议庭负责事实问题、法律问题认定，审判委员会负责法律问题认定"模式下，合议庭和审判委员会的审判权行使范围发生了重叠，此种审判权的重叠行使削弱了庭审的重要性，减损了程序正义。

事实上，审判合一理念的背后还蕴含着审判组织的独立性价值，其要求审判组织拥有独立的审判权。因而，一审案件审理的全过程应当由某一审判组织独立完成，相应的审判合一中的"判"包括事实问题的判和法律问题的判。然而，我国品字形的审判组织架构使得作为下级审判组织的合议庭必须遵守审判委员会有关法律问题的决定，从而使审判委员会未能逃离"审者不

---

❶ 李利. 审判委员会改革：以司法独立与司法问责为视角［J］. 湖北社会科学, 2016（9）：148.
❷ 冯知东. 司法体制改革背景下的审判委员会制度——以司法责任制为切入点［J］. 时代法学, 2016（1）：83.
❸ 张卫彬. 审判委员会改革的模式设计、基本路径及对策［J］. 现代法学, 2015（5）：29.

判、判者不审"的窠臼。

既然审判委员会讨论一审案件法律问题仍会造成审判分离,那么将审判委员会的讨论范围限制在二审案件法律问题是否可行?诚然,对于采用书面审理的二审案件,其不必遵循直接言词原则,但审判委员会的审理模式决定了其讨论二审案件同样会引发审判分离。不仅如此,事实问题和法律问题之间的密切联系使得前者的认定必然影响到后者的认定,如果审判委员会讨论的法律问题建立在合议庭错误的事实问题认定基础上,那么审判委员会讨论决定的正确性就会受到影响。客观而言,审判委员会讨论的多数案件属于事实问题复杂、敏感,只有少量案件属于法律问题复杂、疑难。总而言之,审判委员会审判分离症结的解决不在于区分法律问题和事实问题,而在于消除审判组织之间的不平等性,但很明显,在现有制度框架下这似乎是一道无解的难题。

2. 亲历性改革下的审判分离

虽然目前审判委员会仍然保留会议制的运作方式,但实践中地方法院通过多种方式强化审判委员会的亲历性。概言之,地方法院增强审判委员会亲历性的方式主要包括旁听庭审、观看庭审录像、合议庭全体成员向审判委员会汇报、增设听证程序。应当承认,这些改革举措在一定程度上增加了审判委员会的亲历性,但与案件审理的亲历性要求仍有距离。

首先,旁听庭审、观看庭审录像、由合议庭全体汇报案件尽管表面上有利于审判委员会更加谨慎地把握案件,但在旁听庭审、观看庭审录像、听取合议庭全体汇报的过程中,审判委员会无法与当事人直接进行交流沟通。由于未能与当事人形成直接联系，前述审判委员会亲历性改革实质上属于陈瑞华教授所称的新间接审理主义。[1]

其次，审判委员会委员旁听庭审的可操作性较差。由于审判委员会委员大多具有领导职务，行政事务繁忙，故让审判委员会委员抽出时间旁听庭审显然不太现实。此外，合议庭在审理过程中通常不会主动判定案件是否复杂、疑难，只有在案件审理受阻时，区分案件是否符合提交审判委员会讨论的条件才变得有必要。[2] 换句话说，审判委员会委员旁听的案件最终并不一定提交审判委员会讨论。

最后，审判委员会听证方式虽然能够在审判委员会和当事人之间建立联系，但其缺乏当事人双方之间的互动，兹以媒体公开报道的一起辩护律师列席审判委员会会议为例进行说明。在晋城市中级人民法院审判委员会讨论的一起诈骗案件中，承办检察官对事实认定、取证环节作出说明，辩护律师就争议事实及主张进行陈述，委员做了询问。[3] 由此可见，听证程序侧重审判委员会委员与当事人之间的沟通，而忽视了当事人双方之间的辩论。另外，根据诉讼基本理论，法庭辩论终结时为判决既判力形成的基准时，因而在法庭辩论终结后，审判组织只能根据法庭辩论终结

---

[1] 陈瑞华. 新间接审理主义"庭审中心主义改革"的主要障碍 [J]. 中外法学, 2016 (4): 845-864.

[2] 孙海波. 疑难案件裁判的中国特点：经验与实证 [J]. 东方法学, 2017 (4): 55.

[3] 罗书彬. 司改新政：看律师如何走进审委会？ [J]. 民主与法制周刊, 2019 (22): 9.

前形成的材料内容作出裁判。如果案件由合议庭转移至审判委员会讨论后,仍然准许当事人列席审判委员会会议无异于又给予当事人一次陈述观点的机会。

(二) 无法维系的组织整体性

事实上,将人数众多的审判委员会召集到一起开会本身就是件极为复杂的事情。此外由于审判委员会委员的来源多样,不同委员有着自己擅长的审判领域,例如分管民庭的副院长、民庭庭长对于民事审判有着深厚的造诣,但对刑事审判相对陌生,因而审判委员会讨论的专业性备受质疑。为强化审判委员会讨论的专业性,最高人民法院《审判委员会工作意见》指出,中级以上法院可根据工作需要,召开刑事、民事行政的专业委员会会议。审判委员会改革后,审判委员会会议分为全体会议和专业会议。根据改革要求,全国部分法院已在审判委员会内部分设刑事专业审判委员会和民事行政专业审判委员会。

尽管法院为提升审判委员会讨论专业化付出的努力值得肯定,但在审判委员会内部设立专业审判委员会似乎是"穿新鞋走旧路",这与此前部分法院采取的将审判委员会一分为二的做法并无本质区别。由此,我们不禁会产生这样的疑惑,究竟审判委员会还是专业审判委员会是审判组织?如果认为审判委员会是审判组织,但是其整体性未能得到体现,而如果认为专业审判委员会是审判组织,那么专业审判委员会显然无法与审判委员会相等同,毕竟法律尚未承认专业审判委员会的审判组织地位,由其进行个案讨论不免师出无名。总之,审判委员会的审判组织身份似乎在审判实践中未能得到坚守。

从域外国家的实践来看，复杂、疑难案件大多由大合议庭审理。事实上，由于合议庭的包容性极强，故其人员组成较为灵活。反观我国，审判委员会则是一个人数较为固定的审判组织，各级法院的审判委员会都有着明确的委员人数，同时委员的任免由同级人大常委会决定，这意味着仅由部分审判委员会委员讨论案件缺乏合法性。一言以蔽之，除非审判委员会全体委员共同参与案件审理，否则审判委员会审判组织定位的合法性就值得商榷，但很显然此种情形在实践中较难实现。

（三）审判权保留下的惯性依赖

正如离不开学步车的婴儿永远学不会走路一样，如果过于强调审判委员会的优势，那么法院将无法消除对于审判委员会的依赖。由于审判委员会的存在，独任庭、合议庭每遇及拿不定主意的疑难、复杂案件便会选择将案件提请审判委员会把关。实践中，有的案件合议庭内部本无分歧，但因案情重大合议庭害怕担责而故意将案件提请审判委员会讨论，甚至有的法院分管院领导授意合议庭成员故意提出不同意见，从而以合议庭内部存在分歧为由，将案件提请审判委员会讨论。[1] 事实上，将案件提请审判委员会只不过是增加合议庭的内心确信而已，但此种对于审判委员会的过度依赖造成的效果无疑是负面的。

一方面，审判委员会减损了独任庭、合议庭的独立性。独任

---

[1] 冯之东. 司法体制改革背景下的审判委员会制度——以司法责任制为切入点[J]. 时代法学, 2016 (1): 84.

庭、合议庭作为独立的审判组织，理应独立审理案件、独立作出裁判，但审判委员会的存在使其成为独任庭、合议庭转嫁审判压力的最佳选择。独任庭、合议庭将案件提请审判委员会讨论实际上是将个体责任转换成集体责任，❶ 由此导致责任黑洞的形成，而这也为法院、法官逃避责任提供了充分的借口。❷ 一旦审判委员会讨论的案件被二审法院改判或者发回重审，独任庭、合议庭法官完全不受案件发改对其自身考评的影响。应当说，审判委员会的庇护阻碍了独任庭、合议庭的独立思考，弱化了独任庭、合议庭的责任感。因而，只要继续保留审判委员会的审判职能，独任庭、合议庭就存在将案件提请审判委员会的冲动。反过来，独任庭、合议庭对审判委员会的依赖又加剧了独任庭、合议庭的非独立性，导致独任庭、合议庭难以真正独立行使审判权。

另一方面，审判委员会的自身缺陷造成其不可避免地侵蚀程序正义。随着程序正义的理念不断深入人心，当事人不仅需要公正的裁判结果，更需要正当的诉讼程序。然而，审判委员会的运作是一种典型民主政治决策程序，而非法律运作要求的说理机制。❸ 经由审判委员会讨论的案件，虽然其裁判结果或许更为妥适，却在一定程度上折损了司法公信。

归结而言，在法治不健全、法治人才匮乏的时期，审判委员

---

❶ 王延延.论法院案件集体讨论机制的变迁——从审判委员会到法官会议[J].北京理工大学学报（社会科学版），2020（3）：151.

❷ Xin He. Black Hole of Responsibility: The Adjudication Committee's Role in Chinese Court [J]. Law and Society Review, 2012 (4): 681-712.

❸ 邵六益.审委会与合议庭：司法判决中的隐匿对话[J].中外法学，2019（3）：735.

会对于案件审判质量的提升功不可没。然而，随着法治国家建设的全面推进，审判权配置应当纳入科学化、规范化的轨道。令人遗憾的是，尽管我国对审判委员会制度进行了诸多改革尝试，但其始终无法克服审判分离、组织整体性难以维系的缺陷。

三、审判委员会的职能重塑

审判委员会的审判权行使方式以及组织运行模式决定了审判委员会审判组织定位的合理性不足。事实上，在保留审判委员会审判权的前提下，无论对审判委员会进行何种改革，都无法消弭审判分离、组织整体性难以维系的弊病。因而，取消审判委员会审判权就成为审判委员会改革的应然路径。

（一）审判委员会的职能纯化

随着法官员额制、司法责任制以及领导干部干预司法活动、插手具体案件记录、通报、追责制的实施，独任庭、合议庭独立行使审判权的外部环境得到了极大改善，独任庭、合议庭利用审判委员会抵御外部干预的需求也随之降低，特别是法官终身追责增强了法官的责任意识，出于自身利益的考量，法官也会自觉抵制外部干预，依法独立办案。在此种背景下，继续保留审判委员会审判权带来的收益显然远小于审判委员会对程序正义的侵蚀。此外，取消审判委员会审判权，改由审判委员会委员组成的合议庭直接审理案件完全可以实现与现有审判委员会讨论案件殊途同归的效果。鉴于此，取消审判委员会审判权的时机已趋成熟。

在取消审判委员会案件讨论职能后，有学者认为审判委员会可定位为咨询建议机构，❶但笔者认为此种观点值得商榷。当下各级法院内部已设立法官会议并将其作为审判咨询机构，如果将审判委员会定位为咨询建议机构，那么审判委员会与法官会议之间是何种关系？如果是平等关系，则两者的职能无疑存在重合，不免有重复设置之嫌，而如果是非平等关系，则显然又同咨询建议机构的定位相背离。更何况，审判委员会委员对于原审案件合议庭成员的职务升迁有着重要话语权，故审判委员会的讨论意见将不可避免地对合议庭产生重要影响。事实上，宏观审判指导乃审判委员会最重要的职能，只不过在以往的审判实践中，审判委员会的职能发生了异化，作为辅助职能的案件讨论喧宾夺主地成为审判委员会的主要职能。早在1954年，董必武就将审判委员会的职能概括为"主要总结审判经验，也研究重大疑难案件"。❷

虽然法院党委也有权对法院工作进行领导，但与行政机关党委和行政班子之间的差异化分工类似，法院党委主要负责把握法院的政治方向，而审判委员会则主要负责审判业务的指导和监督，因而法院党委难以取代审判委员会的宏观指导职能。❸这意味着审判委员会的宏观指导职能不但不应弱化反而应予强化，因而强化审判委员会宏观指导职能就成为审判委员会改革的

---

❶ 李雨峰. 司法过程的政治约束——我国基层人民法院审判委员会运行研究[J]. 法学家，2015（1）：17.

❷ 岩皓. 审判委员会功能的异化与重构[J]. 西南政法大学学报，2005（6）：99.

❸ 谭中平，肖明明. 民主集中制与少数服从多数：功能分野视角下审委会组织原则的二元重构[C]//齐树洁. 东南司法评论. 厦门：厦门大学出版社，2018：203.

基本方向。❶ 根据改革构想，改革后审判委员会的职能将被纯化为宏观审判指导。相应的，审判委员会应当定位为宏观审判指导组织，着重发挥审判委员会在统一裁判尺度、提升法院整体审判质量的优势。事实上，由于宏观指导权本质上是一种决定权而非审判权，故审判委员会可通过开会讨论的方式决定宏观审判指导事务。同时，审判委员会还可以保留现有的召集方式，即半数以上委员参加即可召开审判委员会会议。当然，为了体现审判委员会讨论决定的代表性，讨论决定应当获得半数以上委员通过。

我国四级法院的审判职能差异决定了不同级别法院的审判委员会承担着不同的宏观审判指导职能。最高人民法院主要承担统一全国法院法律适用的宏观指导职能，其审判委员会主要负责讨论制定司法解释、筛选发布指导性案例；高级人民法院主要负责规范下级法院的审判活动、统一下级法院的裁判标准。相应的，其审判委员会的宏观指导职能包括讨论审判活动规范、发布参考性案例；层级较低的中级人民法院、基层人民法院的审判委员会主要负责遴选本院审理的具有示范效应的案件并向上级法院推荐指导性、参考性案例。除此之外，各级法院的审判委员会还存在以下共同的宏观指导职能：讨论审判态势分析报告、定期听取业务部门汇报、部署本院或者所辖法院的审判工作、制定本院或者所辖法院的审判业务规范、反思总结本院冤假错案、瑕疵案件的

---

❶ 最高人民法院司法改革领导小组办公室.《最高人民法院关于全面深化人民法院改革的意见》读本 [M]. 北京：人民法院出版社，2015：171.

审判经验。❶

(二) 审判委员会审判职能的承继

1. 承担审判职能的委员合议庭

对于复杂疑难案件，由审判经验丰富的资深法官处理无疑更为妥当。虽然审判委员会委员大多担任领导职务，但正所谓"审而优则仕"，担任法院领导本身就足以证明其拥有精湛的审判技艺。据了解，绝大多数审判委员会委员都具有10年以上的审判工作经历。因而，审判委员会的审判职能可由委员合议庭承继。

事实上，审判委员会内部设立的专业审判委员会为委员合议庭的构建创造了条件。对此，刘练军教授建议在审判专业委员会的基础上成立刑委庭和民委庭，其只需半数以上成员参与即可审理案件。❷ 虽然设立刑委庭、民委庭可以实现案件诉讼化审理，但刑委庭、民委庭的实质仍然是合议庭。如果只要求刑委庭、民委庭半数以上成员出席即可，那么显然与合议庭的组织运行逻辑相冲突。

关于委员合议庭的设置，我们是否可以转换思路，即不以设定固定的委员合议庭为目标，而是将委员合议庭非固定化。据此，以现有刑事专业审判委员会、民事行政专业审判委员会为蓝

---

❶ 四川省高级人民法院课题组. 司法改革中地方法院审判委员会宏观指导职能的重置——基于C省审委会制度运行的实证分析 [J]. 理论与改革, 2015 (6)：143.

❷ 刘练军. 法定法官原则：审判委员会改革的新路径 [J]. 北方法学, 2018 (6)：114.

本，分别设立刑事专业审判委员库和民事行政专业审判委员库。对于应由审判委员会审理的案件，可由审判委员会从对应的专业审判委员库中选择委员组成合议庭。在人员组成上，委员合议庭应为奇数并且必须超过专业审判委员会全体委员的 1/2。如果案件涉及多个领域，例如案件属于民刑交叉，则应当由 1/2 以上审判委员会委员组成委员合议庭审理。

考虑到基层人民法院审判委员会人数存在差异，因而对于委员人数较多的审判委员会，可以参照中级以上法院设立专业审判委员库，但对于委员人数较少的审判委员会，可以不设专业审判委员会，直接由半数以上委员组成委员合议庭直接审理案件。如果审判委员会审理的一审案件需要人民陪审员参与，则应当由专业审判委员会委员和人民陪审员组成混合合议庭审理。

2. 委员合议庭的案件审判权

考虑到审判委员会委员的工作负担，法院应当严格限制委员合议庭审理的案件数量。原则上，委员合议庭审理的案件限于难办案件。对于法院院长认为本院已生效裁判文书需要再审的，被告人可能判处死刑的以及检察机关抗诉的案件，应当交由委员合议庭审理。根据审判组织的职能分工，非简单案件由合议庭审理，那么普通合议庭和委员合议庭都有权审理难办案件，二者之间的审判权限应当如何界分？

关于此问题，一方面可以通过强化立案筛查过滤实现案件分流。为此，法院可以预先将影响案件审理的因素（例如诉讼标的额、当事人人数）进行赋分，借助大数据、人工智能等现代信息技术，对案件难易程度进行综合评估。如果案件的综合评估得分超过相应分值，即可触发移送机制，由系统自动将案件移送审判委员会。

另一方面，鉴于立案庭对于案件难易程度的认定可能与审判委员会存在偏差，因此审判委员会有权对立案庭移送的案件进行审查，只有通过审查的案件才能最终得到委员合议庭的审理。事实上，为解决审判委员会讨论案件过多、过泛的问题，最高人民法院2015年颁布的《关于全面深化人民法院改革的意见》提出，建立审判委员会讨论事项先行过滤机制。此后，最高人民法院给出了较为具体的讨论事项过滤实施方案，即由院长指派2~3名委员或者其他资深法官审查案件是否属于审判委员会的讨论范围，其讨论决定应当报院长最终决定。参照审判委员会过滤机制，审判委员会可指定相应专业审判委员库的3名委员组成审查小组，对立案庭移送的案件是否有必要由委员合议庭审理进行审查。如果审查小组审查后认为案件不应由委员合议庭审理，则应将案件退回立案庭并说明理由，立案庭收悉后再根据分案原则将案件分配至独任庭或者合议庭。

在案件审理方式由讨论制变为审理制后，审判委员会委员参与案件审理的时间将显著增加，以往半天就能讨论数个案件的情形将不复存在。如果仍然维持现有的审判委员会人员组成，那么审判委员会委员或将难以保证有足够的时间参与案件审理。为此，应当优化审判委员会委员结构。事实上，最高人民法院早在《二五改革纲要》中就提出，改革审判委员会人员构成，确保业务能力强的优秀法官进入审判委员会。为了凸显审判委员会的专业化以及实现委员合议庭的有效运转,我国应当淡化审判委员会的行政色彩,改变审判委员会基本由院领导组成的结构,允许更多的资深一线法官进入审判委员会。

第三节 审判人员审判权的多元差异化配置

我国完整化的审判人员审判权配置模式已成为审判资源利用效率提升、司法责任制落实、精英审判人员培育的掣肘,同时此种审判权配置模式还漠视了不同审判权行使难度的差异以及当事人多元化的司法诉求。因而,改革现有审判人员审判权配置模式,构建多元差异化的审判人员审判权配置体系已刻不容缓。❶

一、审判人员审判权配置的改革路径

目前,学界在审判人员审判权配置的总体改革方向上已达成共识,即审判人员不应局限于法官员额制改革后的员额法官,而是应当进行必要扩充。❷ 不过,在具体改革路径的选择上,学界尚存在分歧。

---

❶ 邱波. 论助理审判员序列消失与职能继承——以上海市 E 中院试点改革实践为样本 [J]. 法治论丛, 2017 (1): 35.

❷ 刘斌. 从法官离职现象看法官员额制改革的制度逻辑 [J]. 法学, 2015 (10): 51.

（一）审判人员审判权配置的改革方案

关于审判人员审判权配置方案，学界大致形成法官分类说和法官助理分级说两大观点。

1. 法官分类说

法官分类说以法官类型差异化为进路，主张根据法官审判权限的不同将法官分为全权法官和限权法官。例如，有学者建议将法官分为初任法官和审判法官，前者主要审理简单案件，后者主要审理一般案件和难办案件。初任法官应当从初审法官做起，待积累一定的审判经验后，可遴选为审判法官；❶有学者主张将法官可分为助理法官、普通法官、资深法官。助理法官主要审理简单案件，普通法官主要审理一般案件和难办案件，资深法官除有权审理一般案件和难办案件外，还可以法院业务专家的身份参与宏观审判指导工作；❷有学者认为法官可分为员额法官、候补法官。❸候补法官主要借鉴日本等国家和地区的经验。实际上，《法院组织法》早期草案稿中曾提出设置候补法官的构想，但该

---

❶ 姚莉. 比较与启示：中国法官遴选制度的改革与优化 [J]. 现代法学，2015 (4)：39.

❷ 王庆廷. 法官分类的行政化与司法化——从助理审判员的"审判权"说起 [J]. 华东政法大学学报，2015 (4)：80.

❸ 相关观点参见：陈瑞华. 法院改革的中国经验 [J]. 政法论坛，2016 (4)：112-125；杨富元，吴昊，宋震. 员额法官养成机制的逻辑分析与范式构建 [J]. 山东法官培训学院学报，2019 (5)：33-43；薛永毅. 基层法院设立候补法官制度研究——以法官养成及审判权二元配置为中心的分析 [J]. 渭南师范学院学报，2019 (12)：18-24.

建议最终未被立法机关采纳；还有学者建议恢复已消失的助理审判员，但应赋予助理审判员、审判员不同的审判权限。❶ 在对法官扩容后，法官助理将不再承担法官培育职能，由此法官助理将定位为纯粹的审判辅助人员。应当说，经过前述改革，法官和审判辅助人员将成为相互独立的职业序列。

2. 法官助理分级说

法官助理分级说认为在我国司法人员分类管理体系初步建立的背景下，另行在员额法官之外设置新的法官类型将造成司法人员管理体系的推倒重来。基于此，法官助理分级说认为应当充分发掘法官助理的审判潜能，通过将法官助理分级，赋予特定级别法官助理相应的审判权。

持法官助理分级说的学者大多将法官助理分为初级法官助理、中级法官助理和高级法官助理。只不过在审判权限的设定上，不同观点略有差异。例如，有学者认为初级法官助理和中级法官助理不得参与案件审理，而高级法官助理作为法官助理向法官转换的衔接阶段，有权审理小额诉讼案件、简易程序案件、非诉案件。为了便于审判经验积累，高级法官助理不承担审判辅助事务。严格来说，高级法官助理只是披着法官助理的外衣，本质上与候补法官无异。❷ 还有学者主张除了高级法官助理拥有审判

---

❶ 刘晨. 法院改革中制度移植的反思——从"从法官助理回归助理审判员"想开去 [J]. 法治论坛，2009（2）：269.

❷ 李志增，李冰. 内生型塑造：法官助理三阶式养成路径探析——基于审判辅助事务与初任法官培养模式的契合 [J]. 中国应用法学，2019（4）：50-51.

权外，中级法官助理亦有权处理调解事务。❶

  事实上，最高人民法院在早期的法官助理改革文件中亦准许法官助理通过代表法官主持庭前调解的方式承担审判职能。❷ 在地方法官助理改革实践中，部分地方法院赋予法官助理范围不等的审判权，从而使法官助理承担起部分法官角色。例如，宁波市北江区人民法院允许未入额的法官助理审理简单案件。❸ 2016年，山西省部分司法改革试点法院允许未入额的法官助理审理民事简易案件和被告人认罪的轻微刑事案件。❹ 在这些改革中，法官助理虽然名为助理，但实际上属于拥有部分审判权的审判人员。❺ 有学者对当前法官助理承担的双重职能表示异议，其主张应当切断法官助理向法官转换的通道，让法官助理走职业化的发展道路。由于审判辅助人员和法官的职能分工不同，故两者之间应当形成职业隔离。如果允许审判辅助人员转为法官，则审判辅助人员将无法抑制向法官进阶的内心冲动，从而不利于保持法官助理队伍的稳定。❻

---

❶ 王其见，冯振亚. 法官助理的职责"三性"——以基层人民法院为视角[J]. 人民司法，2017（25）：12.

❷ 参见最高人民法院《关于在部分地方人民法院开展法官助理试点工作的意见》中关于法官助理职责的规定.

❸ 许聪. 期盼与希望——浙江法院司法改革调查（下）[N]. 人民法院报，2016–07–04（1）.

❹ 侯建斌. 王文娅委员建议发挥未入额法官作用解决案多人少矛盾[N]. 法制日报，2016–03–09（5）.

❺ 李喜莲. 法官助理角色异化与回归[J]. 湘潭大学学报（哲学社会科学版），2020（1）：57.

❻ 刘练军. 法官助理制度的法理分析[J]. 法律科学，2017（4）：19.

(二) 审判人员审判权配置的改革进路

1. 调整不合国情的独立序列限权法官模式

审判人员审判权配置规律、审判辅助人员职业前景等因素决定了审判人员审判权配置改革的路径选择。诚然，设置单独序列的限权法官，让法官助理只负责审判辅助事务乃改革的最佳方案。然而，设置独立的限权法官将不可避免地对法官助理招录产生负面影响。不同于事务性审判辅助事务，专业性审判辅助事务对于审判辅助人员的要求更高，没有经过法学专业学习的普通人很难胜任此项工作。实践中，大部分地区要求法官助理具有法学教育背景，甚至部分地区要求法官助理必须通过法律职业资格考试。然而，较高的法官助理任职门槛加之较低的薪酬，导致法官助理的职业吸引力不足。实践中，部分地区的法官助理招录遇冷，例如，2017年海南省有超过100个法官助理岗位因无人报考或者未达最低开考比例而被迫取消。❶ 此外，法官助理并不明朗的职业前景还引发了法官助理的流失，根据媒体的公开报道，2017年南宁青秀区法院被曝多名法官助理辞职、调离。❷

事实上，在员额比例固定的情况下，法官助理特别是法院新招录的法官助理转任成为员额法官的时间较长。应当承认，很多

---

❶ 刘麦. 海南超百个法官助理岗位少人或无人报考 将取消招录 [EB/OL]. [2023-09-28]. http：//www. hinews. cn/news/system/2017/03/30/031040839. shtml.

❷ 15%法官辞职，南宁青秀区法院发出"悲情"倡议 [EB/OL]. [2023-12-26]. https：//www. sohu. com/a/221755037_99959951.

法官助理都有成为法官的职业期待。部分法官助理在接受媒体采访时表示,"可能越是做不了法官,越想去做""如果能做入额法官的话,哪怕去基层法院也可以"。❶ 笔者的调查结果同样证实了此种观点,在对"如果未来法官助理不能转任员额法官,你是否还会选择担任法官助理"的调查问题回复进行统计后发现,有33名法官助理表示不会选择担任法官助理,有14名法官助理表示可以选择担任法官助理,有11名法官助理表示仍会选择担任法官助理。这一结果反映出,虽然能否转任员额法官不是受访法官助理决定是否担任法官助理的唯一因素,但仍然是影响受访法官助理决定是否担任法官助理的重要因素。而如果一旦设立独立的限权法官,那么法官的培育路径将由目前的"法官助理—员额法官"变为"限权法官—员额法官",这意味着法官助理与员额法官的转换通道被完全切断,法官助理转为员额法官的希望就此破灭。

相较仅承担审判辅助职能的法官助理,有机会转任成为员额法官的限权法官将更受青睐,而这必然使本就吸引力不足的法官助理岗位更加无人问津。届时,我国法官助理制度或将顾此失彼,法院系统极有可能面临"以实现法官助理职业化为目标,却招不到职业化法官助理"的窘境。客观而言,设置与法官助理完全隔离的限权法官难以因应当前我国的现实国情。

---

❶ 许聪. 期盼与希望——浙江法院司法改革调查(下)[N]. 人民法院报,2016-07-04(1).

2. 建构相互衔接的多元审判人员模式

域外国家的审判人员审判权配置实践表明，拥有审判权的审判人员除被冠以法官称谓的各类法官外，不属于法官范畴的审判辅助人员也享有有限的审判权。审判辅助人员的审判权行使范围主要集中在非诉案件，对于诉讼案件的审判权则只能由具有法官头衔的审判人员行使。由此可见，赋予审判辅助人员一定的审判权限与审判辅助人员的定位并不冲突，甚至有更为激进的观点认为，除了需要高度法律判断并能产生确定力或者既判力的审判事务必须交由员额法官处理，其余审判事务均可由审判辅助人员处理。❶ 事实上，担任法官助理不意味着其只能承担审判辅助事务，换句话说法官助理并不构成其行使审判权的身份障碍。尽管大陆法系国家的司法事务官不能称为法官助理，但其依然属于审判辅助人员序列。实际上，案件的急剧增长促使域外国家将部分审判权下放至审判辅助人员。目前，域外国家在法官审判权保留方面已达成初步共识，即除诉讼案件核心审判权不能放权外，其他审判权可放权由审判辅助人员行使。

坦率地说，我国法官助理能否行使审判权的关键在于立法对于法官助理的职能定位而非法官助理身份本身。虽然《法官法》将法官助理的职能明确为协助法官处理审判辅助事务，但实践中基于案件压力等原因，部分法官助理存在职能越权的现象。美国著名心理学家弗雷德里克·赫茨伯格（Frederick Herzberg）指

---

❶ 傅郁林．以职能权责界定为基础的审判人员分类改革［J］．现代法学，2015（4）：16.

出，工作富有成就感、工作成绩得到认可、获得职业发展对于人们的工作有着重要的激励作用。[1] 如果给予法官助理必要的提升机制，则可发挥法官助理的正向激励作用，扩展法官助理的成长空间，增强法官助理的职业吸引力。[2] 因而，优化我国法官助理制度，赋予部分法官助理有限的审判权是契合我国国情的理性选择。只不过法官助理分级说主张的允许高级法官助理审理简单诉讼案件的观点似乎有待商榷，在当下司法公信不彰的环境下，让法官助理审理简单诉讼案件不免会引发公众对审判权行使的正当性质疑，即使在法官员额制改革前，有权审理诉讼案件的助理审判员也具有法官身份。

不同于域外国家的审判辅助人员都具有公务员身份，我国的法官助理类型多样，既有编制内法官助理，又有聘任制法官助理，还有实习法官助理。由于聘任制法官助理和实习法官助理的流动性较高，如果赋予其有限的审判权，则可能导致追责困难，因此不宜赋予聘任制法官助理和实习法官助理审判权。当然，由于法官助理不享有诉讼案件核心审判权，故其审判能力的提升程度有限。为了实现法官职业化的目标，有必要在法官助理和员额法官之间设置一定的缓冲过渡阶段。为此，可以考虑将优秀的法官助理转为候补法官，允许其审理部分诉讼案件。根据改革构想，审判人员审判权配置改革后，我国的审判人员包括员额法

---

[1] 斯蒂芬·P. 罗宾斯. 管理学原理与实践 [M]. 毛蕴诗，译. 北京：机械工业出版社，2013：264.

[2] 瓮怡洁. 论法官助理制度的功能定位与职权界分 [J]. 政法论坛，2020 (2)：120.

官、候补法官和高级法官助理，三者分别拥有范围不等的审判权。相应的，我国未来法官的培育路径将变为"法官助理—候补法官—员额法官"，从而耦合了阶梯式的法官培育规律，填补了法官助理与法官之间的过渡空缺，纾解了员额法官超负荷的审判压力，消除了审判权异化行使的缺陷。

二、微观审判权的类型化

将微观意义上的审判权类型化是审判人员审判权差异化配置的基础。对于何种微观审判权应由法官行使，何种微观审判权可以由法官以外的审判人员行使，域外国家尚无统一标准。事实上，由于不同审判事务对于审判权行使主体的能力要求有所差异，因而将那些对当事人实体权利影响不大、行使难度较低的微观审判权交由法官以外的审判人员行使并不会降低审判质量。

根据当事人实体权利受影响程度、审判权行使难度以及审判权行使标准是否明确，微观审判权可分为核心审判权和辅助审判权。在案件内部，以不同参照系为坐标，核心审判权和辅助审判权的分类有所差异。例如，按照结案形式，判决属于核心审判权，裁定、决定、调解书等属于辅助审判权；按照诉讼进程，审理案件是核心审判权，立案审查、执行裁决、审判监督是辅助审判权。[1] 由于裁判文书的外在表现形式是微观审判权行使结果的体现，其一定程度上反映出不同微观审判权的行使难度。结合前

---

[1] 王庆廷. 法官分类的行政化与司法化——从助理审判员的"审判权"说起[J]. 华东政法大学学报，2015（4）：78.

文对于微观审判权的分类，笔者认为个案涉及的辅助审判权主要是裁定类、决定类微观审判权，即立案审查权、管辖权异议审查权、诉讼调解权、回避决定权、保全裁定权、先予执行裁定权、妨害诉讼强制措施决定权、延长审限决定权、中止/终结诉讼裁定权、裁定补正权、执行立案审查权、执行行为实施决定权、中止/终结执行裁定权、终结本次执行裁定权。

立案登记制实施后，法院仅对当事人的起诉作形式审查，即立案庭只审查当事人提交的起诉材料是否齐全、当事人以及诉讼请求是否明确等。由此可见，形式审查极大降低了立案审查权的行使难度，故其可以归入辅助审判权的范畴。保全、先予执行不涉及实体权利义务关系的认定，同时裁定保全和先予执行主要考虑情况是否紧急以及是否影响当事人的基本生产生活，因而保全、先予执行裁定权可以归入辅助审判权序列。裁定补正权主要针对裁判文书中的文字错误、计算错误等无害错误，其识别判断难度较低，故属于辅助审判权。此外，管辖权异议审查权、回避决定权、妨害诉讼强制措施决定权、延长审限决定权、中止/终结诉讼裁定权等都与涉及实体权利义务关系认定的核心审判权差异显著。

在我国，调解贯穿民事诉讼的整个阶段。由于当事人在诉讼调解中居于核心地位，是否选择诉讼调解、是否接受调解协议都由当事人自主决定，而审判人员作为中立第三方主要负责主持调解活动、引导当事人达成调解协议。可见，诉讼调解的非诉属性使得审判人员无须对案件涉及的事实问题、法律问题进行裁判，故可将诉讼调解纳入辅助审判权的行使范围。除民事诉讼阶段外，民事执行阶段同样涉及诸多微观审判权。考虑到民事执行以实现当事人权益为首要目的，因而为保障执行效率，执行程序强调程序性审判事务的快速处理。由于执行立案审查权、执行行为实施决定权、中止/终结执行裁定权、终结本次执行裁定权的行使采用职权探知模式，并且这些微观审判权的行使有相对明确的标准，故其同样属于辅助审判权。

实际上，个案涉及的核心审判权主要是事实认定权和法律适用决定权。诉讼案件审判权的本质在于定分止争，故德国诉讼案件的核心审判权属于法官保留权力，其不得交由法官之外的审判人员行使。在民事执行领域，因执行异议、复议裁定可能涉及当事人、案外人的实体利益，因此其更适合归入核心审判权。较为特殊的是非诉案件，由于其主要目的在于明确无争议的权利义务关系以及确认有法律意义的法律事实，因而非诉案件的判断不存在事实认定和法律适用的困难，同时非诉案件的判决结果对于社会公共利益也无重大影响。非诉案件和诉讼案件的差异使得非诉案件审判权无法分为核心审判权和辅助审判权，但根据确认事项的不同，非诉案件审判权可分为法律关系确认权以及法律事实确认权。

三、审判人员审判权多元差异化配置的具体构造

基于多元差异化的审判人员审判权配置原则，上文初步勾勒出法官助理、候补法官、员额法官差异化的审判权配置模式，但法官助理、候补法官、员额法官的审判权应当如何具体配置，法官助理、候补法官应当如何设置，法官助理、候补法官的审判权

应当如何赋予，法官助理、候补法官、员额法官应当如何转换等问题还有待进一步明确。

（一）审判人员审判权的具体配置

1. 法官助理的审判权配置

法官助理的审判辅助人员身份使其不宜行使诉讼案件核心审判权，其仅有权行使诉讼案件辅助审判权。然而，并非所有的诉讼案件辅助审判权都可由法官助理行使。诉讼案件辅助审判权是否适合独立行使是影响法官助理审判权配置的重要因素，如果将那些不适合独立行使的诉讼案件辅助审判权交由法官助理，则可能造成案件审理的不当迟延。除此之外，辅助审判权的行使效果同样影响法官助理的审判权配置。

根据前述标准，虽然立案审查权、管辖权异议审查权的独立性较强，但由于直接关系当事人诉权，因而不宜交由法官助理行使。回避决定权、妨害诉讼强制措施决定权、延长审限决定权、中止/终结诉讼裁定权等辅助审判权同核心审判权联系紧密，因此同样不宜交由法官助理行使。虽然裁定补正事务处理的独立性较强并且对当事人影响较小，但考虑到裁定补正的目的在于纠正裁判文书中的笔误，故其更适合由作出裁判文书的法官处理。由于保全、先予执行裁定权同核心审判权缺乏密切联系，同时保全、先予执行裁定权的行使难度较低，故可由法官助理行使。另外，对于执行程序中涉及的执行立案审查权、执行行为实施决定权、中止/终结执行裁定权、终结本次执行裁定权等辅助审判权，同样可交由法官助理行使。

法院调解根据阶段的不同可分为庭前调解、庭中调解和庭后调解，庭中调解和庭后调解因附属于庭审活动，故由法官负责更为妥适，而庭前调解发生在庭审前阶段，由法官助理负责可以实现调审分离，避免法官因参与调解影响案件的公正审理。考虑到非诉案件处理的主要目的在于协助私权形成，因此德国的非诉案件审判权既可由法官行使又可由司法行政人员行使。❶ 事实上，早期的非诉案件审判权只能由法官行使。只不过，随着法院案件的增多，大陆法系国家开始逐步允许具有公务员身份的司法事务官处理非诉事务。基于缓解法官审判负担的考虑，我国的非诉案件也可以交由法官助理处理。

当然，由法官助理行使审判权也引申出一个问题：赋予法官助理审判权是否同司法责任制抵触？对此必须明确的是，司法责任制的前提在于让审判人员拥有独立的审判权，只有审判人员对自己负责的审判事务拥有审和判的全权，才能要求审判人员对自己的裁判行为和裁判结果负责。❷ 因而，只要确定法官助理的审判权限，同时赋予法官助理裁判文书署名权，便可明确司法责任的承担主体，由此真正实现"有权必有责、违法受追究"。

2. 候补法官的审判权配置

审判经验积累是候补法官候补阶段的主要任务，大陆法系国

---

❶ Walter Neitzel. Non-Contentious Jurisdiction in Germany [J]. Harvard Law Review, 1908 (7): 477-478.

❷ 刘方勇，刘菁. 司法改革背景下现代法官职位体系之构建——兼论法官制度改革顶层设计的再设计 [J]. 中南大学学报（社会科学版），2016 (1): 69.

家的候补法官主要通过担任陪席法官以及审理简单案件积累审判经验，提升审判技能。效仿大陆法系国家候补法官的审判权配置方案，我国的候补法官有权独立审理简单案件以及在员额法官的指导下共同审理一般案件。

(1) 独立审理简单案件。

事实上，法官员额制改革前，简单案件大多由助理审判员独立审理。由于简单案件的审理难度不大，因此当事人对于自己的案件是由助理审判员独任审理还是审判员独任审理并未表现出特别的关切。相反，对于此类案件而言，及时实现正义或许比正义的实现过程更有意义。同理，允许替代助理审判员的候补法官独立审理简单案件也不会招致社会各界的不满。不仅如此，赋予候补法官简单案件审判权还能够与候补法官自身的审判能力相契合。

(2) 担任合议庭成员审理一般案件。

鉴于由法官助理转任而来的候补法官缺少诉讼案件审判经验，因而可允许候补法官担任合议庭成员与员额法官共同审理一般案件。在员额法官的指导下，候补法官参与庭审、合议庭讨论，从而为今后独立行使审判权奠定基础。考虑到候补法官培育的需要，一般案件可由2名员额法官、1名候补法官组成示范合议庭审理。由于员额法官在案件审理过程中占据主导地位，因而无须担心案件的审判质量。此外，采用示范合议庭审理的方式更加便于员额法官对候补法官提供审判专业指导。

3. 员额法官的审判权配置

无论是英美法系国家还是大陆法系国家，精英化的职业法官都主要负责审理一般案件和难办案件。事实上，由员额法官审理一般案件和难办案件能够充分发挥员额法官的审判经验优势，实现审判权和审判能力的匹配。当然，相比域外国家人数较少的精英化职业法官，我国员额法官的人数较多，因而仅赋予基层法院员额法官一般案件、难办案件审判权不免导致候补法官的工作负担过重。考虑到候补法官的审判经验不足，为保障审判质量，法院应当限制候补法官的工作量，同时要求员额法官也参与简单案件的审理。

（二）法官助理、候补法官的职位设置

在完成法官助理审判权配置后，还需根据法官助理的职能和工作年限对法官助理进行职级和职等的划分，以便体现法官助理的身份差异。对于候补法官而言，其承担的审判职能以及上下级法院的法官选任路径决定了候补法官的职位设置。在履行法定程序后，法官助理、候补法官即可代表国家行使审判权。

1. 法官助理的职位设置

目前，我国法院已在法官助理内部进行分级，例如上海市将法官助理分为5级，❶并以此作为确定薪酬的标准。然而，此种分级更多体现的是薪酬待遇方面的差别，而不涉及法官助理职能的差异。由于我国法官助理类型多样，因而在法官助理职位设置时应当体现法官助理的职能差异。从人力资源管理的角度来说，

---

❶ 卫建萍. 司法体制改革试点迈出重要一步——上海任命首批231名法官助理[N]. 人民法院报，2014–09–07（1）.

通过设置职级能够实现职位内部权力的差异化，而通过设置职等能够实现职位内部待遇的差异化。

参考公务员职级职等的设置，我国法官助理可分为两级五等。在职级上，法官助理可分为普通法官助理和高级法官助理；在职等上，法官助理可分为1~5级法官助理，两者之间没有必然的对应关系。普通法官助理、高级法官助理的区别在于是否承担审判职能。聘任法官助理和实习法官助理由于不具有法院政法编制，故仅能担任普通法官助理。相应的，高级法官助理只能从具有政法编制的普通法官助理中选任。为了提升法官助理队伍的稳定性，法官助理根据工作年限分为一级、二级、三级、四级、五级法官助理。随着职等的提高，法官助理的待遇也将同步增加。由于普通法官助理主要从事审判辅助事务，因而四级法院都应配置协助员额法官办案的普通法官助理。考虑到非诉案件、执行案件以及大多数的保全、先予执行事务都由基层法院负责，因此大部分的高级法官助理应当设置在基层法院，中级法院以上法院可根据审判工作的实际需要配置少量高级法官助理。

2. 候补法官的职位设置

根据候补法官承担的审判职能，候补法官应当设置在基层法院。一方面，候补法官的出现能够极大弥补基层法院审判力量不足的缺陷，缓解基层法院员额法官的办案压力；另一方面，基层法院受理的案件类型多样，候补法官通过审理不同类型的简单案件能够不断提升审判能力。根据《全面依法治国决定》的要求，上级法院的员额法官一般应从下一级法院的优秀法官中遴选，这意味着即使中级以上法院不设置候补法官也不影响其补充法官。相应的，职业法官应当首先从具有法官身份的候补法官做起，通过遴选的，担任基层法院员额法官。如果遇有上级法院员额空缺时，上级法院可从下级法院的员额法官中进行遴选补充。

由于缺乏诉讼案件的审判经验，候补法官可以先在员额法官的指导下担任合议庭成员，由员额法官为候补法官提供审判经验方面的指导，但员额法官不得干预候补法官独立发表意见。通常，候补法官应先担任2年的合议庭陪席法官，之后才有权独立承办简单案件。为了消除公众对高级法官助理、候补法官行使审判权的正当性质疑，高级法官助理、候补法官应由相应的机关进行任命。具体而言，高级法官助理可效仿助理审判员的任命方式，由本院审判委员会直接任命；候补法官由于参与诉讼案件审理，故应当遵照员额法官的任命程序，由法院将候补法官的候选名单提交法官遴选委员会表决，待通过后再提请同级人大常委会任命。[1]

（三）审判人员的身份转换路径

由于长期缺乏系统性、专业性的法官任前培训，我国的审判人员总是在边学边练中成长，因而要求职业法官从普通法官助理做起就具有重要意义。毕竟在普通法官助理阶段，其能够了解审判权运行的各个环节。对于具有编制身份的法官助理而言，担任普通法官助理满2年的，如果符合高级法官助理任职条件的，可以遴选为高级法官助理。法院根据审判业务需要可以将高级法官

---

[1] 陈瑞华. 法院改革的中国经验［J］. 政法论坛，2016（4）：122.

助理分配至各个业务部门，负责处理不同的审判事务。担任高级法官助理满 3 年的，可以根据审判业绩遴选为候补法官。考虑到高级法官助理分布在各级法院，而候补法官仅分布在基层法院，为了保障所有高级法官助理都有机会参与候补法官遴选，在具体操作上，可以以省、自治区、直辖市为单位统筹候补法官指标，由高级法院定期发布全省候补法官招录信息，允许全省范围内的高级法官助理参与遴选，省级法官遴选委员会根据考核成绩将高级法官助理分配至各个基层法院锻炼。

候补法官的候补期限为 5 年，候补期满的，由法官遴选委员会根据候补期表现以及遴选考试成绩决定是否准许入额。如果未通过考核，可以再给予一次候补期，待候补期满后再予考核，假设仍未通过员额法官遴选，则取消员额法官遴选机会。按照此种设定，从普通法官助理晋升至员额法官最快需要 10 年的时间，较长的晋升年限有助于候补法官积累丰富的审判经验，而这也与域外国家期限较长的精英法官培育路径相契合。毕竟，如果没有漫长审判时间的累积，则很难培育出精英化的职业法官。目前，我国部分法院设置的 5 年最低入额年限过短，与其让法官"先上车、后补票"，在入额后逐渐培养，不如让法官在入额前就得到充分锻炼，如此培养的员额法官才是真正意义上的精英法官。应当说，"法官助理—候补法官—员额法官"的晋升模式，既能够使审判人员通过职位转换获得更多的审判权限，又能够通过职位转换的激励机制增强法官助理的吸引力。如此，审判人员即便在短期内无法成为员额法官，也能够通过担任高级法官助理、候补法官实现法官梦。

本章小结

本章根据审判权配置存在的问题对症下药，围绕审判组织审判权配置、审判人员审判权配置两方面提出我国审判权优化配置的整体性改革方案。在改革方案的设计上，笔者坚持立足本土、放眼域外的原则，既充分考虑我国的现实国情，又博采众长，积极吸收域外国家的先进理念和先进经验。

首先，我国应当廓清"基本事实清楚"的内涵，同时为防止法院恣意适用独任制，二审独任制可参照一审独任制普通程序的做法，采用"法院依职权决定＋当事人异议"的模式。尽管目前我国尚未允许中级法院一审采用独任制，但考虑到中级法院仍有可能审理标的额较大但案情简单的案件，因而未来时机成熟时我国《民事诉讼法》可以考虑将中级法院审理的简单一审案件纳入独任制的适用范围。对于级别相对较高的高级法院、最高法院，无论审理何种案件均应采用合议制。只不过，高级法院、最高法院的合议庭组成有所区别，高级法院的合议庭一般应由5名法官组成，而最高法院的合议庭一般应由7名法官组成。如果最高法院审理的案件具有重要法律意义，则可由15名法官组成的大合议庭审理。为了体现审判组织审判权配置的灵活性，一方面，如果案件在审理过程中发现不宜适用独任制的，则可由合议庭决定转为合议制审理；另一方面，如果案件在审理过程中发现不宜适用合议制的，则亦可由合议庭决定转为独任制审理。为了防止审判组织转换造成的诉讼迟延，应当将审判组织的转换时间限定在法庭辩论前，并且将审判组织的转换次数限定为1次。

其次，我国不宜继续赋予审判委员会审判权。实践表明，无论审判委员会如何进行改革，其始终背离审判组织审判权的行使规律并与审判组织的运行逻辑相抵触。因此，取消审判委员会审判权，同时将审判委员会定位为宏观审判指导组织乃正本清源的应然选择。鉴于四级法院的职能定位不同，故各级法院审判委员会承担的宏观审判指导职能有所差异。当然，如果法院遇有疑难案件，则可由审判委员会相关领域的委员组成委员合议庭，采用审理制的方式处理案件。为了防止过多的案件涌向委员合议庭，审判委员会应当建立案件过滤审查机制，由相关领域的3名审判委员会委员组成审查小组，对案件是否符合委员合议庭的审理条件进行审查。

最后，我国应当按照多元差异化的原则配置审判人员审判权。为了避免设立职业化法官助理影响法官助理招录，我国可赋予部分法官助理审判权。与此同时，我国还应在法官助理和员额法官之间增设候补法官，从而构建阶梯式的法官培育路径。审判人员审判权配置改革后，我国将确立法官助理、候补法官、员额法官差异化的审判权配置体系。简而言之，高级法官助理有权处理保全、先予执行事务以及非诉案件；初期的候补法官有权在员额法官指导下担任合议庭成员参与案件审理，后期的候补法官有权独任简单诉讼案件；除审理简单案件外，员额法官应当将工作重心放在难办案件。对于法官助理，除具有政法编制的法官助理外，其他法官助理不得担任高级法官助理，但普通法官助理可通过内部职等晋升获得更高的待遇。考虑到高级法官助理、候补法官的审判权限，高级法官助理和候补法官主要设置在基层法院。

结　语

　　我国司法体制改革涉及的繁简分流改革、审判委员会改革以及法官员额制改革等在一定程度上改变了我国审判权配置的样态。因而，及时地梳理、反思我国审判权配置的症结，并以此为基础重构审判权配置体系，能够提升审判效率、实现审判权良性运行。在审判权配置原则上，我国应当遵循配置规律、立足本土实践、吸收域外经验。概略地看，优化审判组织审判权配置、改革审判委员会职能、构建多元差异化的审判人员审判权配置模式成为我国审判权配置改革的整体方向。应当说，改革后的审判权配置体系不仅能够更好地兼顾审判公正与审判效率，还能够消弭审判权异化行使，协助实现法官精英化的目标。诚然，此番改革必然要付出法律修订、审判委员会职能调整、审判人员分类优化以及审判人员职能重置等改革成本，但长远来看，改革带来的审判效率提升、司法公信增加、法官职业化水平提高等收益将远远超过前期投入的改革成本。

当然,本书提出的审判权优化配置方案如果要达致预期效果,必须依靠司法配套保障机制的协同。首先,我国应当建立信息化的案件分类机制。审判组织审判权配置只有建立在精细化的案件分类之上,才能实现审判组织与案件的妥适匹配。目前,各级法院正加快推进智慧法院建设,努力提升法院的信息化水平,借助大数据、人工智能等现代信息技术,法院可以研发信息化的案件分类系统,从而提高审判组织与案件匹配的准确度。

其次,我国应当强化法官任职保障。尽管我国通过多种方式强化法官独立办案,但由于我国法官任职保障机制尚不够健全,导致法官独立办案仍未能完全实现。域外国家的法官之所以能够抵挡外界的干预,一定程度上是因为法官职业保障给法官提供了制度支撑。法官无须听令于任何人,只需遵从内心确信作出裁判即可。事实上,审判责任制和法官身份保障从来都是相辅相成的,因而我国除设立审判责任制、提高法官薪酬待遇外,还应当给予法官较为全面的身份保障。

再次,我国应当提高法官助理待遇。法官助理制度的成功与否某种程度上决定着法官的职业化进程,[1] 法院只有为法官配备充足的法官助理,其才能专注于审判核心事务。然而,当下我国的法官助理还存在较大缺口,特别是基层法院普遍存在法官助理不足的情况。在调研中,笔者了解到部分偏远地区法院的法官助理月薪仅为 2000~3000 元,同时还要求通过法律职业资格考试。

---

[1] 张传军. 我国法官助理制度之探析 [J]. 法律适用, 2005 (1): 69.

因此，即便法官助理具有政法编制，但法院仍招不到法官助理，法官助理不足的现实使得依靠法官助理减轻法官负担、提升审判效率的设想难以实现。由于法官助理编制有限，完全依靠编制内法官助理显然无法处理大量的审判辅助事务。因而，部分法院不得不招录大量聘任制法官助理。但由于聘任制法官助理不具有编制身份，因此法院必须接受聘任制法官助理流动性较大的事实。考虑到培养业务熟练并且与法官配合默契的法官助理需要花费大量时间，法院可以通过提高法官助理的待遇来尽可能地将其留在法院。另外，偏远地区的法院可以适当降低法官助理的选任标准，不再强制要求法官助理通过法律职业资格考试，以使更多愿意担任法官助理的法学毕业生符合任职条件，从而缓解法院面临的法官助理不足的局面。

最后，我国应当充分发挥非诉纠纷解决机制的潜力。审判权配置改革后，法院的审判潜能将得到充分释放。然而，法院审判潜能的提升并非永无止境。因此，在进行审判权优化配置的同时，我们也不能忽略非诉纠纷解决机制的重要作用。事实上，诉前调解在我国未得到应有的关注和重视，部分地方法院只是将其作为变相拖延立案的手段。如果能够将更多的纠纷化解在诉前阶段，那么法院的审判压力将得到极大缓解。同时，智能化诉讼预判增加了诉前调解的成功率，利用司法裁判大数据、人工智能分析工具，诉讼预判系统将会自动生成预判报告。根据预判报告，当事人将会重新评估诉讼成本和诉讼风险，从而使当事人更容易在诉前达成调解协议。此外，调解协议能否及时获得司法确认在一定程度上影响着当事人的调解意愿。为了顺应时代发展的需要，司法确认也应由线下拓展至线上。随着一站式在线纠纷解决平台的普及，未来当事人将更加便利地通过非诉方式解决争议。

总之，审判权配置体系的合理构建并非一蹴而就，其仍然需要在实践检验中不断调整、不断优化。囿于理论水平、格局视野的局限，笔者提出的审判权配置优化方案或许存在诸多值得推敲之处，但笔者仍希望通过本书的研究引发理论界、实务界对于此问题的关注和探讨。

附 件

附件一 法官助理调查问卷

1. 请问您所在的法院是

A. 高级法院　　B. 中级法院　　C. 基层法院

2. 请问您目前的身份属于

A. 由未入额助理审判员转任的法官助理

B. 其他法官员额制改革后转任的法官助理

C. 法官员额制改革后新招录的法官助理

若您选择 A，请您回答以下问题：

（1）据您了解，本院助理审判员的入额情况为

A. 一律不入额

B. 大多数不入额

C. 大多数入额

D. 全部入额

（2）您认为，员额制改革前后的工作内容是否有差别？

A. 没有差别

B. 有差别（请说明：_____）

（3）您主要通过何种方式撰写判决书？（可多选）

A. 阅读庭审笔录

B. 观看庭审录像

C. 现场观摩庭审

D. 其他（请说明：_____）

（4）您每月平均撰写的判决书数量为_____件。

（5）法官对您撰写的判决书是

A. 全面审核

B. 大致审核

C. 基本不审核

若您选择 C，请您回答以下问题：

（1）您在报考法官助理时是否了解法官助理的工作内容？

A. 十分了解　　　　　　　　B. 大致了解

C. 部分了解　　　　　　　　D. 不了解

（2）如果今后法官助理无法转任法官，您是否还会选择担任法官助理？

A. 不选择　　　B. 可以考虑　　　C. 选择

3. 您平时是否会利用业余时间学习？

A. 很少有时间学习　　　B. 会利用业余时间学习

4. 您是否对案件的处理发表过意见？

A. 从未发表过意见

B. 有时会发表意见

C. 经常会发表意见

5. 如果今后转任员额法官，是否有信心能够胜任？

A. 有信心　　　B. 信心不足

6. 您如何看待仅员额法官有权行使审判权？

A. 完全赞同

B. 可赋予员额法官外的人员有限审判权

若您选择 B，请您回答：

您认为下列哪些审判事务可赋予员额法官外的人员？

A. 非诉案件

B. 简单案件

C. 一般案件

D. 程序性事务

E. 其他（请说明：_____）

7. 据您估计，您未来入额大约需要多长时间？

A. 短期内能入额（5 年以内）

B. 还需等待较长时间（5~10 年）

C. 遥遥无期（10 年以上）

8. 据您了解，您所在法院员额法官、法官助理的配置比例为_____。

感谢您的配合！

附件二　法官助理访谈记录

1. 法官助理甲访谈记录

访谈时间：2021年5月18日

访谈地点：N市中级人民法院会议室

访谈主要内容节选

我：请问您在法官员额制改革前担任了几年的助理审判员？

甲：3年。由于未达到入额规定的最低年限，所以法官员额制改革后转为法官助理。目前，我担任某副院长的法官助理。

我：请问您目前的主要工作是什么？

甲：我目前主要工作还是撰写判决书。由于副院长公务繁忙，其大多只负责主审案件的庭审工作。庭审结束后，其将开庭笔录及其他案卷材料一并交给我，由我具体负责判决书的撰写工作。

我：请问判决书的撰写依据为何？

甲：主要通过阅读庭审笔录和案卷材料，偶尔会回放庭审录像。

我：请问法官会对判决书进行修改吗？

甲：不会。由于我之前是助理审判员，担任过案件承办人，所以副院长对我的办案能力很认可，基本上是不经审查直接签发。可以说，书面审理的二审案件基本上都由我自己独立完成。我感觉我现在虽然是法官助理，但依然在办案。

我：您对未来入额乐观吗？

甲：近几年可能性不大，虽然院里面还有几个空编，但符合遴选条件的还有14人，真的是僧多粥少。

我：您是否支持设立候补法官？

甲：当然支持。我们现在虽然名义上是法官助理，但干的活儿跟法官基本一样，设立候补法官可以使我们名正言顺地行使审判权。实际上，如果仅由员额法官行使审判权，员额法官根本就撑不住，像我们院今年就有好几个员额法官因为办案压力太大辞职了。

2. 法官助理乙访谈笔录

访谈时间：2021年3月20日

访谈地点：S基层人民法院会议室

访谈主要内容节选

我：请问S法院目前员额有空编吗？

乙：S法院目前是满编状态。我虽然符合员额遴选的工作年限要求，但由于竞争实在是太过激烈，比我资历老的很多法官都没有入额。

我：请问您目前的主要工作是什么？

乙：我们基层法院的案件实在是太多，单靠法官根本忙不完，所以我们的主要工作还是撰写判决书。此外，我们偶尔还参与案件调解工作。

我：请问您撰写的判决书法官会审核吗？

乙：法官基本上不作审核。实际上，像我们这样由助理审判员转任的法官助理办案经验都比较丰富，法官对我们比较放心。

我：请问您对短期内入额乐观吗？

乙：S法院约7成的法官助理年龄在30岁以上，这些法官助理绝大部分都是未入额的助理审判员。如果这些法官助理全部进入员额，保守估计至少需要10年的时间，所以短期内入额的可能性不是太大。

我：请问您是否支持赋予员额法官外的人员审判权？

乙：非常支持。虽然我非常赞同员额制改革的整体思路，但我认为员额制改革过于极端化。实际上，员额制改革前，很多案件都是由我们助理审判员完成的。实践证明，员额制改革后，员额法官的审判压力激增，像我们这些以前担任助理审判员的法官助理基本上还承担办案工作。因此，我认为赋予员额法官外的人员审判权是非常有必要的。

参考文献

一、著作

(一) 中文著作

[1] 常怡. 外国民事诉讼法新发展 [M]. 北京：中国政法大学出版社，2009.

[2] 常怡. 比较民事诉讼法 [M]. 北京：中国政法大学出版社，2002.

[3] 陈刚. 中国民事诉讼法制百年进程（清末时期·第一卷）[M]. 北京：中国法制出版社，2004.

[4] 陈光中. 中国司法制度的基础理论问题研究 [M]. 北京：经济科学出版社，2010.

[5] 陈业宏，唐鸣. 中外司法制度比较（上册）[M]. 北京：商务印书馆，2015.

[6] 程春明. 司法权及其配置：理论语境、中英法式样及国际趋势 [M]. 北京：中国法制出版社，2009.

[7] 《当代中国》丛书编辑部. 当代中国的审判工作（上）[M]. 北京：当代中国出版社，1993.

[8] 范愉，黄娟，彭小龙. 司法制度概论 [M]. 2版. 北京：中国人民大学出版社，2013.

［9］范愉. 司法制度概论［M］. 北京：中国人民大学出版社，2004.

［10］傅郁林. 民事司法制度的功能与结构［M］. 北京：北京大学出版社，2006.

［11］何帆. 大法官说了算：美国司法观察笔记［M］. 北京：中国法制出版社，2016.

［12］胡康生. 中华人民共和国法官法释义［M］. 北京：法律出版社，2011.

［13］季卫东. 法律秩序的建构［M］. 北京：中国政法大学出版社，1999.

［14］冀祥德. 控辩平等论［M］. 北京：法律出版社，2008.

［15］江必新. 审判人员职能配置与分类管理研究［M］. 北京：中国法制出版社，2016.

［16］冷罗生. 日本现代审判制度［M］. 北京：中国政法大学出版社，2003.

［17］李龙. 法理学［M］. 北京：人民法院出版社、中国社会科学出版社，2003.

［18］梁慧星. 民法总论［M］. 北京：法律出版社，1996.

［19］刘家琛，钱锋. 司法职权配置的探索与实践［M］. 北京：法律出版社，2011.

［20］刘敏. 当代中国的民事司法改革［M］. 北京：中国法制出版社，2001.

［21］刘善春，毕玉谦，郑旭. 诉讼证据规则研究［M］. 北京：中国法制出版社，2000.

［22］刘星. 法律是什么［M］. 北京：中国政法大学出版社，1998.

［23］刘祖云. 组织社会学［M］. 北京：中国时代经济出版社，2002.

［24］卢上需，樊玉成，等. 审判权运行机制改革研究［M］. 北京：人民出版社，2017.

［25］黄宗智. 法典、习俗与司法实践：清代与民国的比较［M］. 上海：上海书店出版社，2007.

［26］彭海青. 德国司法危机与改革——中德司法改革比较与相互启示［M］. 北京：法律出版社，2018.

［27］彭小龙. 非职业法官研究［M］. 北京：北京大学出版社，2012.

［28］齐树洁. 台港澳民事诉讼制度［M］. 厦门：厦门大学出版社，2014.

［29］齐树洁. 民事司法改革研究［M］. 厦门：厦门大学出版社，2006.

［30］钱卫清. 法官决策论［M］. 北京：北京大学出版社，2008.

［31］乔欣，郭纪元. 外国民事诉讼法［M］. 北京：人民法院出版社、中国社会科学出版社，2002.

［32］瞿同祖. 中国法律与中国社会［M］. 北京：中华书局，1981.

［33］邵建东. 德国司法制度［M］. 厦门：厦门大学出版社，2010.

［34］苏力. 送法下乡——中国基层司法制度研究［M］. 北京：中国政法大学出版社，2000.

［35］苏力. 法治及其本土资源［M］. 北京：中国政法大学出版社，1996.

［36］孙海龙. 审判权运行机制改革［M］. 北京：法律出版社，2015.

［37］孙万胜. 司法权的法理之维［M］. 北京：法律出版社，2002.

［38］孙佑海，李曙光. 德国法院与司法制度［M］. 北京：法律出版社，2020.

［39］谭世贵. 中国司法制度［M］. 北京：法律出版社，2005.

［40］田奇，汤红霞. 民国时期司法资料统计汇编（第16册）［M］. 北京：国家图书馆出版社，2013.

［41］王利明. 司法改革研究（修订本）［M］. 北京：法律出版社，2001.

［42］汪习根. 司法权论——当代中国司法权运行的目标模式、方法与技巧［M］. 武汉：武汉大学出版社，2006.

[43] 王亚新. 社会变革中的民事诉讼 [M]. 北京：北京大学出版社, 2014.

[44] 王玉梅. 司法职权配置问题研究 [M]. 武汉：武汉理工大学出版社, 2016.

[45] 魏文伯. 对于《中华人民共和国人民法院组织法》基本问题的认识 [M]. 上海：上海人民出版社, 1956.

[46] 吴磊. 中国司法制度 [M]. 北京：中国人民大学出版社, 1988.

[47] 吴英姿. 法官角色与司法行为 [M]. 北京：中国大百科全书出版社, 2008.

[48] 谢振民. 中华民国立法史（下册）[M]. 北京：中国政法大学出版社, 2000.

[49] 杨一平. 司法正义论 [M]. 北京：法律出版社, 1999.

[50] 姚莉. 反思与重构——中国法制现代化进程中的审判组织改革研究 [M]. 北京：中国政法大学出版社, 2005.

[51] 姚小林. 司法社会学引论 [M]. 厦门：厦门大学出版社, 2014.

[52] 张晋藩. 中国司法制度史 [M]. 北京：人民法院出版社, 2004.

[53] 张军. 人民法院案件质量评估体系理解与适用 [M]. 北京：人民法院出版社, 2011.

[54] 张凌, 于秀峰. 日本司法制度法律规范总览 [M]. 北京：人民法院出版社, 2017.

[55] 张卫平, 陈刚. 法国民事诉讼法导论 [M]. 北京：中国政法大学出版社, 1997.

[56] 张文显. 法理学 [M]. 5版. 北京：高等教育出版社, 2018.

[57] 章武生. 民事简易程序研究 [M]. 北京：中国人民大学出版社, 2002.

[58] 张希坡. 马锡五与马锡五审判方式 [M]. 北京：法律出版社, 2013.

[59] 赵旻. 民事审判独任制研究 [M]. 武汉：华中科技大学出版社, 2014.

[60] 庄棉英. 决策心理学 [M]. 北京：上海教育出版社, 2006.

[61] 曾庆敏. 法学大辞典 [M]. 北京：上海辞书出版社, 1998.

[62] 中国社会科学院语言研究所词典编辑室. 现代汉语词典：修订本 [M]. 北京：商务印书馆, 2016.

[63] 周泽民. 国外法官管理制度观察 [M]. 北京：人民法院出版社, 2012.

[64] 朱锋. 中华人民共和国宪法释义 [M]. 北京：人民出版社, 1993.

[65] 最高人民法院司法改革领导小组办公室. 《最高人民法院关于全面深化人民法院改革的意见》读本 [M]. 北京：人民法院出版社, 2015.

[66] 最高人民法院司法改革小组, 编. 韩苏琳, 编译. 美英德法四国司法制度概况 [M]. 北京：人民法院出版社, 2002.

[67] 左卫民. 审判委员会制度改革实证研究 [M]. 北京：北京大学出版社, 2018.

[68] 左卫民, 汤火箭, 吴卫军. 合议制度研究——兼论合议庭独立审判 [M]. 北京：法律出版社, 2001.

（二）中文译著

[1] 尤根·埃利希. 法律社会学基本原理 [M]. 叶名怡, 袁震, 译. 北京：九州出版社, 2007.

[2] 奥特马·尧厄尼希. 民事诉讼法 [M]. 周翠, 译. 北京：法律出版社, 2003.

[3] 黑格尔. 法哲学原理 [M]. 范扬, 译. 北京：商务印书馆, 1961.

[4] 拉德布鲁赫. 法学导论 [M]. 米健, 朱林, 译. 北京：中国大百科全书出版社, 1997.

[5] K. 茨威格特，H. 克茨. 比较法总论 [M]. 潘汉典，译. 北京：法律出版社，2003.

[6] 罗森贝克，施瓦布，戈特瓦尔德. 德国民事诉讼法 [M]. 李大雪，译. 北京：中国法制出版社，2007.

[7] 莱昂·狄骥. 公法的变迁 法律与国家 [M]. 郑戈，冷静，译. 沈阳：辽海出版社、春风文艺出版社，1999.

[8] 洛伊克·卡迪耶. 法国民事司法法 [M]. 杨艺宁，译. 北京：中国政法大学出版社，2010.

[9] 皮埃尔·特鲁仕. 法国司法制度 [M]. 丁伟，译. 北京：北京大学出版社，2012.

[10] 让·文森，塞尔日·金沙尔. 法国民事诉讼法要义（上）[M]. 罗结珍，译. 北京：中国法制出版社，2001.

[11] 托克维尔. 论美国的民主（上卷）[M]. 董果良，译. 北京：商务印书馆，1993.

[12] 菲利普·兰布克，马克·法布瑞. 法院案件管辖与案件分配：奥英意荷挪葡加七国的比较 [M]. 范明志，张传毅，曲建国，译. 北京：法律出版社，2007.

[13] 博登海默. 法理学：法律哲学与法律方法 [M]. 邓正来，译. 北京：中国政法大学，1999.

[14] 理查德·A. 波斯纳. 联邦法院挑战与改革 [M]. 邓海平，译. 北京：中国政法大学出版社，2002.

[15] 理查德·A. 波斯纳. 法理学问题 [M]. 苏力，译. 北京：中国政法大学出版社，1994.

[16] 格伦顿，戈登，奥萨魁. 比较法律传统 [M]. 米健，贺卫方，高鸿钧，译. 北京：中国政法大学出版社，1993.

[17] 霍姆斯. 普通法 [M]. 冉昊，姚中秋，译. 北京：中国政法大学出

版社,2006.

[18] 琳达·格林豪斯. 大法官是这样炼成的[M]. 何帆,译. 北京:中国法制出版社,2011.

[19] 罗斯科·庞德. 法理学(第三卷)[M]. 廖德宇,译. 北京:法律出版社,2007.

[20] 米歇尔·塔鲁伊. 美国民事诉讼法导论[M]. 张茂,译. 北京:中国政法大学出版社,1998.

[21] 欧文·费斯. 如法所能[M]. 师帅,译. 北京:中国政法大学出版社,2005.

[22] 史蒂文·苏本,玛格瑞特·伍. 美国民事诉讼的真谛[M]. 蔡彦敏,徐卉,译. 北京:法律出版社,2002.

[23] 斯蒂芬·P. 罗宾斯. 管理学原理与实践[M]. 毛蕴诗,译. 北京:机械工业出版社,2013.

[24] 斯科特·普劳斯. 决策与判断[M]. 施俊琦,王星,译. 北京:人民邮电出版社,2004.

[25] 约翰·V. 奥尔特. 正当法律程序简史[M]. 杨明成,陈霜玲,译. 北京:商务印书馆,2006.

[26] 谷口平安. 程序的正义与诉讼[M]. 王亚新,刘荣军,译. 北京:中国政法大学出版社,1996.

[27] 棚濑孝雄. 纠纷的解决与审判制度[M]. 王亚新,译. 北京:中国政法大学出版社,1994.

[28] 秋山贤三. 法官因何错判[M]. 曾玉婷,魏磊杰,译. 北京:法律出版社,2019.

[29] 小岛武司. 司法制度的历史与未来[M]. 汪祖兴,译. 北京:法律出版社,2000.

[30] 阿克顿. 自由与权力——阿克顿勋爵论说文集[M]. 侯健,译. 北

京：商务印书馆 2001.

[31] 霍布斯. 哲学家与英格兰法律家的对话 [M]. 姚中秋, 译. 上海: 上海三联书店, 2006.

[32] R. C. 范·卡内冈. 英国普通法的诞生 [M]. 2 版. 李红海, 译. 北京: 中国政法大学出版社, 2003.

[33] 洛克. 政府论（下）[M]. 叶启芳, 瞿菊农, 译. 北京: 商务印书馆, 1964.

[34] W. Ivor. 詹宁斯. 法与宪法 [M]. 龚祥瑞, 侯健, 译. 北京: 生活·读书·新知三联书店, 1997.

[35] 威廉·布莱克斯通. 英国法释义 [M]. 游云庭, 缪苗, 译. 上海: 上海人民出版社, 2006.

[36] 约翰·斯普莱克. 英国刑事诉讼程序 [M]. 徐美君, 杨立涛, 译. 北京: 中国人民大学出版社, 2006.

(三) 外文著作

[1] Brian Barry. Justice As Impartiality [M]. New York: Oxford University Press, 1995.

[2] Edward S. Corwin. The Constitution and What it Means Today [M]. Princeton: Princeton University Press, 1969.

[3] Tim Koopmans. Courts and Political Institutions: A Comparative View [M]. London: Cambridge University Press, 2003.

[4] V. E. Flango, T. M. Clark. Reconstruction the Court: A Design for 21st Century [M]. Philadelphia: Temple University Press, 2015.

二、论文

（一）中文论文

［1］北京市第一中级人民法院课题组. 关于推动审委会制度改革强化其职能作用的调研报告［J］. 人民司法，2014（3）.

［2］卞建林. 直接言词原则与庭审方式改革［J］. 中国法学，1995（6）.

［3］蔡彦敏. 断裂与修正：我国民事审判组织之嬗变［J］. 政法论坛，2014（2）.

［4］曹也汝. 法官员额制改革进程中的几个逻辑问题［J］. 金陵法律评论，2016（1）.

［5］陈杭平. 刑事陪审中法律问题与事实问题的区分［J］. 中国法学，2017（1）.

［6］陈俊豪，肖波. 破除合议制瓶颈——基层法院审判组织亟待合理化［J］. 湖南省社会主义学院学报，2010（3）.

［7］陈琨. 扩大民事案件独任制适用范围的现实路径——基于B省近3年独任制适用情况的实践考察［J］. 法律适用，2019（15）.

［8］陈莉. "形合实独"的实践困局与制度转型［J］. 南京大学法律评论，2019（1）.

［9］陈瑞华. 新间接审理主义"庭审中心主义改革"的主要障碍［J］. 中外法学，2016（4）.

［10］陈瑞华. 法院改革的中国经验［J］. 政法论坛，2016（4）.

［11］陈瑞华. 法院改革中的九大争议问题［J］. 中国法律评论，2016（3）.

［12］陈瑞华. 司法权的性质——以刑事司法为范例的分析［J］. 法学研究，2000（5）.

［13］陈瑞华. 正义的误区——评法院审判委员会制度［J］. 北大法律评论，1998（2）.

［14］陈卫东. 司法责任制改革研究［J］. 法学杂志，2017（8）.

［15］陈文曲，易楚. 民事审判独任制之适用范围研究［J］. 常州大学学报（社会科学版），2018（3）.

［16］陈新华. 能否简单取消助理审判员制度之辨析［J］. 攀登，2005（6）.

［17］陈永生，白冰. 法官、检察官员额改革的限度［J］. 比较法研究，2016（2）.

［18］卡尔·海因茨·施瓦布，埃朗根彼得·戈特瓦尔特，雷根斯堡. 宪法与民事诉讼［C］. 赵秀举，译//米夏埃尔·施蒂尔纳. 德国民事诉讼法学文萃. 北京：中国政法大学出版社，2005.

［19］褚贵炎. 助理审判员不能老是"临时"下去［J］. 法学，1991（1）.

［20］褚红军. 审判委员会制度若干问题研究——兼论审判委员会制度的改革和完善［J］. 法律适用，2005（10）.

［21］崔亚东. 关于对法官年均最大办案量测算的探索及破解"案多人少"矛盾的思考［J］. 中国审判，2017（1）.

［22］崔永东. 司法·司法学·司法职权配置［J］. 法治研究，2015（3）.

［23］崔永峰. "案多人少"矛盾的困境和出路——以基层法院的职权配置为视角［C］//《审判研究》编辑委员会. 审判研究（2010年第2辑）. 北京：法律出版社，2010.

［24］杜满昌. 议事规则：内涵、运行机理及启示［J］. 中央社会主义学院学报，2014（4）.

［25］段文波，高中浩. 德国独任法官制度改革与启示［J］. 西南政法大学学报，2016（1）.

［26］杜宴林. 论法学研究的中国问题意识——以关于法律信仰问题的争论为分析线索［J］. 法制与社会发展，2011（5）.

［27］斯特里克莱·伊夫. 法国刑事诉讼中的法官独任制［J］. 王洪宇，

译. 中国刑事法杂志, 2004 (3).

[28] 范明志, 金晓丹. 关于人民法院"案多人少"问题的调研分析 [J]. 中国审判, 2012 (1).

[29] 方乐. 法官责任制度的司法化改造 [J]. 法学, 2019 (2).

[30] 方乐. 审判委员会制度改革的类型化方案 [J]. 法学, 2018 (4).

[31] 冯知东. 司法体制改革背景下的审判委员会制度——以司法责任制为切入点 [J]. 时代法学, 2016 (1).

[32] 冯卓慧. 法律移植问题探讨 [J]. 法律科学, 2001 (2).

[33] 傅郁林. 修订后法官法的罅漏与弥补 [J]. 人民司法（应用）, 2019 (22).

[34] 傅郁林. 法官助理抑或限权法官？——法官员额制改革后审判辅助人员的定位 [J]. 中国审判, 2015 (17).

[35] 傅郁林. 以职能权责界定为基础的审判人员分类改革 [J]. 现代法学, 2015 (4).

[36] 傅郁林. 繁简分流与程序保障 [J]. 法学研究, 2003 (1).

[37] 傅郁林. 审级制度的建构原理——从民事程序视角的比较分析 [J]. 中国社会科学, 2002 (4).

[38] 高洪宾. 中国审判委员会制度改向何处——以本土化为视角的思考 [J]. 法律适用, 2006 (3).

[39] 高鸿钧. 法律移植：隐喻、范式与全球化时代的新趋向 [J]. 中国社会科学, 2007 (4).

[40] 高翔. "程序养成型"基层法官养成机制的构建——以候补法官中国化的渐进改革为切入点 [C] //胡云腾. 法院改革与民商事审判问题研究（上）——全国法院第29届学术讨论会获奖论文集. 北京：人民法院出版社, 2018.

[41] 顾培东. 再论人民法院审判权运行机制的构建 [J]. 中国法学, 2014

(5).

[42] 顾培东. 人民法院内部审判运行机制的构建 [J]. 法学研究, 2011 (4).

[43] 韩赤凤. 当代德国法学教育及其启示 [J]. 比较法研究, 2004 (1).

[44] 韩涛. 晚清最高司法权的形塑——以晚清大理院审判权限的厘定为中心 [J]. 华东政法大学学报, 2011 (5).

[45] 何帆. 论上下级法院的职权配置——以四级法院职能定位为视角 [J]. 法律适用, 2012 (8).

[46] 何太金, 茹乐峰. 浅谈审判委员会制度 [C] // 《人民司法》编辑部. 中国司法改革十个热点问题. 北京: 人民法院出版社, 2003.

[47] 何云. 中国陪审制度中审判权能的合理配置 [J]. 法治论丛, 2012 (3).

[48] 洪浩, 操旭辉. 基层法院审判委员会功能的实证分析 [J]. 法学评论, 2011 (5).

[49] 洪小东. 审判委员会制度审思: 职能定位与运行机制变革 [J]. 中国石油大学学报 (社会科学版), 2017 (5).

[50] 侯猛. 《人民法院组织法》大修应当缓行——基于法官制度的观察 [J]. 中国法律评论, 2017 (6).

[51] 侯猛. 案件请示制度合理的一面——从最高人民法院角度展开的思考 [J]. 法学, 2010 (8).

[52] 胡夏冰. 我国台湾地区法院书记官制度及其启示 [J]. 法律适用, 2017 (3).

[53] 季卫东. 程序比较论 [J]. 比较法研究, 1993 (1).

[54] 蒋惠岭. 论审判组织制度改革的理论出路 [J]. 政法论坛, 2022 (5).

[55] 蒋惠岭. 建立符合司法规律的新型审判权运行机制 [J]. 法制资讯,

2014 (4).

[56] 江伟,廖永安.我国民事诉讼主管之概念检讨与理念批判[J].中国法学,2004 (4).

[57] 江振春.美国联邦最高法院与法官助理制度[J].南京大学学报,2010 (2).

[58] 兰荣杰.诉讼规则"地方化"实证研究——以裁判权配置为视角[J].法制与社会发展,2008 (2).

[59] 雷彤.执行体制改革背景下"执行员"的再解读[J].当代法学,2019 (1).

[60] 雷新勇.论审判委员会审理制——价值追求与技术局限[J].人民司法·应用,2007 (11).

[61] 李珊.基层法院编制内法官助理制度的困境与对策[J].西南政法大学学报,2019 (3).

[62] 李春刚.合议制改革——审判组织模式"扁平化"设计探析[J].中国应用法学,2017 (6).

[63] 李浩.民事诉讼当事人程序同意权研究[J].法学评论,2023 (6).

[64] 李浩.院庭长办案与员额制改革[J].江海学刊,2018 (5).

[65] 李浩.法官离职问题研究[J].法治现代化研究,2018 (3).

[66] 李浩.法官素质与民事诉讼模式的选择[J].法学研究,1998 (3).

[67] 李利.审判委员会改革:以司法独立与司法问责为视角[J].湖北社会科学,2016 (9).

[68] 李雪平.审判中心视角下审判委员会的职能重构——以审判委员会实体裁判权改革为核心[J].湖北警官学院学报,2019 (3).

[69] 李喜莲.法官助理角色异化与回归[J].湘潭大学学报(哲学社会科学版),2020 (1).

[70] 李喜莲.论审判委员会审判职能的"回归"[J].宁夏大学学报(人

文社会科学版),2007(3).

[71] 李先伟.审判委员会司法权之理论基础与制度完善——兼评《关于改革和完善人民法院审判委员会制度的实施意见》[J].中州学刊,2011(2).

[72] 李潇潇."繁简分流"之下简单案件的分层识别——以2021年《民事诉讼法》中独任制修订为视角[J].中国社会科学院大学学报,2023(1).

[73] 李洋.英国治安法官制度对我国基层司法模式改革的启示[J].中南大学学报(社会科学版),2012(3).

[74] 李毅.论审判质量——以质量管理为视角[J].景德镇高专学报,2013(5).

[75] 李志增,李冰.内生型塑造:法官助理三阶式养成路径探析——基于审判辅助事务与初任法官培养模式的契合[J].中国应用法学,2019(4).

[76] 李志增.司法公正的障碍还是保障?——中国基层法院审判委员会制度研究[J].河南财经政法大学学报,2013(6).

[77] 李雨峰.司法过程的政治约束——我国基层人民法院审判委员会运行研究[J].法学家,2015(1).

[78] 刘斌.从法官离职现象看法官员额制改革的制度逻辑[J].法学,2015(10).

[79] 刘晨.法院改革中制度移植的反思——从"从法官助理回归助理审判员"想开去[J].法治论坛,2009(2).

[80] 刘诚.德国法院体系探析[J].西南政法大学学报,2004(6).

[81] 刘方勇,刘菁.司法改革背景下现代法官职位体系之构建——兼论法官制度改革顶层设计的再设计[J].中南大学学报(社会科学版),2016(1).

［82］刘国媛. 法国司法官制度考察及其启示［J］. 人民检察，2018（17）.

［83］刘练军. 法定法官原则：审判委员会改革的新路径［J］. 北方法学，2018（6）.

［84］刘练军. 法官助理制度的法理分析［J］. 法律科学，2017（4）.

［85］刘玫. 论直接言词原则与我国刑事诉讼——兼论审判中心主义的实现路径［J］. 法学杂志，2017（4）.

［86］刘敏. 裁判请求权保障与法院审判人员的优化配置［J］. 北方法学，2017（2）.

［87］刘潇. "案多人少"与法官员额制改革［J］. 政治法学研究，2017（1）.

［88］刘培培. 德国法官选任机制研究与启示［J］. 中国司法，2017（3）.

［89］刘新魁. 法国司法官制度的特点及启示［J］. 中国法学，2002（5）.

［90］刘茵，宋毅. 法官助理分类分级管理和职业化发展新模式研究——以北京市第三中级人民法院司法改革试点实践经验为基础［J］. 法律适用，2016（5）.

［91］刘振会. 论审判委员会研究案件机制的诉讼化构建——以刑事诉讼为视角［J］. 法律适用，2017（7）.

［92］龙宗智，孙海龙，张琼. 落实院庭长办案制度［J］. 四川大学学报（哲学社会科学版），2018（4）.

［93］龙宗智. 庭审实质化的路径与方法［J］. 法学研究，2015（5）.

［94］龙宗智. 论建立以一审庭审为中心的事实认定机制［J］. 中国法学，2010（2）.

［95］卢德升，朱亚楠. 路在何方：我国法官助理制度改革的实证图景及优化进路［J］. 中山大学法律评论，2019（1）.

［96］鲁为，张璇，廖钰. "论审判权统一行使"在基层法院的实现路径——

以基层法院审判委员会的微观运行为视角［J］．法律适用，2014（1）．

［97］ 陆晓燕，张琨．论我国"法律学徒"式法官助理制度的构建——以法官精英化的实现为视角［J］．中国应用法学，2017（5）．

［98］ 罗安荣，贺清生．试论审判权配置原则［J］．求索，1996（6）．

［99］ 罗梅，寻错．司法规律的理论和现实问题——十八大以来的司法规律研究文献综述［J］．法制与社会发展，2015（3）．

［100］ 罗书彬．司改新政：看律师如何走进审委会？［J］．民主与法制周刊，2019（22）．

［101］ 罗书平．审判委员会"审批案件"制度应予取消［C］//张卫平，齐树洁．司法改革评论．厦门：厦门大学出版社，2002．

［102］ 马荣，王小曼．合议庭与审判委员会衔接问题探析——在审判权运行机制改革背景之下［J］．人民司法（应用），2015（21）．

［103］ 夏孟宣，胡苗玲．司改背景下审判委员会职能合理定位的路径选择——以温州市中级人民法院审判委员会改革为视角［J］．法律适用，2015（11）．

［104］ 宁立标．论公民的受审判权及其宪法保护［J］．法律科学，2004（2）．

［105］ 潘剑锋．衔接与协调：民事诉讼法中相关制度的整合［J］．河南社会科学，2011（5）．

［106］ 潘庆林．民事案件繁简分流制度的完善——基于对 A 省基层法院的调研［J］．法学杂志，2019（9）．

［107］ 彭岩，马继迁．员额制下基层法院法官助理的职业认同研究——基于在 J 省 C 市基层法院的调查［J］．常州大学学报（社会科学版），2020（1）．

［108］ 齐树洁．英国民事上诉制度改革及其借鉴意义［J］．金陵法律评论，2004（2）．

[109] 邱波. 论助理审判员序列消失与职能继承——以上海市 E 中院试点改革实践为样本 [J]. 法治论丛, 2017 (1).

[110] 荣明潇. 二审民事案件适用独任制审理的理性逻辑与进路探索 [J]. 法律适用, 2017 (9).

[111] 邵六益. 审委会与合议庭：司法判决中的隐匿对话 [J]. 中外法学, 2019 (3).

[112] 邵建东, 李芬. 德国联邦最高法院的历史、组织及任务 [J]. 清华法学, 2006 (1).

[113] 邵新. 司法体制改革背景下繁简分流的法理论证 [J]. 法治现代化研究, 2018 (4).

[114] 沈凌. 南京国民政府时期的审判管理研究 [J]. 学术探索, 2014 (7).

[115] 申伟. 我国审判权运行特征研究 [J]. 兰州大学学报（社会科学版）, 2015 (6).

[116] 史立梅, 范琳. 司法体制改革背景下刑事审判合议庭运行机制问题研究 [J]. 贵州民族大学学报（哲学社会科学版）, 2015 (2).

[117] 石晓波. 司法成本控制下法官精英化的改革出路 [J]. 法学评论, 2017 (5).

[118] 四川省高级人民法院课题组. 司法改革中地方法院审判委员会宏观指导职能的重置——基于 C 省审委会制度运行的实证分析 [J]. 理论与改革, 2015 (6).

[119] 苏力. 基层法院法官专业化问题——现状、成因与出路 [J]. 比较法研究, 2000 (3).

[120] 孙长永. 审判中心主义及其对刑事程序的影响 [J]. 现代法学, 1999 (4).

[121] 孙海波. 疑难案件裁判的中国特点：经验与实证 [J]. 东方法学,

2017（4）.

[122] 孙笑侠. 司法权的本质是判断权——司法权与行政权的十大区别[J]. 法学, 1998（8）.

[123] 谭中平, 肖明明. 民主集中制与少数服从多数：功能分野视角下审委会组织原则的二元重构[C]//齐树洁. 东南司法评论. 厦门：厦门大学出版社, 2018.

[124] 汤唯. 法律西方化与本土化的理性思考——也论中国法律文化现代化[J]. 烟台大学学报（哲学社会科学版）, 1999（4）.

[125] 汤维建, 向泰. 试论我国民事简易程序的改革与完善[C]//江伟. 中国民事审判改革研究. 北京：中国政法大学出版社, 2003.

[126] 田源, 高宇涵. 我国基层法院合议制运行中存在的问题及对策[J]. 中共郑州市委党校学报, 2016（2）.

[127] 王晨光. 法官的职业精英化及其局限[J]. 法学, 2002（6）.

[128] 王聪. 审判组织：合议制还是独任制？——以德国民事独任法官制的演变史为视角[J]. 福建法学, 2012（1）.

[129] 王怀安. 1954年《人民法院组织法》的起草经过[C]//孙琬钟, 应勇. 董必武法学思想研究文集（第七卷）. 北京：人民法院出版社, 2008.

[130] 王伦刚, 刘思达. 基层法院审判委员会压力案件决策的实证研究[J]. 法学研究, 2017（1）.

[131] 王琦, 黄恒林. 民事二审独任制的正当性基础与优化路径[J]. 华侨大学学报（哲学社会科学版）, 2023（5）.

[132] 王祺国. 关于司法体制改革若干问题的思考[J]. 法治研究, 2014（2）.

[133] 王其见, 冯振亚. 法官助理的职责"三性"——以基层人民法院为视角[J]. 人民司法, 2017（25）.

[134] 王庆廷. 法官分类的行政化与司法化——从助理审判员的"审判权"说起 [J]. 华东政法大学学报, 2015 (4).

[135] 王新清, 张翰文. 司法规律的三个基本问题 [J]. 烟台大学学报 (哲学社会科学版), 2017 (2).

[136] 王士帆. 德国大法庭——预防最高法院裁判歧义之法定法庭 [J]. 月旦法学杂志, 2012 (5).

[137] 王亚新. 民事诉讼法修改中的程序分化 [J]. 中国法学, 2011 (4).

[138] 王延延. 论法院案件集体讨论机制的变迁——从审判委员会到法官会议 [J]. 北京理工大学学报 (社会科学版), 2020 (3).

[139] 王震. "由裁判者负责": 法官司法责任追究制度的重构——以司法责任制改革为背景 [J]. 福建警察学院学报, 2015 (5).

[140] 魏胜强. 论审判委员会制度的改革——以我国台湾地区大法官会议制度为鉴 [J]. 河南大学学报 (社会科学版), 2013 (3).

[141] 瓮怡洁. 论法官助理制度的功能定位与职权界分 [J]. 政法论坛, 2020 (2).

[142] 吴光前. 当前独任庭适用存在的问题及完善 [J]. 法律适用, 2005 (12).

[143] 吴洪琪. 司法改革转型期的失序困境及其克服——以司法员额制和司法责任制为考察对象 [J]. 四川大学学报 (哲学社会科学版), 2017 (3).

[144] 吴思远. 法官助理制度: 经验教训与难题突破 [J]. 法律适用, 2016 年第 9 期。

[145] 吴英姿. 民事诉讼二审独任制适用条件研究——新《民事诉讼法》第 41 条评注 [J]. 社会科学辑刊, 2022 (3).

[146] 夏锦文, 徐英荣. 法官助理制度改革需求与法治人才培养创新

[J]. 法学, 2017 (12).

[147] 夏锦文. 冲击与嬗变——近现代中西方审判制度的关联考察 [J]. 江苏社会科学, 1994 (1).

[148] 肖仕卫, 李欣. 中国特色的审判委员会?——对审判委员会制度改革的前提性思考 [J]. 西南民族大学学报（人文社会科学版）, 2017 (8).

[149] 肖扬. 建设公正高效权威的民事审判制度 为构建社会主义和谐社会提供有力司法保障 [J]. 中国审判, 2007 (2).

[150] 谢冬慧. 南京国民政府时期民事审判组织简论 [J]. 贵州社会科学, 2009 (7).

[151] 徐骏. 近代中国语境下议事规则的融合与游离 [J]. 法学, 2013 (5).

[152] 许梦诗, 陈泳滨. 大审判团队视野下的法官助理制度——以搭构限权法官和法官助手为视角 [J]. 人民法治, 2018 (1).

[153] 徐显明. 何为司法公正 [J]. 文史哲, 1999 (6).

[154] 徐向华课题组. 审判委员会制度改革路径实证研究 [J]. 中国法学, 2018 (2).

[155] 薛现林, 苏星宇. 改革开放四十年我国审判质量保障机制的变化与得失 [J]. 长春师范大学学报, 2019 (7).

[156] 薛永毅. 基层法院设立候补法官制度研究——以法官养成及审判权二元配置为中心的分析 [J]. 渭南师范学院学报, 2019 (12).

[157] 杨秀清, 谢凡. 普通程序适用独任制的理论阐释 [J]. 法治研究, 2022 (4).

[158] 姚莉. 比较与启示：中国法官遴选制度的改革与优化 [J]. 现代法学, 2015 (4).

[159] 姚莉. 法制现代化进程中的审判组织重构 [J]. 法学研究, 2004

(5).

[160] 易延友. 陪审团在衰退吗——当代英美陪审团的发展趋势解读 [J]. 现代法学, 2004 (3).

[161] 马赛尔·柏宁思, 克莱尔·戴尔. 英国的治安法官 [J]. 李浩, 译. 环球法律评论, 1990 (6).

[162] 尤文军, 郑东梅, 谭志华. 基层法院法官助理履职情况的调研 [J]. 中国应用法学, 2018 (4).

[163] 徐秉晖, 袁坚. 对审判权优化配置的实证分析与改革建议 [J]. 时代法学, 2015 (6).

[164] 岩皓. 审判委员会功能的异化与重构 [J]. 西南政法大学学报, 2005 (6).

[165] 杨富元, 吴昊, 宋震. 员额法官养成机制的逻辑分析与范式构建 [J]. 山东法官培训学院学报, 2019 (5).

[166] 杨凯. 审判委员会制度构架与程式的法理诠释 [J]. 法治论坛, 2015 (2).

[167] 杨卫国. 论民事简易程序系统之优化 [J]. 法律科学, 2014 (3).

[168] 杨雄. 法院内部组织制度改革研究 [J]. 社会科学家, 2007 (2).

[169] 杨知文. 现代司法目标与中国法院审判组织改革 [J]. 贵州大学学报 (社会科学版), 2013 (2).

[170] 叶青. 主审法官依法独立行使审判权的羁绊与出路 [J]. 政治与法律, 2015 (1).

[171] 叶圣彬. 司法改革背景下法官助理定位及相关问题研究 [J]. 法治社会, 2016 (3).

[172] 易夕寒. 民事简易程序与普通程序的实践及路径优化——以 C 市 Y 法院为例 [J]. 重庆科技学院学报, 2016 (11).

[173] 尤陈俊. "案多人少"的应对之道: 清代、民国与当代的比较研究

[J]. 法商研究, 2013 (3).

[174] 曾涛, 梁成意. 法国法院组织体系探微 [J]. 法国研究, 2002 (2).

[175] 曾新华. 审判委员会讨论决定权的法教义学阐释 [J]. 法学杂志, 2019 (11).

[176] 占善刚, 曹影. 繁简分流改革的双重制度逻辑与实现路径 [J]. 江苏行政学院学报, 2023 (2).

[177] 张彩凤, 叶永尧. 英国治安法官制度的现代化演进及其形态考察 [C] //公丕祥. 法制现代化研究 (2016 年卷). 北京: 法律出版社, 2009.

[178] 张传军. 我国法官助理制度之探析 [J]. 法律适用, 2005 (1).

[179] 张枫. 法院"案多人少"现象的成因与应对——以人民法院内部优化为视角 [J]. 吉首大学学报社会科学版, 2015 (S2).

[180] 张晋红, 赵虎. 民事诉讼独任制适用范围研究 [J]. 广东社会科学, 2004 (4).

[181] 张晋红. 关于独任制与合议制适用范围的立法依据与建议——兼评当事人程序选择权之客体 [J]. 法学家, 2004 (3).

[182] 张洪涛. 审判委员会法律组织学解读——兼与苏力教授商榷 [J]. 法学评论, 2014 (5).

[183] 张雷, 冯韵东. 审判委员会"个案审理"之检视与改造——以庭审中心主义为视角 [J]. 湖南社会科学, 2016 (3).

[184] 张青. 员额制改革后基层司法的案件压力及其应对——以 Y 省三个典型基层法院为例 [J]. 中国政法大学学报, 2019 (1).

[185] 张榕. 法官员额制下诉讼分流机制之建构 [J]. 社会科学辑刊, 2019 (3).

[186] 张瑞. 法官助理的身份困境及其克服 [J]. 法治研究, 2019 (5).

[187] 张太洲. 现行与展望: 我国法官助理制度完善机制研究 [J]. 海峡法学, 2016 (2).

[188] 张慰. 成为德国法官的教育之路——基于在德国联邦宪法法院的访学经历 [J]. 法学教育研究, 2017 (1).

[189] 张卫彬. 人民法院审判委员会制度的实践与再造——基于 A 省 B 市中院审委会案件回流与分流的样态 [J]. 中国刑事法杂志, 2017 (2).

[190] 张卫彬. 审判委员会改革的模式设计、基本路径及对策 [J]. 现代法学, 2015 (5).

[191] 张维新. 日本的法院体系及其国民对法院的评价 [J]. 甘肃政法学院学报, 2005 (2).

[192] 张文显. 联动司法: 诉讼社会境况下的司法模式 [J]. 法律适用, 2011 (1).

[193] 章武生. 论民事简易程序之重构 [J]. 中外法学, 2003 (1).

[194] 张显伟. 行政审判权的理性配置 [J]. 学术论坛, 2009 (5).

[195] 张晓茹. 日本家事法院及其对我国的启示 [J]. 比较法研究, 2008 (3).

[196] 张笑英, 杨雄. 司法规律之诠释 [J]. 法学杂志, 2010 (2).

[197] 张雪纯. 合议制与独任制优势比较——基于决策理论的分析 [J]. 法制与社会发展, 2009 (6).

[198] 张自合. 论法官助理的职责定位——域外司法事务官制度的借鉴 [J]. 民事程序法研究, 2017 (2).

[199] 张志铭. 中国法官职业化改革的立场和策略 [J]. 北方法学, 2007 (3).

[200] 周超. 基层法院"案多人少"的困境与出路探析——以我国中部地区某基层法院为例 [J]. 湖南财政经济学院学报, 2012 (4).

[201] 周翠. 中国与德国民事司法的比较分析 [J]. 法律科学, 2008 (5).

[202] 周道鸾. 关于确立法官员额制度的思考 [J]. 法律适用, 2004 (8).

[203] 朱德宏. 一个基层法院审判委员会刑事裁判制度运行的调查报告 [J]. 中国刑事法杂志, 2014 (6).

[204] 朱孝清. 司法的亲历性 [J]. 中外法学, 2015 (4).

[205] 左卫民. 面纱下的权力运作：关于审判委员会的实证研究 [C] // 左卫民. 中国法律实证研究（第1卷）. 北京：法律出版社, 2017.

[206] 左卫民. 审判委员会运行状况的实证研究 [J]. 法学研究, 2016 (3).

（二）外文论文

[1] Adam Crawford, Tim Newburn. Recent Developments in Restorative Justice for Young People in England and Wales: Community Participation and Representation [J]. British Journal of Criminology, 2002 (3).

[2] Ian R. Scott. Criminal Prosecutions in England and Wales [J]. Justice System Journal, 1977 (1).

[3] Jane C. Donoghue. Reforming the Role of Magistrates: Implications for Summary Justice in England and Wales [J]. Modern Law Review, 2014 (6).

[4] Peter G, McCabe. Brief History of the Federal Magistrate Judges Program [J]. Federal Lawyer, 2014 (4).

[5] Walter Neitzel. Non – Contentious Jurisdiction in Germany [J]. Harvard Law Review, 1908 (7).

[6] Xin He. Black Hole of Responsibility: The Adjudication Committee's Role in Chinese Court [J]. Law and Society Review, 2012 (4).

三、报纸文章

[1] 福建省厦门市海沧区人民法院. 完善独任制适用机制 充分释放程序效能 [N]. 人民法院报, 2022-09-27.

[2] 顾虎明. 法国司法官制度及启示 [N]. 民主与法制时报, 2016-10-27.

[3] 何帆. 完善民事诉讼独任制适用范围应当把握的六个问题 [N]. 人民法院报, 2020-03-12.

[4] 河南省濮阳市中级人民法院. 构建"三精"管理模式 确保二审独任制落实见效 [N]. 人民法院报, 2022-09-28.

[5] 贺小荣, 谢阿桑. 完善我国民事简易程序的法理基础及改革路径——2002年中国诉讼法学年会民事简易程序论题综述 [N]. 人民法院报, 2002-11-28.

[6] 侯建斌. 王文娅委员建议发挥未入额法官作用解决"案多人少"矛盾 [N]. 法制日报, 2016-03-09.

[7] 胡夏冰. 国外最高法院"素描" [N]. 人民法院报, 2016-02-26.

[8] 胡云红. 日本最高法院2019年司法统计报告 [N]. 人民法院报, 2020-04-03.

[9] 江建中. 日本的裁判所系统 [N]. 人民法院报, 2004-09-10.

[10] 李浩. 合议制实在化的又一重要举措 [N]. 人民法院报, 2010-02-03.

[11] 李忠好. 安徽法院"庭审亲历"提升办案质量 [N]. 人民法院报, 2014-06-06.

[12] 林晔晗. 广东高院推行"审委会委员回避制度" [N]. 人民法院报, 2012-05-24.

[13] 林剑锋, 陈中晔. 合议制与独任制 [N]. 人民法院报, 2006-

04-14.

[14] 林娜. "案多人少": 法官的时间去哪儿了 [N]. 人民法院报, 2014-03-16.

[15] 林子杉. 集纳民间智慧 推进司法民主——福建龙海市法院人民陪审员制度改革试点工作情况调查 [N]. 人民法院报, 2016-02-25.

[16] 罗书臻. 司法改革的"中国速度"——最高人民法院巡回法庭诞生记 [N]. 人民法院报, 2015-01-29.

[17] 蒙丽华, 倪淑琴. 贵定法院率先改革: 审委会不讨论个案 [N]. 法制生活日报, 2014-02-19.

[18] 任重. 完善法官责任制改革的民事诉讼配套制度 [N]. 中国社会科学报, 2020-06-05.

[19] 四川省成都市武侯区人民法院. 科学适用独任制普通程序 促进办案质量效率双提升 [N]. 人民法院报, 2022-09-30.

[20] 宋建朝, 连丹波. 实行法官助理制度 推进法官队伍职业化建设(上) [N]. 人民法院报, 2003-06-15.

[21] 孙航. 最高法发布2019年上半年审判执行工作数据 [N]. 人民法院报, 2019-08-01.

[22] 孙笑侠. "案多人少"矛盾与司法有限主义 [N]. 北京日报, 2016-11-07.

[23] 王伟, 彭廉坡. 法国法官检察官招录制度和速裁快审制度的有关情况 [N]. 民主与法制时报, 2016-10-20.

[24] 王雅琴. 别具特色的法国司法制度 [N]. 学习时报, 2014-10-27.

[25] 卫建萍. 司法体制改革试点迈出重要一步——上海任命首批231名法官助理 [N]. 人民法院报, 2014-09-07.

[26] 许聪. 期盼与希望——浙江法院司法改革调查(下) [N]. 人民法院报, 2016-07-04.

［27］徐显明. 司法权的性质——由《法院工作规律研究》谈起［N］. 人民法院报，2003－06－23.

［28］杨玉红，门蕾. "法官员额制"改革解放司法生产力［N］. 新民晚报，2015－12－05.

［29］哈利特. 英国法官队伍的三大变化［N］. 杨奕，译. 人民法院报，2014－07－18.

［30］袁定波，张亦嵘. 中国司法职权配置新动向［N］. 法制日报，2008－05－26.

［31］张先明. 最高人民法院下发试点方案要求深化司法公开和审判权运行机制改革［N］. 人民法院报，2013－10－26.

［32］周军. 独任制审判组织适用范围的适度扩张［N］. 人民法院报，2007－11－21.

［33］朱旻. 苏州：繁简分流改革取得良好成效［N］. 人民法院报，2020－11－02.

四、学位论文

［1］蔡传文. 论我国民事审判权配置的优化［D］. 合肥：安徽大学，2011.

［2］陈海光. 中国法官制度研究［D］. 北京：中国政法大学，2002.

［3］陈秀玲. 论民事诉讼独任制适用范围的扩张［D］. 南昌：南昌大学，2019.

［4］丁术鑫. 司法责任制下的审判权研究［D］. 上海：上海师范大学，2019.

［5］董琪. 司法现代化视野下审判组织改革研究［D］. 杭州：浙江工商大学，2016.

［6］公丕潜. 无需当事人的审判——基层法院审判委员会如何运作［D］.

长春：吉林大学，2018.

[7] 龚珊. 论民事诉讼中独任审判 [D]. 重庆：西南政法大学，2009.

[8] 韩娜. 论司法权的配置 [D]. 重庆：西南政法大学，2017.

[9] 黄冠华. 民事审判组织研究——以基层人民法院为视角 [D]. 开封：河南大学，2008.

[10] 刘中欣. 审判中立论——以刑事诉讼为视角 [D]. 北京：中国政法大学，2011.

[11] 蒲海东. 论基层法院审判权二元配置 [D]. 长春：吉林大学，2011.

[12] 王安. 中美法院制度比较研究 [D]. 上海：华东师范大学，2005.

[13] 吴仕春. 审判权运行机制改革研究——以刑事审判权运行为视角 [D]. 重庆：西南政法大学，2016.

[14] 许瑜华. 民事独任审判制度改革探析 [D]. 上海：复旦大学，2010.

[15] 杨朝永. 民事审判合议制度研究 [D]. 重庆：西南政法大学，2016.

[16] 于仲兴. 审判组织研究 [D]. 北京：中国政法大学，2008.

[17] 张军. 民事诉讼独任制适用范围研究 [D]. 呼和浩特：内蒙古大学，2018.

[18] 张艳艳. 论我国民事法官独任制的改革与完善 [D]. 重庆：西南政法大学，2017.

[19] 赵宝. 论美国联邦治安法官制度 [D]. 上海：华东政法大学，2017.

五、网络文献

[1] 傅卫红. 各具特色的陪审制度 [EB/OL]. [2024-03-28]. https：//cn.ambafrance.org.

[2] 胡春晓，张玉卓. 长春中院：普通法官进入审委会 [EB/OL]. [2024-03-28]. http：//cczy.chinacourt.gov.cn/article/detail/2013/03/id/1855284.shtml.

［3］建华区人民法院. 我院干警耿鸿雁任命为助理审判员［EB/OL］.［2024-03-28］. http：//qqherjh. hljcourt. gov. cn/public/detail. php? id=910.

［4］晋城市中级人民法院. 辩护律师列席法院审委会［EB/OL］.［2024-03-28］. https：//www. sohu. com/a/314570851_120055925.

［5］靳昊. 去年全国人民调解组织调解纠纷超900万件［EB/OL］.［2024-03-28］. http：//news. youth. cn/jsxw/201706/t20170628_10179367. htm.

［6］辽中区人民法院. 关于任命助理审判员的通知［EB/OL］.［2024-03-28］. http：//sylzfy. chinacourt. gov. cn/article/detail/2016/10/id/2332317. shtml.

［7］刘麦. 海南超百个法官助理岗位少人或无人报考 将取消招录［EB/OL］.［2024-03-28］. http：//www. hinews. cn/news/system/2017/03/30/031040839. shtml.

［8］罗念初. 我是一名助理审判员［EB/OL］.［2024-03-28］. https：//www. chinacourt. org/article/detail/2011/07/id/457487. shtml.

［9］上海市第一中级法院. 构建要素模型 优化资源配置——上海一中院启用案件繁简分流分类处置平台［EB/OL］.［2024-03-28］. http：//www. hshfy. sh. cn/shfy/gweb2017/xxnr. jsp? pa=aaWQ9MjAwOTYyMjEmeGg9MSZsbWRtPWxtNDYwz.

［10］魏其濛. 2018年全国仲裁机构处理案件54万余件 标的总额近7000亿元［EB/OL］.［2024-03-28］. http：//shareapp. cyol. com/cms-file/News/201903/28/toutiao200589. html? tt_group_id=6673369629068362248.

［11］武川县人民法院. 关于任命倪丽丽、钟美丽为助理审判员的通知［EB/OL］.［2024-03-28］. http：//nmwcfy. chinacourt. gov. cn/article/detail/2015/08/id/1694148. shtml.

［12］杨维汉. 坚持顶层设计与实践探索相结合，积极稳妥推进司法体制改

革试点工作——中央司改办负责人就司法体制改革试点工作答记者问[EB/OL]. [2024 – 03 – 28]. http://www.gov.cn/xinwen/2014 – 06 – 15/content_2701248.htm.

[13] 张卫. 日本法院的书记员制度[EB/OL]. [2024 – 03 – 28]. http://bjgy.chinacourt.gov.cn/article/detail/2012/05/id/885931.shtml.

[14] 郑伟. 上海法院率先适用独任制审理简单民事二审案件[EB/OL]. [2024 – 03 – 28]. http://www.xinhuanet.com/legal/2020 – 01/16/c_1125471697.htm.

[15] 郑州市中级人民法院. 郑州中院召开民事诉讼程序繁简分流改革试点工作新闻发布会》[EB/OL]. [2024 – 03 – 28]. http://www.thepaper.cn/newsDetail_forward_10613517.

[16] 中国新闻网. 最高法：不得因办案任务重让未入额法官独立办案[EB/OL]. [2024 – 03 – 28]. http://www.chinanews.com/gn/2017/07 – 03/8267432.shtml.

[17] Magistrate Judges Division Office of Judges Programs. A Guide to the Legislative History of the Federal Magistrate Judges System [EB/OL]. [2024 – 03 – 28]. https://www.uscourts.gov/sites/default/files/magistrate_judge_legislative_history.pdf.

[18] Douglas A. Lee, Thomas E. Davis. Nothing Less Than Indispensable. The Expansion of Federal Magistrate Judge Authority and Utilization in the Past Quarter Century [EB/OL]. [2024 – 03 – 28]. https://www.id.uscourts.gov/Content_Fetcher/index.cfml?Content_ID = 2596.